suhrkamp taschenbuch
wissenschaft 93

Paul Lorenzen, geboren 1915, ist seit 1962 Professor für Philosophie in Erlangen. Publikationen: *Einführung in die operative Logik und Mathematik; Formale Logik; Die Entstehung der exakten Wissenschaften; Metamathematik, Differential und Integral; Logische Propädeutik* (zusammen mit W. Kamlah); *Normative Logic and Ethics; Methodisches Denken; Konstruktive Logik, Ethik und Wissenschaftstheorie* (zusammen mit O. Schwemmer).
Für Lorenzen ist die Wissenschaftstheorie eine Grundwissenschaft, die »Fach«-Wissenschaften begründet, und nicht ein Fach neben anderen Wissenschaften. Eine solche Wissenschaft muß in allen Schritten kontrollierbar sein und darf »praktische« Fragen, d. h. solche nach den Zwecken von Wissenschaft nicht ausschließen. Die hier vereinigten, größtenteils unveröffentlichten Aufsätze von Paul Lorenzen, des Gründers der »Erlanger Schule«, sind Beiträge zur allgemeinen Wissenschaftstheorie und zur konstruktiven Begründung der Mathematik, speziell der Wahrscheinlichkeitstheorie.

Paul Lorenzen
Konstruktive
Wissenschaftstheorie

Suhrkamp

Quellennachweise am Schluß des Bandes

suhrkamp taschenbuch wissenschaft 93
Erste Auflage 1974
© Suhrkamp Verlag Frankfurt am Main 1974
Suhrkamp Taschenbuch Verlag
 Satz: Libripresse,
Kriftel. Druck: Ebner, Ulm. Printed in Ger-
many. Umschlag nach Entwürfen von Willy
Fleckhaus und Rolf Staudt.

Inhalt

Vorwort

Der erste Teil dieser wissenschaftstheoretischen Aufsätze und Vorträge enthält zunächst Arbeiten zur Logik, Hermeneutik und Theorie des praktischen Wissens, die bisher nur innerhalb der »Erlanger Schule« zugänglich waren.

Ich hoffe, daß sie als eine Dokumentation zur Entwicklung der konstruktiven Wissenschaftstheorie seit dem Erscheinen der *Logischen Propädeutik* (1967) dem Verständnis nützlich sind.

Angefügt sind zwei Vorträge aus dem letzten Jahr, die das Programm konkretisieren, wie die konstruktive Wissenschaftstheorie durch die Erarbeitung eines Begriffssystems, das allen Wissenschaften gemeinsam ist, eine »interdisziplinäre« Zusammenarbeit neu ermöglicht.

Der zweite Teil enthält einige sonst schwer zugängliche Vorträge zur Wissenschaftstheorie der Mathematik und zwei Aufsätze aus diesem Jahr zur Wahrscheinlichkeitstheorie. Die Anwendung der konstruktiven Methode weist dieser Theorie einen Sonderstatus zwischen Mathematik und Protophysik zu. Dadurch ergibt sich eine Möglichkeit, die Diskussion um den Wahrscheinlichkeitsbegriff aus dem scheinbar aussichtslosen Dilemma von Subjektivismus und Objektivismus herauszuführen.

P. Lorenzen

1 Allgemeine Wissenschaftstheorie

Logik und Hermeneutik

Logik bezeichnet die Kunst des Denkens, dann auch die Lehre vom kunstgerechten Denken. Entsprechend bezeichnet Hermeneutik die Kunst des Verstehens und die Lehre vom kunstgerechten Verstehen. Die enge Zusammengehörigkeit von Logik und Hermeneutik ergibt sich schon daraus, daß das Denken etwas ist, was dem Sprechen oder Schreiben von Sätzen vorausgehen muß, zumindest vorausgehen sollte, und daß das Verstehen etwas ist, was dem Lesen oder Hören von Sätzen folgen sollte.

Um einleitend Ihr Interesse für diese Dinge zu gewinnen, möchte ich zunächst auf die letztlich politische Bedeutung dieser Lehren hinweisen. Dazu kann ich von einer wohl unbestrittenen Feststellung über unsere gegenwärtige geistige Situation ausgehen: die Teilung in Ost und West läßt sich dadurch charakterisieren, daß im Westen Meinungsverschiedenheiten durch freie Diskussionen, im Osten durch Parteibeschlüsse entschieden werden. Durch das östliche System wird eine einheitliche öffentliche Meinung erzwungen, das westliche System der freien Diskussion hat dagegen zu einer Vielfalt öffentlich vertretener Meinungen in allen sogenannten prinzipiellen Fragen geführt. Bei den prinzipiellen Fragen geht es um allgemeine Sätze, d. h. um solche, in denen nichts Einzelnes, kein Hier und Jetzt, genannt ist. Nicht jeder allgemeine Satz ist ein Prinzip, aber bei prinzipiellen Fragen geht es immer um allgemeine Sätze. Den westlichen Zustand einer Vielheit öffentlich vertretener prinzipieller Meinungen nennt man »Pluralismus«. Eine genauere Bezeichnung wäre »Polydoxie«, Vielheit der Meinungen. Ich habe den Eindruck, daß man im Westen häufig stolz auf diesen Pluralismus, die Polydoxie, ist, weil er ein Beweis für die westliche Freiheit ist.

Das ist er in der Tat. Aber der Stolz auf den Pluralismus setzt stillschweigend noch folgendes voraus: daß die Vielheit öffentlich vertretener Meinungen eine notwendige Konsequenz der freien Diskussion sei. Es wird also behauptet, eine Einheitlichkeit der Meinungen, eine Monodoxie, könne nur erzwungen sein. Bevor wir uns mit dem Zustand der Meinungsvielheit, der ja oft nichts als ein Meinungschaos ist, abfinden oder gar stolz auf ihn sind, sollten wir daher m. E. genauer untersuchen, ob außer Zwangsmonodoxie (Einheit ohne Freiheit) und freier Polydoxie (Freiheit ohne Einheit) nicht eine freie Monodoxie (Freiheit und Einheit) als dritte Möglichkeit erreichbar sein könnte: eine freiwillige Übereinstimmung derjenigen, die Denken und Verstehen gelernt haben, in allen sogenannten prinzipiellen Fragen. In konkreten Fragen, z. B. ob jetzt eine Brücke über den Kanal oder ein Tunnel unter dem Kanal gebaut werden sollte, ist eine freiwillige Übereinstimmung selten zu erzielen: hier müssen Interessen gegeneinander abgewogen werden. Aber Diskussionen um konkrete Fragen, z. B. um eine neue Ehegesetzgebung, müssen häufig mit Argumenten geführt werden, die aus Prinzipien abgeleitet sind: in unserer pluralistischen Gesellschaft wird dann von einem marxistischen oder positivistischen oder christlichen usw. Standpunkt aus argumentiert.

Eine Besinnung auf Denken und Verstehen, also auf Logik und Hermeneutik kann keine konkreten Fragen lösen, aber sie könnte die Diskussion konkreter Fragen erleichtern, wenn über die sich einmischenden allgemeinen Behauptungen Übereinstimmung erzielt werden könnte — evtl. durch die Feststellung, daß das gemeinsame Wissen zu keiner der allgemeinen Behauptungen ausreicht.

Damit die hier skizzierte Möglichkeit einer freiwilligen prinzipiellen Übereinstimmung der Gebildeten nicht eine bloße Möglichkeit bleibt — und damit Sie nicht denken, ich operierte hier bloß mit Schlagworten — muß ich mich jetzt dem Detail zuwenden. Was bedeutet das eigentlich »eine Meinung vertreten«? Nun, es bedeutet einen Satz der natürlichen Sprache zu behaupten. Sätze, die man behaupten kann, werden Aussagen genannt, im Unterschied etwa zu Fragen oder Befehlen, die zwar ausgesprochen, aber nicht behauptet werden können. Die Aussagen, die wir behaupten, gehören zur natürlichen Sprache, zu unserer Muttersprache, wie man sagt. Hier ist nun aber ein Unterschied von grundlegender Wichtigkeit. Wir unterscheiden innerhalb der natürlichen Sprache einen praktischen und einen theoretischen Teil. Der praktische Teil der natürlichen Sprache ist ein Verständigungsmittel für die Praxis. Man nennt ihn häufig auch die Umgangssprache. Der theoretische Teil entsteht dagegen durch eine Hochstilisierung des praktischen Behauptens, wie sie in den wissenschaftlichen Fachsprachen einschließlich Philosophie und Theologie uns vorliegt. Natürlich gibt es einen allmählichen Übergang vom praktischen zum theoretischen Teil, so daß hier keine scharfe Grenze zu ziehen ist. Aber darauf kommt es im folgenden nicht an. Die These, um die es im folgenden gehen soll, möchte ich folgendermaßen formulieren: »*Die Hochstilisierung des praktischen Behauptens zu theoretischen Aussagen ist ein methodisch-lehrbares Verfahren,* d. h. in einzelne Schritte zerlegbar, die nacheinander lehrbar sind.«

Ich werde diese These dadurch zu begründen versuchen, daß ich Ihnen einige dieser Schritte hier nacheinander vorführen werde. Ich gehe dazu aus von dem praktischen Behaupten. Hier kann ich mich beschränken auf die sogen. Elementaraussagen, d. s. Aussagen der Form »dies ist so« bzw. »dies ist nicht so«. Ein Beispiel, das schon bei Platon vorkommt, ist »Theaetet fliegt«. Andere Beispiele sind etwa »Cäsar ist kein Philosoph« oder »Faust liebt Gretchen«. In abgekürzter Form können wir diese Aussagen folgendermaßen schreiben: T ist f, C ist nicht p, F, G ist l.

In diesen Elementaraussagen treten zunächst Eigennamen auf und zwar entweder historische, gegenwärtige oder poetische, und es treten Prädikatoren auf, d. h. Wörter, die in den Aussagen als Prädikat fungieren. Hier sind einstellige, zweistellige, allgemein mehrstellige Prädikatoren zu unterscheiden. Solange wir nur Elementaraussagen verwenden, können die Prädikatoren durch ihre Verwendung in solchen Elementaraussagen nur »exemplarisch bestimmt« werden. Auch das Kind lernt die ersten Prädikatoren nur dadurch, daß es Beispiele lernt: gewissen Gegenständen wird der Prädikator zugesprochen, gewissen anderen Gegenständen wird der Prädikator abgesprochen. Durch die Prädikatoren machen wir also Unterscheidungen innerhalb der Welt der Gegenstände. Die Welt erhält erst durch unsere Prädikatoren eine Gliederung.

Alle Elementaraussagen sind Einzelsätze. Zu allgemeinen Sätzen kommen wir erst, wenn wir uns jetzt den Möglichkeiten theoretischen Sprechens zuwenden. Ich beschränke mich hier auf vier elementare Schritte, die zu theoretischen Aussagen führen und die ich unter den Titeln:

1.) Termini,   2.) logische Partikeln,
3.) Definitionen,   4.) Kennzeichnungen

abhandeln möchte.

Zunächst zu den Termini. Treten bei praktischen Behauptungen Meinungsverschiedenheiten auf, so ist die erste Maßnahme, die ergriffen werden könnte — und die ich übrigens sehr empfehlen möchte — an möglichst vielen Exempeln die Verwendung des Prädikators zu klären. Eine zweite Maßnahme, die zu etwas Neuem führt, ist die Gebrauchsfixierung der Prädikatoren durch Regeln. Durch Regeln werden mehrere Prädikatoren in Beziehung zueinander gesetzt. Die einfachsten Regeln, die eine Beziehung zwischen zwei Prädikatoren p und q herstellen, treten schon bei Platon und Aristoteles auf und haben die Form

»X ist p« erlaubt »X ist q«.
»X ist p« erlaubt »X ist nicht q«

Diese Regeln formulieren Operationen, die mit Elementaraussagen vorgenommen werden sollen. Man spricht hier also über die Sprache, das Wort »erlaubt« gehört zur Metasprache, wie man sagt. In der Umgangssprache formuliert man solche Elementarregeln etwa in folgender Weise:

Wer vernünftig ist, ist gütig.
Wer gerecht ist, ist nicht barmherzig.

Man kann es diesen Sätzen natürlich nicht ansehen, ob sie als Regeln gemeint sind. Aber man kann sie als Regeln verstehen, als Regeln, die die Verwendung der Prädikatoren, hier: vernünftig, gütig, bzw. gerecht, barmherzig festlegen sollen.

Prädikatoren, für deren Gebrauch Regeln in Geltung gesetzt sind, heißen Termini. Termini treten niemals einzeln auf, sie bilden immer ein System, sie gehören zu einer Terminologie, wie man sagt. Die Regeln für die Verwendung der Termini heißen daher auch terminologische Bestimmungen. Häufig werden terminologische Bestimmungen auch als allgemeine Sätze formuliert, z. B. ›Alle Schwäne sind weiß‹ ist — jedenfalls im normalen Verständnis — z. B. keine terminologische Bestimmung über die Prädikatoren ›Schwan‹ und ›weiß‹. Hier handelt es sich vielmehr um einen allgemeinen Erfahrungssatz (und zwar einen falschen).

Terminologische Bestimmungen können stets nur Vorschläge für die Verwendung von Prädikatoren sein. Nicht jeder Vorschlag braucht angenommen zu werden, sondern man wird jeweils zu untersuchen haben, wie weit die vorgeschlagenen terminologischen Bestimmungen den Gegenständen, über die man sprechen will, (mehr oder weniger) angemessen sind. Die natürliche Sprache enthält viele terminologische Bestimmungen, manchmal deutlich, manchmal nur sehr undeutlich. Das sind dann traditionelle Bestimmungen, die grundsätzlich ebenfalls einer Kritik unterworfen werden können.

Das Operieren mit Termini nach einem System von Regeln wird häufig auch begriffliches Denken genannt, man spricht daher auch von einem Begriffssystem, statt von einer Terminologie. Der Unterschied zwischen Begriff und Terminus ist dabei der folgende: wenn von der Lautgestalt der Termini abstrahiert wird, also nur das System der Regeln beibehalten wird, dann sprechen wir von Begriffen, statt von Termini.

Wesentlich neue Möglichkeiten der Begriffsbildung ergeben sich, wenn wir jetzt zu den logischen Partikeln übergehen. Die Theorie dieser Partikeln geht schon auf Aristoteles und auf die megarische und stoische Philosophie zurück. Die logischen Partikeln sind Verbindungswörter für beliebige Aussagen mit festgelegter Verwendungsweise der Verbindung. Jede Behauptung geschieht grundsätzlich in einem Dialog: Eine Aussage wird von jemandem einem anderen gegenüber behauptet. Sind nun A, B, ... Aussagen, über deren Behauptung sich die Gesprächspartner schon verständigen können, so soll z. B. die Behauptung »A und B« so verstanden werden, daß auf Verlangen des Gesprächspartners, des Opponenten, beides, sowohl A als auch B behauptet werden muß. Wird dagegen »A oder B« behauptet, so darf der Behauptende selber, der Proponent, wählen, welche der beiden Aussagen er nun behaupten will. Das deutsche Wort »oder« hat normalerweise nicht immer diesen Sinn, deswegen muß die dialogische Verwendung eben festgelegt werden. Die Funktion des Gesprächspartners wird deutlicher bei den logischen Partikeln »wenn, dann«. Wird vom Proponenten eine Aussage der Form »wenn A, dann B« behauptet, so hat der Opponent das Recht, den Wenn-Satz, also A zu behaupten. Kann er A gegen den Proponenten verteidigen, so muß dieser den Dann-Satz, also B behaupten und verteidigen. Ein Spezialfall hiervon ist die Negation. Wird vom Proponenten »nicht A« behauptet, so hat der Opponent das Recht, A zu behaupten. Kann er dieses verteidigen, so hat der Proponent den Dialog verloren.

Mit diesen logischen Partikeln »und«, »oder«, »wenn-dann« und »nicht« hat man im wesentlichen schon alle Junktoren, d. h. logische Partikel zur Verbindung von Aussagen, zusammen. Neben den Junktoren gibt es noch die Quantifikatoren, kürzer: Quantoren. Es gibt genau zwei Quantoren, den Allquantor: »für alle« und den Einsquantor: »für einige«. Erst durch diese Quantoren entstehen aus den bisherigen Elementaraussagen Aussagen ohne Eigennamen. Aus der Aussageform »X ist p« wird nämlich »für alle X: X ist p«, z. B. alles ist vergänglich, oder für einige X: X ist p, z. B. »einiges ist unvergänglich«. Wird ein Allsatz behauptet, so kann der Opponent ein beliebiges X wählen, wird ein Eins-Satz behauptet, so muß der Proponent selbst ein X angeben. Als Beispiel sei der Dialog um den folgenden Satz: »Alle Gottesleugner sind schwachsinnig oder böswillig« behandelt. Die logische Form dieses Satzes ist

für alle X: wenn X ist g, dann X ist s oder X ist b.

Der Opponent kann ein beliebiges X wählen, er wähle z. B. »Russell«. Der Dialog kann dann etwa folgendermaßen verlaufen:

Opponent	Proponent
Russell?	Wenn R ist g, dann R ist s oder R ist b
R ist g	?
. . .	R ist s oder R ist b
?	R ist b
?	. . .

Mit Hilfe des Allquantors lassen sich, wie schon erwähnt, die terminologischen Bestimmungen als Allsätze formulieren. Daneben erhalten wir aber auch allgemeine Erfahrungssätze, z. B. »Alle Völker haben Mythen«.

Die logischen Partikel gestatten insbesondere von terminologischen Bestimmungen und von anerkannten allgemeinen Erfahrungssätzen oder Einzelsätzen überzugehen zu logischen Folgerungen aus diesen Sätzen. Ein Satz »B« heißt eine logische Folgerung aus anderen Sätzen A_1, A_2, . . . , wenn die Aussage »wenn A_1 und A_2 und . . . , dann B« logisch wahr ist. »Logisch wahr« heißt dabei eine Aussage, die allein aufgrund ihrer Form, d. h. ihrer Zusammensetzung mit den logischen Partikeln, im Dialog zu verteidigen ist. Als Beispiel sei genannt: »Wenn A oder B und wenn nicht A, dann B«. Im Dialog muß hier der Opponent entweder schon selbst B behaupten oder aber er muß A behaupten und verliert dann, weil er gleichzeitig »nicht A« behaupten muß.

Die logischen Partikeln ermöglichen kompliziertere terminologische Bestimmungen als bisher. Ein Spezialfall sind die Definitionen, bei denen eine Aussage mit einem neuen Prädikator eingeführt wird als Abkürzung für eine zusammengesetzte Aussage. Ich gebe ein juristisches Beispiel. Nach dem BGB wird die Volljährigkeit folgendermaßen definiert: »Volljährig ist, wer mindestens 21 Jahre alt ist oder wer mindestens 18 Jahre alt ist und durch Gerichtsbeschluß für volljährig erklärt ist.« So wichtig auch Definitionen sind, so sind sie doch nur ein Spezialfall von Begriffsbestimmungen. Die traditionelle Bestimmung etwa der deutschen Sprache »was rot ist, ist nicht grün« ist keine Definition dieser Farbprädikatoren, und übrigens auch keine logische Folgerung aus eventuellen Definitionen.

Als letzten elementaren Schritt zum Aufbau des theoretischen Sprechens seien hier die Kennzeichnungen behandelt, die in Elementaraussagen statt Eigennamen verwendet werden können. Wenn etwa in der Zeitung als Überschrift zu lesen ist »Der Präsident von Frankreich kommt«, so ist dieses gleichwertig mit »de Gaulle kommt«. Es gibt nämlich genau einen Präsidenten von Frankreich und dieser heißt z. Z. »de Gaulle«. Wenn dagegen zu lesen wäre »Der König von Frankreich kommt«, so wäre dieses unverständlich, denn niemand ist König von Frankreich. Wäre zu lesen »Der Minister von Frankreich kommt«, so wäre auch dieses unverständlich, denn mehrere sind Minister von Frankreich, nicht nur einer. Eine Wortgruppe, die mit dem bestimmten Artikel beginnt, dem ein Prädikator folgt (evtl. ein Relativsatz wie in »Derjenige, der ohne Sünde ist«) heiße eine potentielle Kennzeichnung. Eine potentielle Kennzeichnung der Form »der p« ist nur dann eine echte Kennzeichnung, falls gilt: (1) einiges ist p, (2) nicht mehreres ist p. Wenn nicht diese beiden Voraussetzungen erfüllt sind, haben wir es mit einer Pseudokennzeichnung zu tun. Ob eine potentielle Kennzeichnung eine Pseudokennzeichnung ist oder nicht, hängt natürlich von den vorausgegangenen Bestimmungen über die vorkommenden Prädikatoren ab. Wenn es z. B. in der Tillich'schen Theologie heißt »Gott bezeichnet den tiefsten Seinsgrund«, so wird man danach zu fragen haben, ob genau Eines, nicht Mehreres ein tiefster Seinsgrund ist. Da Tillich sich hierüber nicht explizit erklärt, wird man annehmen dürfen, daß Tillich hier auf gewisse Traditionen zurückgreift, z. B. auf den platonischen Sprachgebrauch von »seiend«, »seiender« und »dem höchsten Seienden«. Ob Tillich eine Pseudokennzeichnung gebraucht oder nicht, könnte dann nur durch eine kritische Auseinandersetzung mit Platon entschieden werden.

Dies führt uns schon zu den höheren Methoden theoretischen Sprachgebrauchs, zur Hermeneutik. Mit den bisherigen elementaren Mitteln kommen wir natürlich auch nicht für die Mathematik und die exakten Naturwissenschaften aus. Die ersten Sätze exakter Theorien, z. B. der Arithmetik oder Geometrie, sind weder terminologische Bestimmungen, noch allgemeine Erfahrungssätze. Aber auf diese Problematik, die bei Kant unter dem Titel »Synthetische Urteile apriori« abgehandelt ist, will ich hier nicht eingehen. Für die Geisteswissenschaften kompliziert sich der theoretische Sprachgebrauch vor allem durch das folgende Problem: wie kann das, was von anderen gesagt ist, insbesondere was uns schriftlich überliefert ist, in unser eigenes theoretisches Denken einbezogen werden. Die Einbeziehung in unser eigenes Denken, die kritische Aneignung eines tradierten Textes ist die spezielle Aufgabe der Hermeneutik. Ich hebe hier nur zwei

Punkte hervor: ein tradierter Text spricht zu uns wie ein unbekannter, eigensinniger Lehrer. Es ist uns nämlich zunächst der Sprachgebrauch des Autors unbekannt und ferner spricht der Autor nur über seine eigenen Probleme, nicht über unsere Probleme. Als Beispiele behandle ich hier zwei Aristoteles-Stellen. Wir möchten etwa Genaueres wissen über das Verhältnis von Wort und Begriff und lesen dazu bei Aristoteles in der Schrift über die Aussage »περὶ ἑρμηνείας« in Kap. 1 »Die gesprochenen Wörter sind Zeichen der Vorgänge in der Seele wie die geschriebenen Wörter Zeichen der gesprochenen sind.« Wer ein geschriebenes Wort liest, weiß, für welches gesprochene Wort dies steht. Aristoteles behauptet nun hier, daß, wer ein gesprochenes Wort versteht, wisse, für welche Vorgänge in der Seele dies steht. Leider kann ich in diesem Falle nur davor warnen, sich diese Rede anzueignen, denn »der seelische Vorgang, der durch ein bestimmtes Wort ... bezeichnet wird,« ist eine Pseudokennzeichnung. Der hier vorliegende Irrtum des Aristoteles ist zwar bis in unsere Gegenwart historisch sehr wirksam gewesen, bleibt aber trotzdem ein Irrtum.

Ich zitiere noch eine andere Stelle von Aristoteles aus derselben Schrift, Kap. 5: »Die einfache Aussage ist eine anzeigende Rede dafür, ob etwas zukommt oder nicht zukommt, wobei die Zeiten unterschieden werden«.

Dieser Text bietet, zunächst ohne den letzten Nebensatz gelesen, keine Schwierigkeiten: die einfachen Aussagen sind die von uns behandelten Elementaraussagen und das Etwas, das da zukommt oder nicht zukommt, sind die Prädikatoren. Zu denken gibt nur der Zusatz: »wobei die Zeiten unterschieden werden«. Zu den einfachen Aussagen im Sinne von Aristoteles gehören also neben unseren Elementaraussagen »X ist p« auch »X war p« und »X wird p sein«. Es besteht jedoch auch die Möglichkeit bei einer Kopula zu bleiben, die keinen Zeitbezug ausdrückt, und stattdessen eine eventuelle Zeitbezeichnung zu dem Eigennamen hinzuzufügen. Wie immer man sich hier entscheiden wird, die kritische Aneignung eines tradierten Textes muß stets nach den eigenen Methoden des Denkens vorgenommen werden.

Bei einem längeren Text kann sich diese kritische Aneignung nur in mehreren Arbeitsgängen vollziehen:

1. Feststellung des eigenen Begriffssystems.
2. Kritische Lektüre des Textes mit anschließender Änderung des bisherigen Begriffssystems.
3. Erneute Lektüre und eventuelle weitere Änderungen des Begriffssystems.
4. Weitere Runden, soweit erforderlich.

Man hat also mehrfach vom eigenen Begriffssystem zum Text und dann wieder zum eigenen Begriffssystem zurückzugehen. Da sich hierbei das eigene Begriffssystem aber jedesmal ändert, handelt es sich nicht um einen Kreis, der durchlaufen wird, sondern — im Bilde gesprochen — um eine Spirale. In leichter Modifikation des Dilthey'schen Terminus »Hermeneutischer Zirkel« möchte ich daher hier lieber von einer hermeneutischen Spirale sprechen. Natürlich ist diese Spirale, wie jedes Stück menschlicher Arbeit, endlich.

Soweit möchte ich hier die wichtigsten Schritte der Methode des theoretischen Sprachgebrauches, des begrifflichen Denkens, wie man auch sagt, skizzieren. Ich hoffe, daß dieses Probestück ausreicht, um zum Schluß die Frage erörtern zu können: welche Chance bietet eine solche Methodenlehre des begrifflichen Denkens, zu einem Ende der Meinungsvielheit in den theoretischen Fragen zu kommen?

Mit einem historischen Terminus gefragt: »Welche Chance hat eine neue Aufklärung durch logisch-hermeneutische Disziplinierung unseres Denkens?«

Die Skeptiker werden antworten: gar keine, denn, wenn eine Aufklärung jetzt eine Chance haben sollte, warum hat sie sie denn bisher nicht gehabt? Bisher ist doch noch jeder Aufklärungsversuch gescheitert.

Die Tatsache des bisherigen Scheiterns ist unbestreitbar, denn sonst hätten wir ja den scheinbar endlosen Prinzipienstreit z. B. zwischen Positivisten, Christen und Marxisten nicht mehr. Aber aus dieser Tatsache folgt nichts für die Zukunft, *wenn* wir für das Scheitern der bisherigen Aufklärungsversuche Gründe angeben können, die in der Vergangenheit bestanden haben, aber jetzt nicht mehr bestehen. Auf der Suche nach solchen Gründen müssen wir die gesamte europäische Geistesgeschichte kurz einmal an uns vorüberziehen lassen. Die erste Aufklärung, das Erwachen der theoretischen Vernunft überhaupt, findet im klassischen Zeitalter der griechischen Philosophie statt. Diese erste Aufklärung gelingt nicht, weil schon zwischen Platon und Aristoteles sogenannte Schulstreitigkeiten beginnen, die wir zwar heute aufklären können, die aber für den ersten Anlauf der selbständig gewordenen Vernunft zu schwierig waren. Die griechische theoretische Philosophie endet schon im Hellenismus in Skepsis — und so konnte sie in der Spätantike und dem Mittelalter durch eine dogmatische Theologie abgelöst werden.

Erst in der Renaissance beginnt sich die Vernunft wieder auf ihre Autonomie zu besinnen. Dies führt seit dem 17. Jahrhundert zu dem neuzeitlichen Musterbeispiel einer einheitlichen Meinungsbildung in Freiheit, zu den Naturwissenschaften. Hier haben wir eine freie Monodoxie — erkauft allerdings durch die Beschränkung der Probleme auf das unbeteiligt Feststellbare. Die Bemühungen des 18. Jahrhunderts auf dem ethisch-politischen Gebiet bleiben dagegen erfolglos, weil die Methoden des Denkens im Banne der Naturwissenschaft stehen. Das gilt auch noch für den Aufklärungsversuch des 19. Jahrhunderts, den Marxismus. Dem populären Mißverständnis, nach dem die Philosophie ihrem Wesen nach ein endloser Streit um theoretische Prinzipienfragen ist — leider war und ist dies auch das Selbstverständnis vieler Philosophieprofesoren —: diesem Mißverständnis muß es befremdend erscheinen, daß erst in unserer Zeit eine Bedingung erfüllt sein soll, deren Fehlen bisher jede Aufklärung hat scheitern lassen. Diese Bedingung ist eine methodisch lehrbare Logik und Hermeneutik, eine Synthese von aufgeklärtem und historischem Bewußtsein, wie sie Hegel als erster versucht, wie sie aber — um nur zwei Namen zu nennen — *vor* Frege und Dilthey nicht erarbeitet werden konnte. Hat man sie einmal zur Verfügung, so beweist sie sich selbst dadurch, daß man nicht gegen sie argumentieren kann, ohne sie zu benutzen. Genau darin liegt m.E. die Chance einer neuen Aufklärung.

Grundlagen der praktischen Philosophie

»Praktische« Philosophie werde hier als ein gemeinsamer Name für Ethik, Rechtsphilosophie und Politische Philosophie gebraucht.

Auch der Terminus »Moralphilosophie« könnte gebraucht werden, denn zumindest bis Thomasius (18. Jh.) umfaßte die »philosophia moralis« stets die Rechts- und Staatsphilosophie.

Der praktischen Philosophie ist als Aufgabe nicht die Begründung der Wahrheit von Sätzen gestellt, sondern die Begründung der Geltung von Normen.

So wie in der Logischen Propädeutik zunächst Aussagesätze (Elementaraussagen und logisch-zusammengesetzte Aussagen) als sinnvolle Handlungsschemata eingeführt werden mußten, seien hier zunächst Normen (normative Sätze) eingeführt.

Der erste Schritt, den wir aus der Lebenspraxis als bekannt voraussetzen können, ist der Gebrauch von Imperativen. Einer befiehlt (oder bittet, empfiehlt usw.) jemand anderem, etwas zu tun oder zu unterlassen. Wir beschränken uns auf den Fall, daß der »Befehl« sich mithilfe eines Aussagesatzes B formulieren läßt: »!B« bedeute, daß befohlen (gebeten usw.) wird, so zu handeln, daß die Aussage B wahr wird. Solche einfachen (oder unbedingten) Imperative beziehen sich auf eine bestimmte Situation, z. B. »! Fritz holt Wasser«. Sie können sich auch an jeden einer Gruppe wenden, umgangssprachlich etwa: »Nun seid mal alle ruhig!« Wir können dies rekonstruieren durch einen Imperativ »! x ist ruhig«, wobei für die Variable x die Eigennamen der Angesprochenen eingesetzt werden können. Nur »allgemeine« Imperative, die sich mithilfe einer Variablen an jedermann wenden, mögen im folgenden Normen heißen. Auch die 10 Gebote des Alten Testaments sind Normen, die sich an jedermann wenden,

z. B. »Du sollst nicht töten!« (! x tötet nicht). Sie sind formuliert als in jeder Situation gültig, aber schon im Alten Testament gibt es, wie in jedem modernen Recht, Modifikationen, z. B. für den Fall der Notwehr.

Die Rechtsnormen der modernen Gesetzbücher sind ausnahmslos »bedingte« allgemeine Imperative. Bedingte partikulare Imperative kommen schon im Alltagsleben vor, z. B. »Wenn Sie Herrn Y sehen, grüßen Sie ihn von mir!«.

Hier ist die Gültigkeit des Imperativs »! Sie grüßen Herrn Y« von einer Bedingung abhängig gemacht. Die »Bedingung« läßt sich wiederum formulieren durch einen Aussagesatz A. Wenn die Aussage A wahr ist (wenn, wie man sagt, der »Tatbestand« A erfüllt ist), trete der Imperativ ! B in Kraft. Hierdurch wird eine Regel angegeben, nach der zu ermitteln ist, welche (einfachen) Imperative befohlen sind. Wir können diese Regel daher als eine *Übergangsregel* formulieren: Von dem erfüllten Tatbestand A ist überzugehen zum Imperativ ! B:

$$A \Rightarrow \, ! \, B$$

Der Sachverhalt B heiße hier kurz der »Sollbestand«.

Im folgenden behandeln wir bedingte allgemeine Imperative, also bedingte Normen.

Liegt ein System Σ solcher Normen vor

$$A_1 \Rightarrow \, ! \, B_1$$
$$\vdots$$
$$A_n \Rightarrow \cdot \, ! \, B_n$$

so sind — unter gewissen Bedingungen — gewisse Handlungen »geboten«.

Der Terminus »geboten« wird, zusammen mit »erlaubt« und evtl. anderen (z. B. verboten, sollen, dürfen, usw.) als eine »deontische Modalität« bezeichnet.

Dadurch werden diese Wörter in Parallele gesetzt zu den »ontischen Modalitäten«: notwendig und möglich. Zur kritischen Rekonstruktion des Sprachgebrauchs genügt hier das folgende. Relativ zu einem System S von Aussagesätzen (z. B. empirisch-generellen Sätzen) kann eine Aussage B »notwendig« genannt werden, wenn B eine logische (oder analytische) Folge von S (genauer der Konjunktion der Sätze von S) ist. Für Normen tritt nun die Komplikation auf, daß

Σ aus bedingten Imperativen besteht. Bestünde Σ nur aus unbedingten Imperativen ! $B_1, \ldots$! B_n, so wäre eine Aussage B »geboten bezüglich Σ« zu nennen, wenn B eine logische (oder analytische) Folge von $B_1, \ldots B_n$ wäre. Wir schreiben $\triangle_\Sigma B$ für »B ist geboten bezüglich Σ«.

Enthält Σ nicht nur unbedingte Imperative, so läßt sich festsetzen, wann eine *Subjunktion*

$$A \rightarrow \triangle_\Sigma B$$

wahr sein soll, nämlich genau dann, wenn aus der Aussage A eine Konjunktion $A_i \wedge A_j \wedge \ldots$ von Tatbeständen von Σ logisch (oder analytisch) folgt, so daß die Konjunktion $B_i \wedge B_j \wedge \ldots$ der entsprechenden Sollbestände die Aussage B logisch (oder analytisch) impliziert.

Nachdem ein Normensystem Σ angenommen ist (solche Entscheidungen begründbar zu machen, ist erst die Aufgabe der Moralphilosophie) können wir kurz $\triangle$ anstelle von $\triangle_\Sigma$ schreiben. Das Normensystem Σ läßt sich dann »modal« formulieren als ein System von subjunktiven Modalsätzen

$$A_1 \rightarrow \triangle B_1$$
$$\vdots$$
$$A_n \rightarrow \triangle B_n$$

Um hieraus auf genau diejenigen Sätze $A \rightarrow \triangle B$ schließen zu können, für die nach der obigen Festsetzung $A \rightarrow \triangle_\Sigma B$ wahr ist, genügt es, die folgenden modallogischen Sätze zur (modalitätenfreien) Logik hinzuzunehmen

$$\text{I} \quad \triangle A \wedge \triangle B \rightarrow \triangle (A \wedge B)$$

$$\text{II} \quad (A < B) \wedge \triangle A \rightarrow \triangle B$$

$<$ steht hier für die logische (oder analytische) Implikation. Ausgehend von der Modalität $\triangle =$ »geboten« lassen sich weitere Modalitäten durch Definitionen einführen. Die wichtigste ist $\triangledown =$ »erlaubt«:

$$\triangledown B = \neg \triangle \neg B$$

Nennt man B »verboten«, wenn $\neg$ B geboten ist, so ist die Erlaubtheit von B äquivalent damit, daß B nicht verboten ist.

Eine logische Minimalforderung an Normensysteme ist die Widerspruchsfreiheit: es soll für kein B zugleich B geboten und verboten sein.

Diese Forderung ist äquivalent damit, daß für jedes B, das geboten ist, B auch erlaubt sein soll, d. h. es wird von Σ gefordert, daß

$$\text{III} \quad \triangle B \rightarrow \triangledown B$$

wahr ist.

Nach diesen Vorbereitungen kommen wir zu der Aufgabe, eine Sprache zu rekonstruieren, mit der für und gegen die Annahme von Normen argumentiert werden kann. In der Logischen Propädeutik sind schon Normen aufgestellt — wenn es dort auch nur um Redenormen ging.

Aber auch dort ist schon für diese Redenormen »argumentiert« worden — natürlich nicht in der erst aufzubauenden philosophisch-wissenschaftlichen Sprache, sondern in der »Erläuterungssprache«, deren Verständnis beim Leser vorausgesetzt werden konnte.

Um Termini zur Verfügung zu haben, die nicht an die spezielle Situation der Logischen Propädeutik gebunden sind, möchte ich die Sprache, die methodisch gelehrt werden soll, die *Orthosprache* nennen, dagegen die Sprache, die für diese Lehre benutzt wird: *Parasprache*.

Die Parasprache geht der Orthosprache methodisch voran — und sie darf keine Synonyma der orthosprachlichen Termini enthalten.

Die Logische Propädeutik enthält in ihrer Parasprache schon Wörter, wie sie zur Rechtfertigung von Normen gebraucht werden, z. B. ist dort von »Bedürfnissen« die Rede, von der Anerkennung von Handlungsnormen als »sinnvoll« (p. 229) und von »Motiven« und »Interessen« (p. 219).

Jetzt haben wir dagegen eine Orthosprache zur Rechtfertigung von Normen aufzubauen — die zu benutzende Parasprache wird gegenüber der logischen Propädeutik also noch wesentlich reduziert sein müssen. Diese Aufgabe, eine Orthosprache zu konstruieren — besser: zu rekonstruieren — mit der die Geltung von Normen begründet werden kann, hat noch nichts mit Moralphilosophie zu tun: es muß zunächst ein System von Termini für das »innere« Handeln, z. B. Vorstellen — Meinen, Begehren — Wollen, methodisch eingeführt werden. Wir werden solche Termini unter Bezugnahme auf das Reden einführen, also nicht als tierpsychologische Termini. Um den Unterschied zur Psychologie zu betonen, seien die Termini »noologisch« genannt. Die Unterscheidung von psychologisch und noologisch (von »Seele« und »Geist«) werden wir auch benutzen, um (menschliche) Handlungen vom (tierischen) Verhalten zu trennen.

Dies führt zu folgender Bestimmung des Handlungsbegriffes. Wir vergleichen uns — nach Aristoteles — mit Tieren, Pflanzen und Steinen. Wir unterscheiden unsere *Handlungen* vom *Verhalten* (der Tiere), unser Verhalten von *Vorgängen* (bei Pflanzen) und unsere Vorgänge von *Bewegungen* (der Steine).

Als Termini für die spezifischen Differenzen seien vorgeschlagen: personal, beseelt, organisch. Dadurch erhalten wir folgende analytische Äquivalenzen

> Vorgang = organische Bewegung
> Verhalten = beseelter Vorgang
> Handlung = personales Verhalten

Wir können die Termini auch in dem folgenden System einordnen:

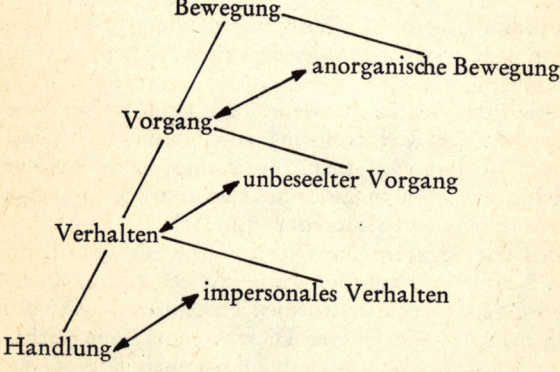

Wir erleben alle diese Arten von Bewegungen an uns selbst. Deshalb wollen wir sagen, daß wir einen (anorganischen) *Körper* haben, ein (unbeseeltes) *Leben*, eine (impersonale) *Seele* und einen (personalen) *Geist*.

26

Die Unterscheidung von Seele und Geist (impersonal — personal, Verhalten — Handlung), die hier benutzt ist, muß jetzt durch Einführung weiterer noologischer Termini näher bestimmt werden. Als ein für die Rechtfertigung von Normen brauchbares Minimum seien hier 8 Grundbegriffe vorgeschlagen. Diese mögen in einer Figur mit 2 Seiten, der intellektuellen und moralischen Seite, wie folgt angeordnet werden:

intellektuell	moralisch
Meinung	Wollung
Vorstellung	Begehrung
Erinnerung Phantasie	Drang Wunsch

Da hier nichts über den umgangs- oder bildungssprachlichen Gebrauch dieser Wörter behauptet werden soll, könnten auch 8 künstliche Symbole benutzt werden:

$$M\text{-Seite} \qquad\qquad W\text{-Seite}$$

$$
\begin{array}{ccc}
M & \qquad\qquad & W \\
M_0 & & W_0 \\
M_1 \quad M_2 & & W_1 \quad W_2
\end{array}
$$

Der Gebrauch dieser Termini der einzuführenden Orthosprache ist jetzt in einer Parasprache (die keine Synonyma dieser Termini enthalten darf) festzulegen. Dabei können wir die Symbole natürlich auch wieder durch artifizielle Wörter ersetzen. Indem wir M = Meinung, W = Wollung so stehen lassen, lesen wir etwa M_0 als »Untermeinung«, W_0 als »Unterwollung«, M_1 als primäre Untermeinung und M_2 als sekundäre Untermeinung, entsprechend W_1 als primäre Unterwollung, W_2 als sekundäre Unterwollung.

Unsere methodische Einführung dieser Termini beginnen wir mit dem Reden über das Reden. Die einfachste Art von Reden, die wir im Leben einführen, ist die Sprache der Imperative (Feuer! Los! Wasser!). Sie bezieht sich unmittelbar auf die Praxis (Erleben und Handeln). In Zeiten relativer Ruhe — bei einem primitiven Stamm etwa abends am Lagerfeuer — besteht die Möglichkeit, die Sprache in zwei verschiedenen Richtungen zu entwickeln: Wir fangen an, Geschichten zu erzählen über das, was wir erlebt haben (Vergangenheit) und wir beginnen, Pläne zu beraten über das, was wir tun werden (Zukunft). Die unmittelbare Gegenwart — das Aristotelische νῦν erweitert sich desto mehr, je mehr diese nicht unmittelbar auf Praxis bezogenen Weisen des Redens sich erweitern. Dieses nur mittelbar praktische Reden werde »epipraktisches« Reden genannt. Die beiden Weisen der epipraktischen Rede (Geschichten erzählen und Pläne beraten) müssen in der Praxis eingeübt und gelernt werden, ehe die noologischen Grundbegriffe gelehrt werden können. Wir werden die Termini der intellektuellen Seite auf das Erzählen, die Termini der moralischen Seite auf das Beraten zurückführen.

Wir beginnen mit dem obersten Terminus W (Wollung) der moralischen Seite. In einer Beratung sei gesagt und angenommen »Laßt uns X tun«. Dann werden wir X tun. Es mag aber sein, daß die Umstände nicht gestatten, X heute zu tun, sondern erst morgen. Dann war also angenommen: »Laßt uns X morgen tun«. Vor dem nächsten Tag kann jeder von uns sagen: »Ich habe die Wollung (den Willen), X zu tun«. Die Wendung: »die Wollung haben, X zu tun« kann auf diese Weise gelehrt und gelernt werden — man muß an hinreichend vielen Beratungen teilgenommen haben und nach den angenommenen Plänen gehandelt haben.

Wenn der nächste Tag kommt und einer tut X nicht, so kann er sagen: »Ich habe den Plan gestern angenommen, aber ich würde ihn jetzt (wenn noch einmal Beratung wäre) nicht mehr annehmen«. Um sich nicht explizit auf das epipraktische Reden (hier: eine Beratung) beziehen zu müssen, wird die folgende Wendung stattdessen zur Verfügung gestellt: »Ich hatte gestern die Wollung, X zu tun, ich habe diese Wollung aber jetzt nicht mehr«.

Indem man durch genügend Erfahrungen mit dem Ändern der eigenen Pläne hindurchgeht, kann man den vorgeschlagenen Gebrauch des Terminus »Wollung« lernen.

In der Umgangssprache sagt man meistens: »Ich will X tun« oder »Ich habe den Willen, X zu tun«. Umgangssprachlich ist auch die Wendung »Ich habe die Absicht, X zu tun« häufig synonym. Der künstliche Terminus »Wollung« werde hier aber von »Absicht« in folgender Weise unterschieden.

Wenn der Plan angenommen ist, X zu tun, um damit Y zu bewirken (Kausalverhältnis zwischen X und Y), so werde gesagt, man *wolle* (man habe die Wollung), X (zu) tun und man *beabsichtige* (man habe die Absicht), Y zu bewirken.

Bevor wir auf der moralischen Seite unserer Figur zu den unter W stehenden Begriffen (den Unterwollungen) übergehen, sei jetzt die intellektuelle Seite behandelt. Wir beginnen mit M (Meinung). Um die Wendung »Ich habe die Meinung, daß X« — X ist jetzt eine Aussage — einzuführen, genügt es, sie zunächst zu definieren durch: »Ich habe die Wollung, X zu behaupten«.

Diese Definition ist aber dadurch zu modifizieren, daß solche auszuschließen sind, in denen man mit der Behauptung andere (evtl. sich selbst) belügen will. In der epipraktischen Rede, insbesondere beim Erzählen, muß die Unterscheidung zwischen ehrlicher und unehrlicher Rede zuvor schon eingeübt sein.

Eine Meinung haben, bzw. eine Wollung haben, können wir gemeinsam als »geistige Zustände« bezeichnen.

Diese Zustände stellen wir »in uns« dadurch her, daß wir epipraktisch reden. Vergleichen wir die Herstellung (oder Bildung) eines geistigen Zustandes mit der Herstellung eines Artefakts, etwa einer Statue, so lassen sich unterscheiden: die Vorbereitung der Herstellung und die Herstellung selbst. Wir schlagen für die analogen »geistigen Tätigkeiten« die folgenden Termini vor:

> urteilen = sich eine Meinung bilden
> entscheiden = eine Wollung bilden
> denken = ein Urteil vorbereiten
> erwägen = eine Entscheidung vorbereiten

Nachdem wir für beide Seiten der Figur die Leitbegriffe (Meinung bzw. Wollung) eingeführt haben, müssen wir nun die »tieferliegenden« Begriffe einführen. Wir beginnen mit der intellektuellen Seite.

Wenn sich in unserer Gegenwart etwas ereignet, können wir jemand anderem hiervon erzählen: wir können das Ereignis »beschreiben«. Wenn das Ereignis vorüber ist, können wir es immer noch beschreiben, obwohl es nicht mehr gegenwärtig ist. Aufgrund dieses Gebrauchs epipraktischer Rede können wir die Wendung lernen: »Ich habe eine Vorstellung (M_0) eines Gegenstandes«.

Nur die Fähigkeit zu *wahrheitsgemäßer* Beschreibung nicht gegenwärtiger Gegenstände (Dinge oder Ereignisse) ermöglicht die Rede von Vorstellungen.

Bei wahrheitsgemäßer Beschreibung von Vergangenem nennen wir die Vorstellung genauer eine »Erinnerung« (oder artifiziell: eine primäre Untermeinung M_1) — im Unterschied zu Phantasievorstellungen (Phantasien, sekundäre Untermeinungen M_2).

Weil der Mensch Geschichten erzählen kann, die sich nie ereignet haben, können wir außer von »Erinnerungen« auch von »Phantasien« reden.

Es ist üblich, das Erzählen von Geschichten, die sich nie ereignet haben, durch das »Vermögen« der Phantasie zu »erklären«. Das hört sich an, wie die »Erklärung« der Wirkung eines Schlafmittels durch eine »vis dormitiva« bei Molière. Während für die Wirkung eines Schlafmittels aber sinnvoll nach einer physikalisch-chemischen Kausalerklärung gefragt werden kann, ist das Geschichtenerzählen eine Tätigkeit, für die es gar nicht sinnvoll ist, nach einer Kausalerklärung zu suchen. Im Einzelfall lohnt es sich höchstens, nach dem Zweck einer Erzählung zu fragen. Von dem »Vermögen« der Phantasie zu reden, ist nur eine Variante des Redens von dem Vermögen des Geschichtenerzählens. Wir sprechen jemandem Phantasie genau dann zu, wenn er Geschichten erzählt — wir konstruieren also eine »innere« Tätigkeit parallel zu der »äußeren« Tätigkeit des Erzählens. Der Zweck dieser Konstruktion besteht darin, daß wir einem Menschen auch dann noch Phantasietätigkeit zusprechen können, wenn er zeitweilig nicht redet.

Es sei darauf aufmerksam gemacht, daß die Unterscheidung zwischen Erinnerung und Phantasie von der *Wahrheit* der Erzählung abhängig ist. Ohne Bezugnahme auf die Wahrheit — und »Wahrheit« ist kein Terminus der Psychologie — läßt sich das Erinnerungsvermögen nicht vom Phantasievermögen trennen.

Die Grundbegriffe auf der moralischen Seite unserer Figur sind schwieriger einzuführen. Um einen vernünftigen Gebrauch dieser Termini zu begründen, ohne auf umgangs- oder bildungssprachliche Traditionen zurückgreifen zu müssen, werden wir darzustellen haben, wie ein Gebrauch zu lehren ist.

Wie das Denken, d. h. das Vorbereiten eines Urteils als sein Material die Vorstellungen hat, so sollen die Begehrungen (Unterwollungen) so eingeführt werden, daß das Erwägen, d. h. das Vorbereiten einer Entscheidung, als sein Material die Begehrungen hat. Da Wollungen wiederum nichts anderes sind als das Resultat von Entscheidungen, so oder so zu handeln, haben wir letztlich Begehrungen auf das Handeln oder auf das sich auf Handlung beziehende Reden zurückzuführen.

Stellen wir uns vor, daß jemend an einem heißen Tage seit längerem nichts zu trinken hatte. Schließlich bekommt er zwei Gläser mit ihm unbekannten Flüssigkeiten angeboten. Er versucht das erste Glas, weigert sich aber schon beim ersten Schluck, etwas davon zu trinken. Dann — so wird vorgeschlagen — könnte man zu ihm sagen: »Aha, das begehren (mögen) Sie nicht«. Danach versucht er das zweite Glas und trinkt es (begierig) aus. »Aha, das begehrten (mochten) Sie«, könnte dann gesagt werden. Indem man durch solche Erlebnisse des Annehmens und Verweigerns hindurchgeht, lernt man den Gebrauch der Wendung »eine Begehrung (Unterwollung W) haben«.

In diesem Beispiel gehen den Handlungen, nämlich der Verweigerung des ersten Glases bzw. der Annahme des zweiten, keine Erwägungen voraus, die Entscheidung zu diesen Handlungen erfolgt unmittelbar — so daß, genauer gesprochen, gar keine »Entscheidung«, keine Bildung eines »Willens« vorliegt. Wir können hier unmittelbar aufgrund der Handlungen von bestimmten Begehrungen reden.

Im allgemeinen Fall, in dem (wie beim Beraten eines Planes) der Handlung erst ein Erwägen und dann eine Entscheidung zu einer bestimmten Wollung vorausgeht, können wir aufgrund des Verlaufs der Erwägungen (d. h. also aufgrund des Verlaufs der Beratungen, wenn diese laut geführt werden) von Begehrungen sprechen. Wenn jemand in einer Beratung auf der Ausführung einer Handlung X besteht — insbesondere auch gegen ernsthafte Bedenken — dann können wir sagen, daß er X begehrt. In einer Beratung (evtl. nur mit sich selbst) werden verschiedene Begehrungen gegeneinander erwogen. Man entscheidet sich schließlich zugunsten einiger dieser Begehrungen und zuungunsten anderer.

Gegenüber diesen Begehrungen, die in Beratungen oder eigenen Erwägungen »manifest« werden, kann man auch von »latenten« Begehrungen sprechen, die man z. B. seinen Träumen entnehmen kann — man kann sie gelegentlich auch aus Handlungen erschließen, wenn die in die Entscheidung zu dieser Handlung eingegangenen manifesten Begehrungen nach späterer Einsicht oder nach Einsicht eines anderen, z. B. eines Psychiaters, diese Entscheidung nicht verständlich machen.

Damit haben wir 6 Grundbegriffe unserer Figur eingeführt. Ersichtlich sind diese noch nicht ausreichend für eine Sprache, in der für und gegen die Annahme moralischer Normen argumentiert werden soll. In der Umgangssprache — und auch in der Tradition der Moralphilosophie — treten vor allem noch Wortpaare wie »Schmerz« und »Lust«, »unangenehm« und »angenehm«, »Freud« und »Leid« und ähnliche auf. Hier lassen sich natürlich phänomenologisch viele Unterscheidungen treffen. Für unsere Zwecke sind aber solche Wörter entbehrlich. Wer für ein Begehren, etwa den Zustand X zu erreichen, als Argument anführt, daß der Zustand X für ihn »angenehm« sei, kann sich auch darauf beschränken zu sagen, daß er X begehre — und daß er *keine* Argumente anführen wolle. Behauptet er dagegen, daß der Zustand X für jedermann, der (wie er) in der Situation S sei, begehrens*wert* sei, so behauptet er schon, daß in seiner Situation jedermann X begehre *solle* (oder jedenfalls dürfe) — er behauptet einen deontischen Modalsatz und müßte also zur Begründung seiner Behauptung schon auf angenommene Normen verweisen können.

Selbstverständlich ist es nicht bloß analytisch wahr, daß es unerlaubt sei, in der Nähe von Menschen extrem laute Geräusche zu erzeugen, *weil* diese für Menschen unangenehm (oder sogar schmerzhaft) sind. Es ist ja vielmehr ein empirischer Satz, daß gewisse Geräusche unangenehm sind — man könnte aber stattdessen für obiges Verbot auch von dem empirischen Satz ausgehen, daß Menschen normalerweise begehren, gewisse Geräusche zu vermeiden. Die hedonistischen

Termini (Lust, Schmerz usw.) sind also für moralische Argumentationen entbehrlich. Auch etymologisch gehen diese Wörter auf die Grundbedeutung »begehren« zurück. Z. B. ist das Wort »gern« mit dem Wort »Gier« stammverwandt, das Wort »Lust« hat wie noch unser Wort »Gelüst« ebenfalls ursprünglich die Bedeutung von »Gier« und das Wort »angenehm« kommt natürlich von »annehmen«. Eine Ausnahme bildet das griechische Wort ἡδύς, das stammverwandt ist mit dem griechischen Wort ἡδονή, lat. suavis, althochdeutsch suozi, woraus unser gegenwärtiges Wort »süß« geworden ist. Hier handelt es sich um eine Geschmacksmetapher.

Lassen wir alle diese hedonistischen Termini beiseite, so zeigt sich deutlich, daß es allein darauf ankommt, die Begehrungen in zwei Klassen einzuteilen, in berechtigte und unberechtigte, in gute oder nicht gute — auf die Namen kommt es hier nicht an. Das ist das Grundproblem der Moralphilosophie — und dazu sollen die Termini »Drang« und »Wunsch« (primäre und sekundäre Unterwollungen) dienen.

Die Begehrung, X zu tun, läßt sich dadurch *rechtfertigen,* daß man sich auf ein Normensystem beruft, aus dem folgt, daß jeder, der in der Situation S ist, X tun *darf* — und durch den Nachweis, daß der Begehrende in der Situation S ist.

Das Grundproblem der Moralphilosophie wird dadurch zurückgeführt auf das Problem, welche Normen »gerechtfertigt« sind.

Normen lassen sich andererseits aber nur dadurch rechtfertigen, daß man auf die Begehrungen zurückgreift. Wie immer man sich hier drehen und wenden mag, die Aufgabe besteht darin, eine Unterscheidung der Begehrungen in zwei Klassen vorzunehmen. Eine solche Unterscheidung folgt nicht aus dem bisherigen System der Grundbegriffe, sie muß erst noch hinzugefügt werden.

Im folgenden wird der Vorschlag gemacht, diese Unterscheidung dadurch zu bewerkstelligen, daß neben den Begehrungen von ihnen entsprechenden *Bedürfnissen* geredet wird. Es wird also zur Begründung der Begehrung, X zu tun, die Wendung zugelassen »es besteht das Bedürfnis, X zu tun«.

Dadurch wird unsere Redeweise angeglichen an die Rede von dem Bestehen von Sachverhalten. Aber natürlich ist dadurch noch nichts Wesentliches gewonnen. Ist die Wahrheit einer Aussage strittig, so nützt es ja nichts, zu behaupten, der Aussage entspreche ein Sachverhalt. Die Frage bleibt strittig, ob der entsprechende Sachverhalt ein wirklicher Sachverhalt ist — oder nur ein fingierter.

Für die Rechtfertigung einer Begehrung hat man die Geltung von Normen zu begründen. In der jetzt zugelassenen Sprache kann man behaupten, daß für jedermann, der in der Situation S sei, ein »Bedürfnis« bestehe, X zu tun. Ist die Geltung der Norm strittig, so verschiebt sich der Streit dadurch auf die Frage, ob — in der Situation S — ein »wirkliches Bedürfnis« bestehe oder nur ein »Scheinbedürfnis«.

Auf der intellektuellen Seite hatten wir die »Erinnerung« von der »Phantasie« dadurch unterschieden, daß wir uns in der Erinnerung wirkliche Sachverhalte vorstellen. Die deutsche Sprache scheint über kein Wortpaar zu verfügen, das dazu dient, in analoger Weise unter den Begehrungen diejenigen, die einem wirklichen Bedürfnis entsprechen, zu unterscheiden von den Begehrungen, die das nicht tun. Man könnte umgangssprachlich etwa benutzen: unwillkürlicher Drang — willkürlicher Wunsch. Hier tritt aber das Wort »Willkür« (= willentliche Wahl) auf, das in unserer Terminologie (in der Wollungen erst aufgrund der Erwägung von Begehrungen entstehen) nicht brauchbar ist. Es sei daher hier vorgeschlagen, durch eine explizite Vereinbarung sich vom traditionellen Sprachgebrauch zu distanzieren und die Begehrungen in »Dränge« und »Wünsche« zu unterteilen. Ersetzen wir artifiziell Begehrungen durch Unterwollungen W_0, so haben wir auch die Möglichkeit, symbolisch W_1 und W_2 zu gebrauchen, also primäre und sekundäre Begehrungen (oder Unterwollungen) zu unterscheiden. Wir haben aber damit immer noch nicht mehr getan, als ein Vokabular zur Verfügung gestellt: das Kriterium der Unterscheidung von »Drang« und »Wunsch« (oder von wirklichem Bedürfnis oder Scheinbedürfnis) ist erst noch anzugeben.

Bisher ist nur angedeutet, daß die Unterscheidung so getroffen werden soll, daß die folgende Proportion (oder Analogie) besteht:

Sucht man in der Umgangssprache nach Wörtern, die gemeinsam zu Phantasien und Wünschen passen, so findet man z. B. neben der schon erwähnten Willkür (man spricht von willkürlichen Phantasien ebenso wie von willkürlichen Wünschen) noch »Laune«, »Einbildung« und »Eigensinn«.

Da die Wissenschaft auf Wahrheit gerichtet ist, stellt sie an das Erinnerungsvermögen die Forderung, sich auf die »wirklichen« Sachverhalte zu beschränken, alle Zutaten, die der Phantasie entspringen, sollen ausgeschlossen werden. Wie in der Logischen Propädeutik gezeigt ist, läßt sich dies — wenn überhaupt — nur dadurch erreichen, daß man nicht eigensinnig auf seinen Meinungen besteht, sondern sich ernsthaft darum bemüht, die Unzulänglichkeiten der eigenen Meinung — insbesondere im vernünftigen Gespräch — zu überwinden.

In der philosophischen Tradition wird anstelle von Eigensinn häufig von »Subjektivität« gesprochen. Wenn im folgenden eine Meinung »bloß subjektiv« genannt wird, soll das nicht heißen, daß die Meinung eine Eigenheit desjenigen ist, der sie vertritt — die Subjektivität einer Meinung wird nicht dadurch aufgehoben, daß sie von vielen vertreten wird. Für die Wissenschaft ist es selbstverständlich, daß eine Aussage nicht dadurch wahr wird, daß sie von vielen behauptet wird: »Verstand ist stets bei wenigen nur gewesen«. Die Vielen, οἱ πολλοί bleiben stets in ihrer Subjektivität befangen — sei es in ihren Eigenheiten, sei es in *unkritisch* übernommenen Moden oder Traditionen.

In der philosophischen Tradition ist es üblich, der so verstandenen Subjektivität bloßer Meinungen die »Objektivität« der Wahrheit gegenüberzustellen. Wie wir in der Logischen Propädeutik gesehen haben, ist die Wahrheit von Aussagen immer eine menschliche Leistung, eine Leistung, die von jedem Einzelnen zu leisten ist. Jeder kann sich dabei nur bemühen, seine Subjektivität zu überwinden - gerade dazu dient ja die logische Disziplinierung des Redens.

Um einen Terminus zu haben, der sich an die philosophische Tradition anschließt, sei hier die — zunächst nur für die Wahrheit von Aussagen — geforderte Überwindung der Subjektivität auch »Transzendenz der Subjektivität«, ab-

kürzend »Transsubjektivität« genannt. Da »Transzendenz«
ein Schlüsselwort der traditionellen Philosophie und Theologie ist, sei vor Mißverständnissen gewarnt. Hier wird nicht
behauptet, daß Transzendenz »sei« — hier wird Transzendenz gefordert. Wird allerdings die Formel: »Transzendenz
ist« interpretiert als die *Vernünftigkeit* dieser Forderung, so
verschwindet der Unterschied. Die »Vernünftigkeit« einer
Forderung ist ihrerseits nicht anders zu bestimmen als dadurch, daß sie keine bloß subjektive ist — z. B. auch keine
bloße Eigenart unserer geistigen Tradition. Mit dem Terminus »Transsubjektivität« wird nur das festgehalten, worauf
sich jeder »immer schon« eingelassen hat, wenn er sich z. B.
überhaupt auf ernsthafte Gespräche eingelassen hat — ja
sogar »immer schon« dann, wenn er überhaupt zu reden
begonnen hat.

Alle Redenormen, die wir in der Logischen Propädeutik für
das Bemühen um Wahrheit aufgestellt haben, haben als
übergeordnete Norm die Norm der Transsubjektivität:
»Transzendiere Deine Subjektivität!« über sich. Die Präpo-
sition »über« ist hier eine räumliche Metapher, die es gestatten würde, die Transsubjektivitätsnorm eine »Übernorm«
zu nennen.

In der Rechtswissenschaft ist eine andere räumliche Metapher üblich: die Verfassung heißt als Norm, als Gesetz, auf
deren Geltung die Geltung aller anderen Rechtsnormen beruht, das »Grundgesetz«. Auch Kant nennt seinen kategorischen Imperativ entsprechend das moralische Grundgesetz.

Es ist im folgenden zu zeigen, daß das *moralische Grundgesetz,* das wir hier am Beispiel des Ethos der Wissenschaft
formuliert haben als das *Grundgesetz der Transsubjektivität,*
auch zur »Begründung« von praktischen Normen (die den
Willen zum Handeln, nicht nur zum Reden bestimmen) *ausreicht.*

Es geht jetzt darum, von einer Begehrung festzustellen, daß
sie einem wirklichen Bedürfnis entspricht — nicht nur einem
(vermeintlichen, eingebildeten) bloß subjektiven Bedürfnis.
Wir können dazu davon ausgehen, daß wir nicht nur
»immer schon« miteinander reden, sondern daß wir auch
»immer schon« miteinander handeln. Gewisse Bedürfnisse

sind in einer Menschengruppe, die miteinander redet, immer schon als *wirklich* anerkannt. Wir sind alle als Kinder nur dadurch großgeworden, daß Erwachsene, im Normalfall der Familie die Eltern, für gewisse Bedürfnisse von uns vorgesorgt haben. Jeder von uns weiß daher, daß der Mensch wie alle Lebewesen bedürftig ist. Z. B. sind wir alle bedroht von Schmerzen. Es lassen sich viele Bedingungen angeben, unter denen — normalerweise — Schmerzen entstehen. Auch dann, wenn man Schmerzen willentlich aushält, so sind es doch nur insoweit »Schmerzen«, als man begehrt, sie zu vermeiden. Führt das Begehren nicht zu einer Wollung, so müssen (bei der Erwägung) andere Begehrungen berücksichtigt worden sein. Das moralische Grundgesetz ist ein Imperativ für das Erwägen von Begehrungen. Es fordert, jede Begehrung darauf zu prüfen, ob ihr ein wirkliches Bedürfnis entspricht oder nicht.

Es muß immer noch gezeigt werden, daß diese Forderung nicht »bloß formal« ist, daß sie nicht »leer« ist — denn das sind die Vorwürfe, die üblicherweise auch gegenüber dem kategorischen Imperativ erhoben werden.

Wir haben aber schon einen gewissen Anfang gefunden — gewisse Bedürfnisse sind immer schon als »wirklich« anerkannt. Da der Mensch — im Gegensatz zum Tier — aufgrund des mit dem Sprechen ausgebildeten Vorstellungsvermögens um seine Bedürftigkeit »weiß«, zunächst in der Erinnerung und dann vorwegnehmend in seiner Phantasie, ist der Mensch in Sorge um seine zukünftigen Bedürfnisse — auch dann, wenn er gegenwärtig keine Bedürfnisse hat. Sucht er seine Wünsche zu befriedigen, so bleibt ihm stets der Zweifel, ob er dadurch nicht gerade gegen seine zukünftigen wirklichen Bedürfnisse handelt — einige von ihnen kennt er ja schon.

Da in unserer gegenwärtigen geistigen Situation in jeder Diskussion um Moralphilosophie die Positionen, die unter den Titeln der »werturteilsfreien« Wissenschaft und des »Pluralismus der Weltanschauungen« vertreten werden, zu berücksichtigen sind — beide leugnen die Möglichkeit einer transsubjektiven, d. h. über bloß subjektive Bekenntnisse hinausgehenden Denkbemühung um moralische Normen — ist dem Einwand zu begegnen, daß der Rückgriff auf den Drang, Schmerzen zu vermeiden, nicht über die Triebe, die der

Mensch mit dem Tier teilt, hinausführe. Darüber, daß die Triebe, insbesondere der Nahrungstrieb und der Geschlechtstrieb, wirklichen Bedürfnissen entsprechen, darüber wird man sich wohl mit jedermann einigen können — aber die Resignation bezüglich der Möglichkeit vernünftiger Entscheidungen in Fragen, die nicht allein diese »natürlichen« Bedürfnisse (wir können die Triebe auch »natürliche« Dränge nennen) betreffen, wird dadurch nicht behoben. Benutzen wir den Terminus »Kultur« als Terminus für wirkliche Bedürfnisse, die nicht zu den »natürlichen« gehören, so können wir zwar die Vokabel »Kulturbedürfnis« bilden, wir können auch den »Drang nach dem Höheren«, durch den sich der Mensch vom Tier unterscheiden soll, als ein System von »Kulturdrängen« einführen, die diesen Kulturbedürfnissen entsprechen — aber wie vernünftig zu begründen ist, daß gewisse Begehrungen wirklichen Kulturbedürfnissen entsprechen und nicht nur durch Worte getarnte Wünsche sind, diese Frage ist auch damit noch nicht beantwortet.

Das moralische Grundgesetz gibt eine »abstrakte« Antwort. Ohne auf die Einzelheiten einer konkreten Situation einzugehen, gibt es uns die folgende Anweisung: wir sollen versuchen, jedes Bedürfnis, das als »wirkliches« behauptet wird, zu begründen. Haben wir Zeit und Gelegenheit zu einer vernünftigen Beratung über unser Handeln, so soll also versucht werden, zunächst unsere Situation »zutreffend« zu beschreiben (schon hierzu gehört meist die Überwindung vieler Illusionen, die wir uns von uns selbst und den Umständen machen), ferner sollen wir nach Normen suchen, die aufgrund der Beschreibung der Situation anwendbar sind — diese Normen sollen aber wiederum nicht nach subjektiver Willkür angenommen werden, sondern als gültig begründet werden.

Unsere Subjektivität zu überwinden, heißt, bei der Annahme von Normen uns offenzuhalten für Modifikationen — wenn Gründe für eine Modifikation angegeben werden. »Gründe angeben« kann hier nur heißen, daß andere Normen zur Annahme vorgeschlagen werden, wobei man versuchen wird, auf schon gemeinsam anerkannte Normen — und damit auf schon gemeinsam anerkannte wirkliche Bedürfnisse — zurückgreifen zu können.

Wenn die Dialogpartner nicht bereit sind, irgendwelche Normen gemeinsam anzuerkennen, ist jede vernünftige Beratung unmöglich. Z. B. dadurch, daß die Dialogpartner dieselbe Sprache benutzen, haben sie aber schon gewisse Normen gemeinsam anerkannt. Man wird stets gewisse elementare Bedürfnisse ebenfalls gemeinsam als »wirklich« anerkennen, z. B. solche, die wir als »natürliche« mit den Tieren teilen. Allerdings besteht schon hier — wie die Geschichte lehrt — durchaus die Möglichkeit, sich in asketischer Weise z. B. gegen den Geschlechtstrieb zugunsten kultureller Dränge zu entscheiden (wenn auch die moderne Psychologie hier nur von »Verdrängung« spricht). Von einem Primat des Natürlichen über das Kulturelle läßt sich nur sehr eingeschränkt reden: ein bloß natürliches Leben, ein bloßes Vegetieren erscheint dem Menschen häufig nicht mehr lebenswert: er begehrt nicht, es zu erhalten.

Abstrakt gesprochen, also ohne auf eine konkrete Situation einzugehen, kann man nicht sagen, *welche* Normen in einem vernünftigen Gespräch (in dem es um die Geltung von Normen geht) ungeprüft angenommen werden sollten. Da man nicht alles prüfen kann, muß man irgendwelche Normen ungeprüft annehmen — aber die Partner eines vernünftigen Dialogs sollten wissen, daß sie jedesmal, wenn sie sich zu einer ungeprüften Annahme entschließen, möglicherweise gegen ihre wirklichen Bedürfnisse entscheiden. Die einzige Chance, die Beschränkungen ihrer eigenen Vorstellungen und Begehrungen zu überwinden, besteht gerade in der *Offenheit,* alle ihre »Positionen« in Frage stellen zu lassen. Genau dies heißt aber: dem moralischen Grundgesetz der Transsubjektivität zu folgen.

Wie der Glasschleifer im voraus weiß, daß er das Ideal der Homogenität nicht realisieren kann — aber andererseits nur durch das Wissen um die Homogenität überhaupt weiß, was er will — so gilt für unser Handeln allgemein, daß wir im voraus wissen, daß wir die ideale Forderung der Transsubjektivität nicht verwirklichen können, aber auch hier gibt uns nur die Transsubjektivität die Richtung an, in der wir uns bemühen können, nicht blindlings unseren subjektiven Wünschen zu folgen.

Gegenüber der Geometrie sind wir in der Moralphilosophie

allerdings immer noch in einer mißlichen Lage: die Homogenität liefert unmittelbar eine Handlungsanweisung für den Glasschleifer — die Transsubjektivität allein dagegen gestattet nicht, für irgendein bestimmtes Begehren, z. B. das Begehren nach überkonfessionellen Grundschulen (in Westdeutschland 1968), ein wirkliches Kulturbedürfnis geltend zu machen.

Gewiß wird man — immer noch abstrakt gesprochen — sagen können, daß bei solchen Diskussionen niemand »dogmatisch« oder »ideologisch« reden solle. Aber — so wird man wohl Hegels Einwände gegen Kants »formale« Ethik interpretieren dürfen — die abstrakte Schulung begrifflicher Disziplinierung *allein* genügt hier nicht.

Gegenüber der strengen Beschränkung Kants auf das Abstrakt-Begriffliche betreibt Hegel (anstelle einer Moralphilosophie) Soziologie und Sozialgeschichte.

Daß Hegel — und alle ihm darin folgenden Philosophen — sich die Mißbilligung der Historiker und später auch der Soziologen — zugezogen hat, ist nur zu verständlich. Seitdem die Arbeitsteilung unter den Wissenschaften eingeführt ist, macht sich eine Philosophie, die noch immer alles selber machen will, nur lächerlich.

Aber auf die Frage, wie in einer konkreten Situation die Behauptung, daß ein bestimmtes wirkliches Kulturbedürfnis bestehe, begründet werden kann, läßt sich doch — selbstverständlich nur in allgemeinen Worten — zumindest eine *Methode* der Begründung vorschlagen. Ob die vorgeschlagene Methode *ausreicht*, läßt sich nur in der Einzelausführung zeigen — und diese muß dem Fachgelehrten, z. B. für eine Schulfrage dem Pädagogen, überlassen bleiben (vorausgesetzt, daß der Fachgelehrte die Methode »im allgemeinen« verstanden hat).

Die vorzuschlagende Methode zur Rechtfertigung von Kulturbedürfnissen in konkreten Situationen heiße kurz die Methode des praktischen Denkens. Sie sei hier, in einer noch nicht terminologisch normierten Sprache, als Ergänzung zum moralischen Grundgesetz skizziert.

Die Methode des praktischen Denkens hat das Ziel, den *Zusammenhang* der Kulturbedürfnisse in der konkreten Situation, in der eines von ihnen strittig ist, zu erörtern. Wird etwa über die Frage überkonfessioneller Grundschulen für die nächsten Jahre in Westdeutschland gesprochen, so sollte z. B. die Einstellung der Eltern, die Ausbildung der Lehrer, der politische Einfluß der Kirchen, die Bedürfnisse der Industrie und vieles andere erörtert werden. Wir haben hier ein Beispiel einer ersten Grundregel des praktischen Denkens: Bei der Erörterung einer Änderung (gegenüber den bestehenden Verhältnissen) darf kein Kulturbedürfnis *von vornherein* ausgeschlossen werden.

Diese Regel des »offenen Zusammenhangs« läßt sich auch indikativisch formulieren: »jede konkrete Situation ist ein komplexer Kulturzusammenhang, ein Wechselwirkungszusammenhang vieler Kulturbedürfnisse«.

Während aber jeder solche Indikativsatz die Frage nach seiner Begründung herausfordert, ergibt sich die Regel des offenen Zusammenhanges als negative Regel sofort daraus, daß der Ausschluß eines Kulturbedürfnisses stets erst zu begründen ist. Solange z. B. über einen evtl. Zusammenhang von Grundschulerziehung und Industrie nichts gemeinsam anerkannt ist, ist ein Zusammenhang stets »möglich«.

Andererseits kann jeder Dialog nur eine endliche Anzahl von Bedürfnissen erörtern — es müssen stets gewisse mögliche Bedürfnisse undiskutiert bleiben.

Die Regel des offenen Zusammenhangs ist daher eigentlich nur deshalb wert, überhaupt formuliert zu werden, weil sie einen Unterschied zur Methode der Physik angibt: im Experiment werden »reine« Bedingungen, d. h. eine genau übersehbare Anzahl relevanter Umstände, hergestellt.

Wichtiger ist eine zweite Grundregel des praktischen Denkens: die Regel der *normativen Genese*.

Diese Regel ermöglicht, Änderungsvorschläge in einer konkreten Situation vernünftig zu diskutieren, obwohl man jetzt weiß, daß die Situation ein *komplexer Zusammenhang* von Kulturbedürfnissen ist.

Die Regel schreibt vor, für die konkreten Situationen nur solche *Modelle* zu verwenden, für die sich eine *Genese* kritisch konstruieren läßt. Hiermit ist nicht gemeint, daß die faktische Entstehungsgeschichte der gegenwärtigen Situation zu erforschen ist. Es geht stattdessen darum, ein Modell der Situation dadurch zu rechtfertigen, daß eine Genese des Modells konstruiert wird. Jeder Schritt der Genese muß dabei gerechtfertigt werden. Als Endresultat der Konstruktion entsteht nicht die konkrete Situation, sondern ein Modell, eine abstrakte Situation, — aber eine abstrakte Situation, die ebenfalls ein komplexer Zusammenhang der in die Konstruktion aufgenommenen Kulturbedürfnisse ist.

In stärkster Vereinfachung sieht eine Genese eines Modelles folgendermaßen aus. Es wird im Dialog von einem System von Bedürfnissen ausgegangen, für die *keine* genetische Rechtfertigung verlangt wird (das sind die »natürlichen« Bedürfnisse). Jedes geltend gemachte Kulturbedürfnis ist als Teil eines komplexen Systems von Kulturbedürfnissen ($K_1, \ldots, K_n$) zu rechtfertigen. Da diese Kulturbedürfnisse wechselseitig voneinander abhängen, kann nicht K_1 gerechtfertigt werden (wobei vorübergehend $K_2, \ldots, K_n$ als gerechtfertigt angenommen werden) und dann K_2 (unter Annahme von $K_1, K_3 \ldots$) usw. — solche Begründungsversuche würden sich in Zirkeln verlieren. Kritische Rekonstruktion einer Genese bedeutet, daß das System ($K_1 \ldots, K_n$) als eine rechtfertigbare Entwicklung aus einem einfacheren Gesamtzusammenhang — schematisch erfaßbar als ein System ($K'_1, K'_2, \ldots K'_{(n-1)}$) (dies sind *Vor*formen von $K_1, \ldots, K_{n-1}$) — zu begründen ist. Für diesen Schritt ist also nur die Hinzufügung eines K'_n zu begründen — mit Hilfe des moralischen Grundgesetzes. Dieser Gesamtzusammenhang ist seinerseits noch komplex, solange $n-1 > 1$: er muß auch noch aus einfacheren Entwicklungsstufen gerechtfertigt werden, bis man schließlich zu $K_1^{(n-1)}$ und dann zu einer Urstufe, einem Urmodell *ohne* Kulturbedürfnisse, zurückgegangen ist.

Beginnen wir (jetzt progressiv statt regressiv) mit der Urstufe — alles wird selbstverständlich nur im Dialog fingiert — und schreiten wir dann zu allmählich komplexer werdenden Entwicklungsstufen voran, so ist jeder Schritt nach dem moralischen Grundgesetz zu rechtfertigen, d. h. im Dialog darf nur dann ein Entwicklungsschritt als gerechtfertigt (ein Kulturbedürfnis nur dann als »wirklich«) anerkannt werden, wenn die Anerkennung gegen alle Bedenken aufgrund der methodischen Dialogdisziplinierung durchgesetzt werden kann — nicht aufgrund bloßer Subjektivität. Der einfachste Schritt verläuft nach dem »dialektischen« Schema:

$$(K'_1) \Rightarrow (K'_1),\ K'_2 \Rightarrow (K_1,\ K_2).$$

Zur indikativischen Formulierung dieser Grundregel sei hier aus Hegels Phänomenologie des Geistes zitiert: ».. das allgemeine Individuum, der selbstbewußte Geist (ist) in seiner Bildung zu betrachten.... Diese Vergangenheit durchläuft das Individuum, dessen Substanz der höher stehende Geist ist, in der Weise, wie der, welcher eine höhere Wissenschaft vornimmt, die Vorbereitungskenntnisse, die er längst inne hat, um sich ihren Inhalt gegenwärtig zu machen, durchgeht; er ruft die Erinnerung derselben zurück, ohne darin sein Interesse und Verweilen zu haben. Der Einzelne muß auch dem Inhalt nach die Bildungsstufen des allgemeinen Geistes durchlaufen, aber als vom Geiste schon abgelegte Gestalten, als Stufen eines Weges, der ausgearbeitet und geebnet ist; ... Dies vergangene Dasein ist bereits erworbenes Eigentum des allgemeinen Geistes, der die Substanz des Individuums... ausmacht. — Die Bildung in dieser Rücksicht besteht, von der Seite des Individuums aus betrachtet, darin, daß es dies Vorhandene erwerbe... und für sich in Besitz nehme.... Die Wissenschaft stellt sowohl diese bildende Bewegung in ihrer Ausführlichkeit und Notwendigkeit wie das, was schon zum Momente und Eigentum des Geistes herabgesunken ist, in seiner Gestaltung dar. Das Ziel ist die Einsicht des Geistes in das, was das Wissen ist. Die Ungeduld verlangt das Unmögliche, nämlich die Erreichung des Ziels ohne die Mittel. Einesteils ist die L ä n g e dieses Weges zu ertragen, denn jedes Moment ist notwendig; — anderteils ist bei jedem sich zu v e r w e i l e n, denn jedes ist selbst eine individuelle ganze Gestalt und wird nur absolut betrachtet, insofern seine Bestimmtheit als Ganzes oder Konkretes... betrachtet wird. Weil die Substanz des Individuums, weil sogar der Weltgeist die Geduld gehabt, diese Formen in der langen Ausdehnung der Zeit zu durchgehen und die ungeheure Arbeit der Weltgeschichte, in welcher er in jeder den ganzen Gehalt seiner, dessen er fähig ist, herausgestaltete, zu übernehmen, und weil er durch keine geringere das Bewußtsein über sich erreichen konnte, so kann zwar der Sache nach das Individuum nicht mit weniger seine Substanz begreifen; inzwischen hat es zugleich geringere Mühe, weil

a n   s i c h   dies vollbracht, — der Inhalt schon die zur
Möglichkeit getilgte Wirklichkeit, die bezwungene Unmittelbarkeit, die Gestaltung bereits auf ihre Abbreviatur, auf die
einfache Gedankenbestimmung, herabgebracht ist.«

In Analogie zu dem von Hegel dargestellten Verhältnis der
Bildung des Einzelnen zur Kulturgeschichte hat die Biologie
(Haeckel) ihr »biogenetisches Grundgesetz« formuliert: »Die
Ontogenese rekapituliert die Phylogenese«.

Der Terminus »rekapitulieren« ist hier ersichtlich eine päd-
agogische Metapher. Dieser Terminus wird daher nur wieder
an seinen ursprünglichen Ort gebracht, wenn wir die Grundregel der normativen Genese als »noogenetisches Grundgesetz« formulieren:

> »Die geistige Bildung des Einzelnen rekapituliert die
> Geistesgeschichte.«

Im Gegensatz zur Biologie handelt es sich hier aber um eine
Norm: Bilde Deinen Geist durch kritische Rekapitulation
der Geistesgeschichte! Erst durch diese Norm findet das
moralische Grundgesetz seinen Inhalt — es ist andererseits
in ihr als Maßstab der Kritik immer schon vorausgesetzt.

Das noogenetische Grundgesetz ohne die kritische Funktion
des moralischen Grundgesetzes führt zu einer bloß historischen Bildung. Auch hierzu sei Hegel zitiert: »In Ansehung
der   h i s t o r i s c h e n   Wahrheiten, um ihrer kurz zu er-
wähnen, insofern nämlich das rein Historische derselben betrachtet wird, wird leicht zugegeben, daß sie das einzelne
Dasein, einen Inhalt nach der Seite seiner Zufälligkeit und
Willkür, Bestimmungen desselben, die nicht notwendig sind,
betreffen.«

Es wäre allerdings noch eine rationalistische Illusion zu meinen, eine kritische Rekonstruktion einer normativen Genese
könnte vernünftig durchgeführt werden ohne ein gründliches
Wissen um die historische Entstehung, wie sie faktisch verlaufen ist. In den meisten Fällen ermöglicht nur eine Ver-
tiefung in die Geschichte, soweit sie uns Spuren der faktischen Entstehung der kulturellen Bedürfnisse hinterlassen
hat, den Sinn — und damit eine Rechtfertigung — gegenwärtiger Kulturgebilde zu erfassen.

Die moralisch gerechtfertigte Genese eines Modells gestattet, das Modell als normatives Modell, als Sollbestand für die konkrete Situation der Gegenwart, in die wir evtl. eingreifen wollen, zu benutzen. Durch Orientierung an einem nach diesen Regeln als gültig begründeten Modell können wir uns in der konkreten Situation orientieren. Aber natürlich genügt das praktische Wissen um den Sollbestand allein noch nicht, um in der konkreten Situation handeln zu können. Dazu gehört noch eine theoretische Kenntnis der Gegenwart, die vorauszusagen gestattet, welche Wirkungen vorgeschlagene Handlungen haben werden. Weil hier das Objekt der Handlungen Menschen sind, sind die Wirkungen davon abhängig, was die Betroffenen meinen und wollen. Zur Kenntnis einer konkreten Situation gehört eine Kenntnis darüber, wie die betroffenen Menschen (z. B. die Eltern, die Lehrer, die Schüler usw.) ihrerseits die Situation verstehen: z. B. ist eine Änderung (sei es Reform oder Revolution) leicht, wenn die Betroffenen dasselbe normative Modell zu ihrer Orientierung benutzen. Evtl. ist aber jede Maßnahme wirkungslos, solange die Betroffenen ein anderes normatives Modell im Kopfe haben. Es muß dann kritisch geprüft werden, ob sich dies faktisch vorhandene Modell begründen läßt — es könnte ja sein, daß zwei Genesen zu konstruieren sind, zwischen denen sich nach bestem Wissen und Gewissen (d. h. nach bestem Wissen und größter Transsubjektivität) nicht entscheiden läßt.

Ergibt sich dagegen — bei dieser Prüfung — das faktisch vorhandene Modell als unbegründbar, insbesondere als nachweisbar »subjektiv« (d. h. auf partikularen Interessen oder Unwissenheit beruhend), so muß das neue kritisch-begründete Modell erst durch »Aufklärung« das alte Modell verdrängen, ehe eine Änderung erfolgversprechend ist.

Diese beiden Grundregeln des praktischen Denkens, die Regel des offenen Zusammenhanges und die Regel der normativen Genese, gehören ihrerseits noch zum abstrakten Denken. Es sind vernünftige Vorschläge, sich in der Wirklichkeit geistig so zu orientieren, daß man handeln kann — wir können zwar historisch verstehen, daß sie erst seit der Aufklärung, speziell seit der französischen Revolution mit Aussicht auf Erfolg haben angewendet werden können, aber als Regeln des Denkens hätten sie z. B. auch schon von

Platon formuliert werden können (und Platon gibt ja im Staat auch Genesen normativer Modelle).

Die Grundregeln des praktischen Denkens gehören — wie das moralische Grundgesetz — immer noch zum abstrakten Denken. Hat man sie verstanden, so weiß man aber auch, daß ihre erfolgreiche Anwendung auf konkrete Probleme nicht allein durch die Beherrschung von Denkregeln garantiert werden kann. *Welche* Kulturbedürfnisse für die Erfassung einer konkreten Situation zu erörtern sind, kann die Philosophie nicht mehr sagen — das kann nur die Erfahrung, insbesondere die durch geschichtliche Forschungen erweiterte Erfahrung konkreter Situationen, lehren. Ebenso kann nur diese Erfahrung lehren, *welche* Möglichkeiten zur normativen Genese von Situationsmodellen bestehen.

Es gilt aber auch, daß wir die für die Anwendung nützlichen Erfahrungen nur dann erwerben können, wenn wir wissen, wozu wir sie erwerben wollen — erst durch die Kenntnis der Methoden des Denkens wird die empirische Forschung sinnvoll.

Regeln vernünftigen Argumentierens

Eine Demokratie beruht darauf, daß alle wahlfähigen Staatsbürger bei den Wahlen gleichberechtigt sind: one man, one vote! Die Wahlfähigkeit erwirbt der Staatsbürger automatisch dadurch, daß er ein gewisses Lebensalter erreicht, z. B. 21 Jahre. Damit in einer solchen Demokratie bei den Wahlen möglichst »vernünftige« Ergebnisse erzielt werden, ist es erforderlich, daß alle wahlfähigen Staatsbürger sich ihre Meinung und ihr Wollen in bezug auf die jeweils vorliegende Situation möglichst »vernünftig« bilden.

Die Fähigkeit zur Meinungs- und Wollensbildung ist nun leider kein Naturgeschenk, das man — wie etwa die Zeugungsfähigkeit — durch eine natürliche Entwicklung von einem gewissen Alter an »von selber« hat. Der Gesetzgeber spricht die Wahlfähigkeit zwar automatisch von einem gewissen Lebensalter an zu: die dazugehörige Fähigkeit der Meinungs- und Wollensbildung muß sich aber jeder Staatsbürger selber erarbeiten. Der Beweis dafür, daß die Meinungs- und Wollensbildung etwas ist, was sich der Mensch selbst erarbeiten muß — daß es keine natürliche Fähigkeit ist —, ergibt sich daraus, daß das, was jemand meint oder will, abhängig ist von seiner Fähigkeit zu *sprechen*. Nur im Medium der Sprache bildet sich der Mensch eine Meinung, ein Wollen. Die Sprache, z. B. die deutsche Gegenwartssprache, ist aber kein Naturphänomen, sondern eine kulturelle Leistung einer Menschengruppe — übrigens eine kulturelle Leistung, die eine bis in die Vorgeschichte zurückreichende Entwicklung hinter sich hat. Nur wer sich diese kulturelle Leistung kritisch angeeignet hat, nur der ist — wie man im Deutschen sagt — »gebildet«, im Englischen hieße das »educated«. Die kritische Meinungs- und Wollensbildung muß also in einem Bildungsprozeß, in einem Erziehungsprozeß erworben werden. Noch anders ausgedrückt: die Kunst, kritisch zu einer Meinung, zu einem Wollen zu kommen, muß erst gelernt werden. Wer bloß so, ohne diese Kunst gelernt zu haben, etwas meint oder will, der redet wie ein Kind, das die Wörter, die es braucht, noch gar nicht begriffen hat.

Die folgende Artikelreihe soll in diese Kunst, das eigene Reden zu begreifen, um dadurch zu einer kritischen Meinungs- und Wollensbildung zu kommen, einführen. Da die Leser schon im geläufigen — leider häufig zu geläufigen — Besitz der deutschen Sprache sind, werden sie gebeten, vorübergehend so zu tun, *als ob* sie noch nicht gelernt hätten, wie man sich eine Meinung, ein Wollen bildet, wie man die »Wahrheit« seiner Meinung bzw. die »Gebotenheit« (oder jedenfalls die Erlaubtheit) seines Wollens mehr oder weniger wortreich »argumentierend« verteidigt. Die Aufgabe, das eigene Reden zu begreifen, sofern es der kritischen Meinungs- und Wollensbildung dient, ist genau die Aufgabe, zu lernen, wie man »kritisch« argumentiert.

Das Wort »kritisch« ist z. Zt. zum Schlagwort herabgesunken: man wird nicht dadurch kritisch, daß man Wörter wie »kritische Rationalität« oder »kritische Theorie« gebraucht. Was ernsthaft zu tun ist, ist, daß man zu unterscheiden lernt, was ein Argument ist für die Wahrheit einer Meinung, für die Gebotenheit eines Wollens — und was kein Argument ist. Das wissenschaftliche Argumentieren (bei dem es um die Wahrheit von Meinungen geht) und das vernünftige Argumentieren (bei dem es um die Gebotenheit eines Wollens geht) ist selbst Gegenstand einer Kunstlehre: es muß gelernt werden, wie man argumentieren *sollte,* es müssen Normen (Regeln) des vernünftigen Argumentierens erarbeitet werden. Der einfachste, wegen seiner Einfachheit pädagogisch aber am schwierigsten zu vermittelnde Fall ist der Fall der Normen der »formalen Logik« (häufig kurz »Logik« genannt). In dem ersten Artikel wird dargestellt, welche Rolle die Logik bisher im Gesamtzusammenhang unseres Wissens (für den nach traditioneller Terminologie die »Philosophie« verantwortlich ist) gespielt hat. Dieser historische Rückblick ist nicht sehr ermutigend, aber keine historische Erfahrung kann beweisen, daß der Versuch, die Kunst des vernünftigen Argumentierens lehrbar zu machen, sinnlos ist.

In den folgenden Artikeln werden im Einzelnen eine vernünftige Verwendung der logischen Partikeln (z. B. wenn-dann, alle, einige), der Modalitäten (wahr-falsch, notwendig, unmöglich, kontingent, geboten, verboten, neutral), und einiger Grundbegriffe allen Argumentierens (z. B. Meinen und Wollen, subjektiv-objektiv, natürlich-kultürlich, dialektisch) zur Diskussion gestellt. Die Pointe des Verfahrens wird dabei immer darin bestehen, Normen des Diskutierens zur Diskussion zu stellen — also solche Normen, die man schon akzeptiert haben muß, um überhaupt »vernünftig« diskutieren zu können.

Die Rolle der Logik in der Philosophie

In der Schülerszene des Faust sagt Mephisto: »Mein teurer Freund, ich rat Euch drum/Zuerst Collegium Logicum.

Da wird der Geist Euch wohl dressiert,/In Spanische Stiefeln eingeschnürt,/Daß er bedächtiger so fortan/Hinschleiche die Gedankenbahn.«

Gewiß kann man dieser Karikatur nicht allzu viel über den Logikunterricht entnehmen. Aber es wird deutlich, daß es sich um eine Erziehung des Geistes — notfalls um eine Dressur — handelt, derart daß der Geist nicht ungezügelt von Gedanke zu Gedanke springt, sondern geordnet vorgeht — ungünstigenfalls: dahinschleicht.

Goethe selbst hat zu Beginn seines Studiums — er war damals 15 Jahre alt — in Leipzig eine Logikvorlesung gehört, und zwar in der Manier der Wolffschen Aufklärungsphilosophie. Die Schülerszene des Faust steht schon im sogenannten Urfaust. Goethe war also etwa 25 Jahre, als er sie schrieb. Später, schon über 60jährig, schrieb er in Dichtung und Wahrheit über das von ihm gehörte Collegium Logicum folgendes:

»In der Logik kam es mir wunderlich vor, daß ich diejenigen Geistesoperationen, die ich von Jugend auf mit der größten Bequemlichkeit verrichtete, so auseinanderzerren, vereinzeln und gleichsam zerstören sollte, um den rechten Gebrauch derselben einzusehen.«

Man sieht hier, daß im Falle der Logik Mephisto durchaus die Meinung Goethes wiedergibt. Die Auffassung Goethes von der Logik war allerdings nicht originell. Schon seit Beginn der Neuzeit hatte sich diese abwertende Auffassung durchgesetzt. Einerseits verspotteten die Humanisten die mittelalterlichen Logiker wegen ihres barbarischen Lateins, andererseits — und das war das Entscheidende — schob die entstehende neuzeitliche Wissenschaft alle Logik verächtlich beiseite.

Descartes z. B. schreibt in seinen Regeln zur Anleitung der Vernunft: »Wir lassen alle Vorschriften der Logiker außer acht, durch welche sie die menschliche Vernunft zu regieren glauben, indem sie gewisse Formen des Schlußfolgerns vorschreiben, die so notwendig schließen sollen, daß die Vernunft, ihnen vertrauend, obwohl sie sich gewissermaßen von der einleuchtenden und aufmerksamen Betrachtung befreit, doch dabei etwas Sicheres kraft der Form erschließen könne«. Wenn Descartes sich so energisch von der Logik absetzt, so können wir daraus entnehmen, daß zu seiner Zeit die Logik weithin noch in einem hohen Ansehen gestanden haben muß. In der Tat haben sich ja die Logikvorlesungen bis in die Goethezeit als obligatorisch für alle Studenten halten können. Erst mit der Humboldtschen Universitätsreform bricht diese Tradition ab. Die Artistenfakultät, die bis dahin vorbereitende Fakultät für die oberen Fakultäten: Theologie, Jurisprudenz und Medizin war, wird jetzt als philosophische Fakultät nebengeordnet. Der Logikunterricht wird zunächst von den Gymnasien übernommen, dort verschwindet er aber ziemlich bald in der Masse der neuen Schulfächer.

Dieses allmähliche Versanden des logischen Traditionsstroms wird vermutlich nicht besonders bemerkenswert erscheinen. Wir sind es gewohnt, die Neuzeit als eine Zeit zu sehen, in der sich viele Traditionen — langsamer oder schneller — verlieren. Auch wenn ich hinzufüge, daß die Logik kein mittelalterliches Phänomen war, sondern schon ein wesentlicher Bestandteil der antiken Philosophie, wird das vermutlich niemanden erschüttern. Auch die logischen Sorgen von Platon und Aristoteles sind eben nicht mehr die unseren, genau so wenig wie etwa die von Abälard im 12. Jahrhundert oder die von Ockham im 14.

Die Auffassung der Logik als eines traditionellen Phänomens, das heutzutage nur noch historisches Interesse beanspruchen könnte, ist aber grundfalsch.

Vor etwa 100 Jahren zeigte sich nämlich plötzlich wieder ein starkes Interesse für Logik — und zwar ganz unabhängig von der Tradition, derart, daß man zuerst glaubte, es handle sich überhaupt um etwas Neues.

Um 1900 wollte man sogar einen neuen Namen, nämlich »Logistik«, für diese scheinbar neue Wissenschaft des 20. Jahrhunderts einführen. Erst in den letzten Jahrzehnten ist es immer deutlicher geworden, daß es aber dieselben logischen Probleme sind, die im 4. Jahrhundert v. Chr. in Athen, im 14. Jahrhundert in Oxford und Paris und im 20. Jahrhundert z. B. in Princeton die Gelehrten beunruhigen.

Die antike und mittelalterliche Logik mag nur für den Historiker von Interesse sein, aber daß sich vor unseren Augen die Logik noch einmal wie der Phoenix aus der Asche zum Fluge erhebt, ist ein Schauspiel, das jeden herausfordert, nach einer Möglichkeit zu suchen, es zu verstehen. Die folgenden Betrachtungen sind diesem historischen Problem gewidmet.

Der Gegenstand der Logik

Nun ist es leider nicht möglich, etwas aus der Geschichte einer Wissenschaft zu verstehen, ohne wenigstens zu wissen, wovon diese Wissenschaft handelt — ich kann daher nicht vermeiden, zunächst die sachliche Frage zu erörtern, was denn der Gegenstand der Logik sei.

Nach der Goetheschen Formulierung handelt es sich um diejenigen Geistesoperationen, die wir von Jugend auf mit der größten Bequemlichkeit verrichten. Welche Antwort würde man wohl bekommen, wenn man jemand fragte — ohne den Zusammenhang zu verraten — welche Geistesoperation er von Jugend auf mit der größten Bequemlichkeit verrichte? Nun, ich denke, man würde sehr häufig die Antwort bekommen: »Ja, wissen Sie, ich bin leider nie ein guter Rechner gewesen.« Nehmen wir also lieber den Fall eines guten Rechners! Er vollzieht Addition und Multiplikation in der Tat von Jugend auf mit der größten Bequemlichkeit.

Die Wissenschaft vom Rechnen heißt bekanntlich Arithmetik. Hier handelt es sich um Geistesoperationen mit den Zahlen. Man lernt das System der Zahlen und die Operationen mit ihnen in der Schule. Niemand nimmt hier einen vergleichbaren Anstoß wie Goethe am Logikunterricht; niemand verwundert sich, daß man diese Operationen im Unterricht einzeln und ausführlich analysiert, um den rechten Gebrauch derselben einzusehen.

In der Logik handelt es sich um Operationen, die statt mit Zahlen mit Gedanken, konkret gefaßt, mit sprachlichen Aussagen vorgenommen werden. Auf der Schule lernen wir dies Operieren nicht. Unsere Kinder können ja schon sprechen, wenn sie in die Schule kommen. Schon 5jährige Kinder schließen mit der größten Bequemlichkeit. Liest man etwa einem Kinde aus der Speisekarte in einem Restaurant vor, es könne Eis oder Schokolade bekommen, und fügt der Kellner dann hinzu, Eis könne es heute leider nicht bekommen, so schließt das Kind bestimmt sofort, also könne es Schokolade bekommen. Aus A oder B (hier: Eis oder Schokolade) und nicht A (kein Eis) folgt logisch B (Schokolade). Die geistige Operation besteht darin, von den zwei Aussagen »A oder B« und »nicht A« überzugehen zu der Aussage »B«. Und der Schluß ist ein logischer, weil er kraft der Form gilt.

Wie dieses Beispiel zeigt, ist das Charakteristische des logischen Schließens, daß die Aussagen, mit denen operiert wird, durch Buchstaben ersetzt werden können, weil es auf den Inhalt nicht ankommt. Vergleichen wir das Schließen mit dem Rechnen, so entspricht das logische Schließen also nicht dem Zahlenrechnen, sondern dem Buchstabenrechnen.

Wenn man z. B. rechnet

$$(m + n)^2 = m^2 + 2\,mn + n^2,$$

dann ist das ein Operieren mit Formeln, nicht mit Zahlen wie etwa bei $7 \times 8 = 56$. Mit Buchstaben und Formeln zu rechnen lernt man heutzutage in der Untertertia. Warum aber lernt man dann in der Obertertia nicht auch mit Buchstaben zu schließen, also logisch kraft der Form zu schließen? Ich sehe hierfür keinen anderen Grund als diesen: die Logik ist für uns noch zu neu. Sie ist daher noch nicht genügend ins allgemeine Bewußtsein gedrungen.

Fragt man nach den wichtigsten Operationen, die mit den Zahlen vorgenommen werden, so kann jedes Schulkind antworten: Addition und Multiplikation. Als Zeichen werden üblicherweise die bekannten Zeichen $+$ und $\times$ verwendet, so daß beim Operieren mit Buchstaben Formeln wie $m + n$ oder $m \times n$ entstehen. Für die Arithmetik ist es selbstverständlich, daß es nicht auf die Zeichen selbst ankommt, sondern nur auf die bezeichneten Operationen. Ob man $m + n$ in Zeichen schreibt oder »m und n« in Worten, ist gleichgültig, wenn nur in beiden Fällen nach denselben Regeln gerechnet wird. In der Logik ist es nun genau so. Ob man die Aussagen mit den logischen Partikeln der deutschen Sprache zusammensetzt, z. B. »A oder B und nicht A« oder ob man internationale, genauer: interlinguale Zeichen dafür benutzt — welche ist gleichgültig, ich will sie hier lateinisch benennen — so daß wir erhalten »A vel B et non A«, das ist für die Logik unerheblich. Es kommt nur auf die Regeln an, nach denen geschlossen wird.

Diese Regeln müßte man natürlich gelernt haben. Für die Arithmetik stehen sie in unseren Schulbüchern, für die Logik lernen wir sie aber — so ist es eben gegenwärtig — nur gefühlsmäßig, auf dieselbe Weise etwa, wie wir grammatische Regeln lernen.

Obwohl ich meine Fachkollegen bisher nicht davon habe überzeugen können, daß die logischen Operationen, so wie die arithmetischen, interlingual, d. h. unabhängig von der Sprache, die man spricht, zu definieren sind — so möchte ich dies doch im folgenden unterstellen. Wir können dann das logische Schließen als ein Schließen mit den bloßen Formen von Aussagen bestimmen. Diese entstehen dadurch, daß — statt der Aussagen — Buchstaben mit den Zeichen für die logischen Operationen zusammengesetzt werden.

Daß bloß mit Formeln geschlossen wird, ist übrigens der Grund dafür, daß die Lehre vom logischen Schließen genauer »formale Logik« genannt wird. Im Gesamtgebiet der Logik bildet die formale Logik nur einen speziellen und elementaren Teil — aber auf diesen können wir uns vorläufig beschränken.

Wir können jetzt unsere historische Frage wieder aufnehmen. Wie ist es zu verstehen, daß die formale Logik seit Beginn der Neuzeit in Vergessenheit geraten konnte und erst in unserem Jahrhundert wieder mit größtem Interesse studiert wird?

Von der antiken und mittelalterlichen Philosophie brauche ich dazu nur weniges zu schildern, um eine Ausgangsposition zu gewinnen.

Die Logik ist eine Errungenschaft der griechischen Philosophie. Zur Zeit des Sokrates gab es schon die Anfänge der griechischen Wissenschaft, und die Sophisten lehrten die Kunst der Streitgespräche. Mit Sokrates und seinem Meisterschüler Platon beginnt die Reflexion auf das, was wir denn da eigentlich tun, wenn wir in der Wissenschaft oder im Streitgespräch von gewissen Aussagen zu weiteren Aussagen übergehen. Als Mitglied der platonischen Akademie schrieb Aristoteles dann die ersten Lehrbücher der Logik. Er führte insbesondere das Schließen mit Buchstaben ein.

Im Hellenismus wurde die formale Logik von der Stoa weiter entwickelt. Erst als im späteren Hellenismus nicht mehr das kritische Prüfen, sondern das Glauben eine Tugend wurde, ging es mit der Logik bergab. Sie verschmolz immer mehr mit dem damaligen rhetorischen Unterricht.

Um so erstaunlicher ist das Phänomen der Scholastik, die gerade um des Glaubens willen die Logik extrem hochgezüchtet hat. Man wollte das, was man glaubte, auch verstehen: quod credimus, intelligere.

Als Instrument des Verstehens hatte man aber nichts anderes als die antike Logik, zunächst sogar nur das wenige, was aus der spätrömischen rhetorischen Schultradition gerettet war. Das ganze Mittelalter hindurch wurde z. B. immer wieder ein dürftiges Compendium der Logik von Martianus Capella aus dem 5. Jahrhundert kommentiert. Dieser hatte vermutlich aus Apuleius abgeschrieben, und das Buch von Apuleius war wohl eine Übersetzung eines griechischen Schulbuches aus dem 2. Jahrhundert. Aus dieser Quelle stammt die lateinische Terminologie der Scholastik — unsere Terminologie ist übrigens eine Übersetzung von dieser.

Erst im 12. Jahrhundert lernte die Scholastik die griechischen Originale, größtenteils auf dem Umweg über das Arabische, kennen. Das hatte einen enormen Aufschwung der Logik zur Folge. In der Spätscholastik kam hinzu, daß sich die Logik von der Theologie unabhängig machte: sie wurde autonom. Um 1350 sagte z. B. Ben Gerson über die Logik: »Diese Kunst ist die Grundlage aller Wissenschaften, und daher braucht der Professor dieser Wissenschaft keine Kenntnis anderer Wissenschaften zu haben.«

Für einen Logiker muß das eine herrliche Zeit gewesen sein. Die Formulierungen mit denen ich vorhin den Gegenstand der formalen Logik bestimmt habe, kommen fast wörtlich so in der Spätscholastik vor. Die Schlüsse, die kraft der Form gelten, nannte man consequentiae bonae de forma — sie wurden von den Scholastikern erstmalig so definiert wie heute. Bei Paulus Venetus im 15. Jahrhundert heißt es z. B.: »Ein Schluß heißt kraft der Form gültig, wenn jeder ihm in der Form gleiche Schluß gültig ist.«

Alle logischen Operationen, die wir heute kennen, waren auch damals bekannt. Trotz dieser Höhe der scholastischen Logik wird sie mit dem Beginn der Neuzeit völlig verdrängt. Und zwar erstaunlicherweise dieses Mal nicht im Namen eines übervernünftigen Glaubens, sondern im Namen einer neuen Wissenschaft. Die damals schon beinahe 2000 Jahre alte Tradition, nach der das gesamte Wissen in Logik, Physik und Ethik einzuteilen ist, wird verworfen. Im Verlauf der Neuzeit bleibt allein die Physik im Sinne dieser Einteilung übrig. Aus ihr entstehen die neuzeitliche Mathematik und die neuzeitlichen Natur- und Geisteswissenschaften.

Daß der Niedergang der Theologie die Ethik mit sich zog, war zwar nicht notwendig, ist jedoch verständlich. Aber wie konnte im Namen der Wissenschaft die Logik in Vergessenheit geraten? Es ist doch selbstverständlich, daß z. B. Galilei und Newton die neue Phyik nicht hätten schaffen können, wenn sie unlogische Köpfe gewesen wären. Um historisch zu verstehen, daß trotzdem die Logik aus dem Bewußtsein verdrängt wurde, muß ich nun noch auf die allgemeine Logik, d. h. auf ihren nicht-elementaren, nicht-formalen Teil zu sprechen kommen.

Von den aristotelischen Logikbüchern, den Analytiken, gibt
es nämlich zwei Teile. Die ersten Analytiken behandeln das
formallogische Schließen, also den Übergang von Aussagen
zu Aussagen, unabhängig vom Inhalt, insbesondere auch unabhängig von der Wahrheit. Die zweiten Analytiken behandeln aber den Übergang von Sätzen zu Sätzen innerhalb der Wissenschaft. Eine Aussage ist nur dann ein Satz
einer Wissenschaft, wenn sie begründet werden kann — und
diese Begründung geschieht im Normalfalle mit Hilfe anderer Sätze, die schon begründet sind. Während die elementare
Aufgabe der Logik darin besteht, aus beliebig vorgegebenen
Aussagen die Konsequenzen kraft der Form zu ziehen, handelt es sich jetzt darum, welche Möglichkeiten bestehen, einen
vermuteten Satz wissenschaftlich zu begründen. Die Frage-
richtung ist jetzt umgekehrt. Mit bloß formalem Operieren
ist hier nichts mehr auszurichten. Die allgemeine Logik ist
eine Begründungslehre der Wissenschaften. In diesem Teil
der Logik steht also vor allem der Begriff der Wissenschaft
selber zur Diskussion. Eine Wissenschaft wird bestimmt als
ein System von Sätzen, die in einem Begründungszusammen-
hang stehen. Das System muß wohlgeordnet sein in dem
Sinne, daß man bei der Begründung eines Satzes durch
andere Sätze und dann bei der Begründung dieser Sätze usw.
niemals in einen unendlichen Regreß, speziell in einen Zirkel
gerät.

Diese Wohlgeordnetheit ist auch vom Gesamtsystem aller
Einzelwissenschaften zu fordern. Begründet man z. B. Sätze
einer Wissenschaft mit Sätzen aus einer anderen Wissenschaft,
so darf sich diese zweite Wissenschaft nirgendwo auf die
erste gründen.

Ich will hier nicht auf die tückische Frage eingehen, wie diese
Forderung der Wohlgeordnetheit zu begründen ist. Die
Forderung selbst ist ja schon schwer genug zu erfüllen. Insbesondere zieht sie nach sich, daß es gewisse erste Sätze
gibt, die ihrerseits nicht durch Sätze begründet werden.

Leider ist wenig damit getan, solchen ersten Sätzen einen
Namen zu geben. Man nennt sie Axiome. Aber wie sind
Axiome überhaupt möglich?

Nach Aristoteles ist der Mensch vernünftig, und mit seiner Vernunft kann er gewisse Axiome, z. B. die der euklidischen Geometrie, unmittelbar einsehen.

Modernen Ohren klingt dieser Vernunftglaube wie ein Wunschtraum. Aber setzen wir einmal den Fall, es gäbe solche Axiome! Dann ist der einfachste Typ einer Wissenschaft ein System von Sätzen, das aus gewissen solchen Axiomen besteht und dazu aus allen formallogischen Konsequenzen der Axiome. Eine Wissenschaft dieses Typs nennt man eine axiomatische Theorie. Außer den Axiomen werden in ihr alle Sätze allein durch logische Deduktion begründet.

Dieser Wissenschaftstyp ist also auf das engste mit der formalen Logik verbunden. Sowohl in der Antike als auch im Mittelalter war er der Idealtyp, den alle Wissenschaften erstrebten.

Analytische Theorien

Damit haben wir jetzt die Stelle erreicht, von der aus die neuzeitliche Verdrängung der Logik verständlich wird: es wurde nämlich dieser Idealtyp der axiomatischen Theorie durch einen anderen Typ, den Typ der sogenannten analytischen Theorie ersetzt. Musterbeispiele waren die analytische Geometrie und die analytische Mechanik, wie sie im 17. und 18. Jahrhundert entstanden. Der Name »analytische« Theorie ist etwas zufällig. Man hat die damals entstehende höhere Mathematik kurz »Analysis« genannt, und daher stammt dieser Name.

Auch die Theorien der modernen Physik — wie sehr diese auch Wert darauf legt, sich von der sogenannten klassischen, d. h. hier neuzeitlichen, Physik zu unterscheiden — gehören noch zu diesem Typ der analytischen Theorien.

Ich möchte diesen Typ am Beispiel der Elektrodynamik erläutern.

Die analytische Theorie der Elektrodynamik beginnt nicht mit Axiomen wie die euklidische Geometrie, d. h. mit gewissen, der Vernunft — wie auch immer — zugänglichen Sätzen, sondern mit gewissen mathematischen Gleichungen, mit sogenannten Differentialgleichungen. Diese Gleichungen wurden — übrigens gerade vor 100 Jahren — von Maxwell erfunden. Sie wurden später von Hertz in die heutige Gestalt gebracht; v. Laue nennt sie »jene geradezu ästhetisch schöne Gestalt . . ., die uns in Anbetracht ihres umfassenden physikalischen Gehaltes fast wie eine Offenbarung anmutet«. Durch analytische Operationen allein von diesen Gleichungen aus erhielt Maxwell z. B. das Resultat, daß es elektromagnetische Wellen geben muß, und Hertz fand sie später wirklich: so wurde erst die Radiotechnik möglich.

Wie dagegen die Siemenssche Erfindung der Dynamomaschine zeigt, muß die Technik nicht in allen Fällen auf eine theoretische Vorausberechnung warten. Aber eine gute analytische Theorie ermöglicht grundsätzlich, alle Erscheinungen durch bloßes Rechnen auf dem Papier vorauszusagen.

Natürlich muß man dazu die mathematische Analysis beherrschen, d. h. man muß nicht nur addieren und multiplizieren, sondern vor allem auch differenzieren und integrieren können. Mit den formal-logischen Operationen dagegen schien dies alles gar nichts zu tun zu haben. Die scholastische Logik erschien daher der neuzeitlichen Wissenschaft als ein Instrument, das bloß geeignet sei, unfruchtbar mit Worten zu streiten.

Nur die mathematischen Operationen, insbesondere die analytischen, erschienen als Operationen einer der Natur angepaßten übermenschlichen Sprache. Das System der Grundgleichungen muß von einem Genius in glücklicher Stunde gefunden sein. Kein Weg der Vernunft führt dahin. Es ist daher nicht zu verwundern, daß der Physiker es — zumindest sonntags — etwa so betrachtet, wie Faust die Zeichen »von Nostradamus' eigner Hand«:

»War es ein Gott, der diese Zeichen schrieb?
Bin ich ein Gott? Mir wird so licht!
Ich schau in diesen reinen Zügen
Die wirkende Natur vor meiner Seele liegen.«

Vergegenwärtigen wir uns so das Wesen der analytischen Theorien, dann wird das neuzeitliche Schicksal der Logik verständlich. Daß der Typ analytischer Theorien, die mit reiner Mathematik allein alle Begründungszusammenhänge lieferten, den Typ der axiomatischen Theorien ablöste, das ist der Grund dafür, daß die Neuzeit die formale Logik verdrängte: sie brauchte sie nicht.

Das ist also auch der Grund dafür, daß die Tradition des Logikunterrichts abgerissen ist — und daß wir heutzutage ganz neu anfangen müssen.

Die moderne Grundlagenforschung

Aber was hat sich denn nun — grob gerechnet seit 1900 — geändert? Warum ist jetzt die Logik wieder akut, obwohl doch die Physik noch immer aus analytischen Theorien besteht?

Der Grund für diese Änderung liegt in der mathematischen Grundlagenforschung des 19. und 20. Jahrhunderts. Nach der Auffassung des 17. und 18. Jahrhunderts war die Mathematik von der Logik unabhängig. Sie operierte nach ihren eigenen Regeln und so erfolgreich, daß es überflüssig erschien, genauer darüber nachzudenken, worauf sich die mathematischen Operationsregeln eigentlich gründeten.

Erst im 19. Jahrhundert begann man allmählich ernsthaft darüber nachzudenken, was das mathematische Schließen eigentlich ist. Es entstand die reine Mathematik, losgelöst von allen physikalischen Anwendungen — und man begann auf die Grundlagen der Mathematik, vor allem der Analysis, zu reflektieren. Die charakteristischen Grundlagenprobleme der Analysis kann ich hier nicht erörtern. Es läßt sich aber schon an ganz einfachen Beispielen der Arithmetik deutlich machen, daß die Reflexion auf die Regeln des mathematischen Operierens zwangsläufig auf eine Wiedererweckung der Logik führen mußte. Jeder lernt auf der Schule, daß $m \times n = n \times m$ ist, d. h. die Reihenfolge bei der Multiplikation vertauscht werden darf. Man lernt dies als eine Rechenregel schon auf der Grundschule. Worauf die Gültigkeit dieser Regel beruht, lernt man aber im Normalfall auch auf der Universität nicht. Auch das ist wohl noch zu neu. Erst der Grundlagenforschung des vorigen Jahrhunderts fiel nämlich auf, daß die Gleichung $m \times n = n \times m$ ein allgemeiner Satz ist, der bewiesen werden muß, und zwar bewiesen auf Grund der Definition der Multiplikation. Auch die Definition von $m \times n$ besteht aus Sätzen. Man setzt, daß $1 \times n = n$ sein soll und, angenommen $m \times n$ sei schon berechnet, so soll $(m + 1) \times n$ um $1 \times n$ größer sein als $m \times n$.

Nun handelt es sich darum, von diesen Sätzen zu dem gewünschten Satz m × n = n × m zu gelangen. Was man dazu braucht, ist gerade die formale Logik. Man muß nämlich z. B. das sogenannte Induktionsprinzip formulieren, das folgendermaßen lautet: Wenn eine Aussage A für 1 gilt, und wenn A für n+1 gilt, wenn A für n gilt, dann gilt A für alle m.

Hier tritt die logische Partikel »wenn« schon in deutlicher Häufung auf, außerdem Buchstaben für beliebige Aussagen. Die Mathematiker mußten daher schon für die Grundlegung der Arithmetik erst einmal ganz schnell die frühere formale Logik wieder entdecken. Sie mußten diese außerdem so erweitern, daß sie tatsächlich im Stande waren, alle gewünschten Deduktionen zu leisten. So scharfsinnig die scholastische Logik auch gewesen ist, das konnte sie nicht leisten – außerdem war sie ja den Mathematikern des 19. Jahrhunderts gänzlich unbekannt. Das Verdienst, diesen modernen Ausbau der Logik geleistet zu haben, kommt hauptsächlich Frege zu. Er gab 1879 in seiner »Begriffschrift« ein vollständiges System logischer Regeln an – er wird daher mit Recht der zweite Aristoteles genannt.

Mit einer voll leistungsfähigen formalen Logik lag es dann nahe, die gesamte Mathematik axiomatisch, d. h. nach dem Prototyp der euklidischen Geometrie aufzubauen. Es fehlten dazu leider nur die geeigneten Axiome. Eine von Frege selbst versuchte Axiomatisierung führte, wie Russell nachwies, zu Widersprüchen, d. h. die Mindestforderung an ein Axiomensystem, daß die Axiome einander nicht logisch widersprechen, war nicht erfüllt.

Inzwischen hat man widerspruchsfreie Axiomensysteme gefunden– seit Gentzen 1936 kann man sogar beweisen, daß sie widerspruchsfrei sind – aber kurz vorher hatte außerdem Gödel in einer berühmten Arbeit von nur 25 Seiten Länge bewiesen, daß kein widerspruchsfreies Axiomensystem alle arithmetischen Sätze als logische Folgerungen liefern kann. Man hat aus diesen Ergebnissen oft geschlossen, daß die Mathematik in eine Grundlagenkrise geraten sei. Angemessener ist es aber, diese Ergebnisse als das zu nehmen, was sie wirklich sind, nämlich als den Beweis dafür, daß Arithmetik und Analysis nicht zu dem Typ der axiomatischen

Wissenschaften gehören. Dieses Resultat sagt nichts gegen die Arithmetik und Analysis — diese entwickeln sich ja auch völlig ungestört weiter. Und gerade die Ergebnisse von Gentzen und Gödel zeigen, daß die Mathematik Möglichkeiten gefunden hat, Beweise zu führen, von denen man im vorigen Jahrhundert noch nicht einmal träumen konnte. Das neu eroberte Gebiete der Mathematik ist von Hilbert Metamathematik genannt worden. Die Auswirkungen dieser Metamathematik auf die bisherige Mathematik sind z. Z. noch nicht abzuschätzen, aber schon jetzt kann man voraussagen, daß die formale Logik in Kürze ein Pflichtfach für alle Mathematiker sein wird.
Wie wird sich diese Entwicklung jedoch auf die gesamte Logik auswirken?

Mathematik und Philosophie

Dieselbe Mathematik, die die Logik zu Beginn der Neuzeit verdrängt hat, hat jetzt — nachdem die Mathematiker bemerkt haben, daß sie bei ihren Beweisen dauernd formallogisch schließen — zu einer neuen Blüte der formalen Logik geführt. Man wird hierin nach Hegel einen glänzenden Beweis für die List der Vernunft sehen dürfen. Die durch diese List entstandene Situation ist die folgende: Die Logik als philosophische Disziplin ist im wesentlichen Begründungslehre der Wissenschaften. Die formale Logik ist ein spezieller, wenn auch unentbehrlicher Teil von ihr. Ohne ihr Zutun bekommt nun die Logik diesen ihren speziellen Teil von den Mathematikern in einer nahezu vollkommenen Gestalt frei Haus geliefert. Was wird sie mit diesem Geschenk machen? Viele Philosophen verhalten sich gegenüber dem mathematischen Geschenk sehr reserviert. Es stört sie vor allem die Verpackung in so ungewohnten Symbolen. Da dies aber keine theoretische Schwierigkeit ist, wird hier gutes Zureden schon nützen.
Voraussetzung für die Annahme des Geschenkes der Logik sollte allerdings sein, daß von der Logik nicht verlangt wird, sie solle nun etwa auch die Metamathematik mit übernehmen und als Logik anerkennen. Manche Mathematiker sind heute Möchte-gern-Philosophen geworden und bieten der Logik

nicht nur die moderne formale Logik an, sondern gleich z. B.
noch eine Ontologie, eine Sprachphilosophie oder gar eine
Vernunftkritik, so als ob das auch alles mathematisch bewiesen sei. Hier möchte ich dringend empfehlen, die formale Logik dankbar von den Mathematikern anzunehmen,
alles andere aber ebenso höflich wie bestimmt abzulehnen.
Die Mathematiker sind ausschließlich für Formeln zuständig.
Jeden Satz, in dem irgendein Wort der philosophischen
Tradition vorkommt — und erschiene es noch so harmlos —
muß dagegen die Philosophie in ihre eigene Verantwortung
übernehmen. Und hier eröffnet sich nun in der Tat ein
weites Feld. Die Philosophie ist — wie wir jetzt auf 2500
Jahre rückblickend feststellen können — gegenwärtig erst-
mals im sichern Besitz eines funktionierenden Werkzeugs für
ihre Arbeit. Trotz der Unsumme von Scharfsinn und Tief-
sinn, der im Verlauf der Geschichte schon für die Philosophie
aufgewendet worden ist, hat sie bisher immer noch nicht —
wie Kant sagte — den sicheren Gang einer Wissenschaft
eingeschlagen. Und zwar ist sie m. E. bisher immer an logischen Schwierigkeiten gescheitert. Das logische Problem,
wie wissenschaftliche Sätze zu begründen sind, zeigt seine
Tücke ja gerade darin, daß jeder Versuch einer Lösung in
wissenschaftlich zu begründenden Sätzen scheitern muß,
logisch-notwendigerweise scheitern muß.
Wenn ich meine These, daß die Logik interlingual ist, noch
einmal unterstellen darf, so haben wir aber in der Möglichkeit einer Begründung der formal-logischen Regeln, ohne
solche schon zu benutzen, einen Ausweg aus dem Zirkel.
Die Logik enthält auf diese Weise einen neuen Ansatz für
die Probleme der tradierten Philosophie, soweit sie in begründeten Sätzen zu lösen sind.

Prädikatoren, Eigennamen, Elementaraussagen

Wie in der Einleitung gesagt wurde, ist der historische Rückblick auf die Rolle der Logik im Gesamtzusammenhang
unserer theoretischen und praktischen Wissenschaften »nicht
sehr ermutigend«. Der an den Leser gerichteten Bitte, vorübergehend so zu tun, *als ob* er noch nicht gelernt hätte, wie
man sich eine Meinung, ein Wollen bildet, wird daher jetzt

vielleicht verstärkt der Zweifel entgegenstehen, ob ein solcher Versuch, das eigene Reden noch einmal kritisch von Anfang an zu überprüfen, nicht notwendig scheitern wird. Es ist seit Sokrates doch schon zu oft der Versuch unternommen worden, neue »sichere« Fundamente des Wissens zu legen — es ist zwar eine imponierende Technik dabei entstanden, auf die einfachsten Fragen der Art, wozu denn nun dieses oder jenes letztlich gut sei, erhält man aber keine Antwort, sondern nur uferlose Deklamationen über die »Wichtigkeit«, über die »historische Bedeutsamkeit« etc. etc.

Ein Beispiel aktueller Argumentation

Unabhängig von dem historischen Rückblick möchte ich deshalb, um dem Leser ein wenig von seinen Zweifeln zu nehmen, an ein Beispiel aktueller Argumentation anknüpfen. In *aspekte* (Heft Nr. 7/8 1969) hat Dr. Kahl zwanzig Thesen über die Unwissenschaftlichkeit der Theologie formuliert. Die kürzeste ist These 13: »Theologie behauptet ex auctoritate, Wissenschaft argumentiert ex ratione«. Das liest sich wie zwei schlichte Behauptungen. Aber der Leser soll selbstverständlich ergänzen: Die Theologie *sollte* sich die Wissenschaft zum Vorbild nehmen, sie *sollte* ebenfalls rational argumentieren — oder aber, wenn ihr das nicht möglich ist, *sollte* sie »von der Universität verbannt werden« (These 17), wäre der christliche Religionsunterricht »abzuschaffen« (These 20).
In These 15 wird zum Vergleich der Positivismus (die sog. wertfreie Wissenschaft) herangezogen: »Positivismus und Theologie stimmen darin überein, daß sie beide die normative Orientierung des Handelns einer rationalen Begründung wie auch einer rationalen Kritik entziehen. Werden aber Normen nicht von der Vernunft bestimmt, so werden sie notwendig der Unvernunft ausgeliefert«.
Um keine Mißverständnisse beim Leser aufkommen zu lassen: diese Sätze sollen im folgenden nicht bestritten werden — ich möchte den Leser nur dahin bringen, auch solche Sätze kritisch zu lesen. Sie verlieren dann leider viel von ihrem Glanz, aber erst dann kann ernsthaft mit vernünftigem Argumentieren begonnen werden.

Der zweite Satz »Werden aber Normen nicht von der Vernunft bestimmt, . . .« erweist sich bei genauerem Hinsehen als eine bloß rhetorische Variante des »trivialen« Satzes: »Werden Normen nicht von der Vernunft bestimmt, so werden sie nicht von der Vernunft bestimmt.« Daß dieser letzte Satz »trivial« ist, heißt genauer, daß er logisch-wahr ist. Er ist ein Satz von der Form »Wenn a, dann a«. Warum alle Sätze dieser Form wahr sind, wird noch zu besprechen sein. Das Wort »notwendig« in der ursprünglichen Formulierung meint offensichtlich nichts anderes als diese logische Wahrheit.

Es bleibt der erste der zitierten Sätze von These 15. Für den kritischen Leser bleibt hier zu entdecken, daß der Autor ohne Begründung unterstellt, daß »die normative Orientierung des Handelns« einer »rationalen Begründung« und einer »rationalen Kritik« *fähig* ist. Nur dann ist ja die Forderung sinnvoll, daß die normative Orientierung des Handelns einer rationalen Begründung usw. nicht »entzogen« werden *sollte*. Sowohl Positivismus wie Theologie können aber viele Gründe dafür ins Feld führen, daß es eine Illusion sei, die Ratio könne überhaupt unser Handeln normativ orientieren, die Vernunft könne überhaupt Normen bestimmen. In den Leserbriefen (*aspekte* Heft Nr. 10/11 1969) wird dies Dr. Kahl mehrfach entgegengehalten — allerdings immer so, daß dogmatisch eine Gegenposition bezogen wird, z. B. von Prof. Seybold: »Die Gesamtwirklichkeit ist größer als die der bloßen kritischen Rationalität zugängliche«. Dies ist dogmatischer Irrationalismus, während Dr. Kahl den Rationalismus dogmatisch vertritt.

Diese Diskussion zeigt, daß es mit der *Forderung* (oder Ablehnung) vernünftiger Argumentation über Normen für unser Handeln nicht getan ist. Die Forderung selbst ist dem Zweifel ausgesetzt, eine bloße Illusion über die Vernunft zu sein. Die Forderung nach einer Gesellschaft, in der allein (oder jedenfalls mehr als bisher) Vernunft über die in ihr zu akzeptierenden Normen entscheidet, *könnte* daher erst recht eine bloße Utopie sein.

Der Leser, der an der Diskussion dieses Beispiels gesehen hat, daß es sich lohnt, sich darum zu bemühen, Sätze kritisch zu lesen, findet sich nun — hoffentlich — eher bereit, ernsthaft

mit den Anfängen des kritischen Argumentierens anzufangen
— statt immer schon mit unbegriffenen Argumentationsformen in der Luft sog. Positionen zu beziehen oder zu verteidigen.

Wo ist ein Anfang zu machen?

Der Beschluß, *alles* Argumentieren noch einmal von Anfang an zu überprüfen, führt auf die Frage, wo ein Anfang zu machen sei. Als Antwort wird vorgeschlagen, bei
den einfachsten Sätzen anzufangen. Dies ist eine Stelle, an
der sich jeder Leser selber davon überzeugen möge, daß es
sinnlos ist, mit komplizierten Sätzen dagegen zu argumentieren, daß wir uns *erst* über einfachere Sätze kritisch verständigen wollen. Es mag sich zwar später herausstellen,
daß an gewissen einfachen Sätzen gar nichts zu kritisieren
war — nun gut, es kann aber nichts schaden, dies dann
jedenfalls zu wissen, statt es bloß zu vermuten.
Auch die Frage, wie »einfachste« Sätze aussehen, ist nur
scheinbar schwierig. Man braucht sich z. B. nur die Situation
vorzustellen, in der man jemanden, der eine Sprache nicht
kennt (das braucht kein Kind zu sein, sondern z. B. ein
Ausländer, der keine der natürlichen Sprachen versteht, die
man selbst beherrscht), diese Sprache lehren will. Es ist hier
sicher einfacher, mit Einwort-Sätzen anzufangen als mit
Mehrwort-Sätzen. Deutsche Einwort-Sätze, wie sie in der
Lebenspraxis gebraucht werden, sind z. B. »komm!«,
»Brot?«, »klein«. Wir beschränken uns auf solche Sätze, die
die Grammatiker Imperativsätze und Indikativsätze nennen.
Denn diese Sätze sind es, über die argumentiert wird, um
herauszubekommen, ob sie im Fall der Indikativsätze »wahr«
sind bzw. im Fall der Imperativsätze, ob wir ihnen folgen
»sollen«. (Die Fagesätze fordern nur zu solchen Antworten
auf.)

Prädikatoren

Die Einübung der einfachsten Indikativsätze geschieht so,
daß der Gebrauch des Wortes, z. B. »klein«, an geeigneten
Gegenständen vorgemacht wird — es wird verwendet, in-

dem etwa zugleich auf einen kleinen Gegenstand gezeigt wird. Im Deutschen ist es üblich, die Zeigegeste dadurch zu unterstützen, daß man nicht nur das Wort »klein« ausspricht, sondern den grammatisch-korrekten Satz: »dies ist klein« ausspricht. Die Grammatiker nennen den Satzteil »ist klein« dieses Satzes das Prädikat. Neben dem Bindewort (der sog. Kopula) »ist« enthält das Prädikat das Wort »klein«, mit dem man prädiziert. Die Einübung solcher Wörter wie »klein« hat an Beispielen zu geschehen, man hat zu lernen, das Wort einigen Gegenständen *zuzusprechen,* anderen Gegenständen aber *abzusprechen* (diese Gegenstände liefern »Gegenbeispiele«). Ob das Zu- und Absprechen durch eigene Wörter, z. B. »ja« und »nein« explizit gemacht wird, oder ob dafür nur geeignete Gebärden benutzt werden (Kopfnicken und Kopfschütteln) ist irrelevant. Es kommt nur darauf an, daß diese Wörter — ich werde sie im folgenden »Prädikatoren« nennen — zum Zu- und Absprechen gegenüber beliebigen Gegenständen gebraucht werden. Bei immer neuen Gegenständen wenden wir immer wieder dieselbe Unterscheidung mit den bis dahin erlernten Prädikatoren an.

Eigennamen

Benutzen wir vollständige Sätze wie »dies ist klein« »dies ist nicht klein«, so ist jedesmal das Wort »dies« von einer Zeigegeste auf einen jeweils anderen Gegenstand begleitet. Insbesondere in dem Fall, daß die Gegenstände Personen sind, ist es *üblich*, besondere Wörter zu benutzen, die die Zeigegeste ersetzen, nämlich Eigennamen. Die Sätze heißen dann etwa »Tilman ist klein«, »Peter ist nicht klein«. Die Eigennamen, die hier auftreten, sind keine Prädikatoren — wir haben vielmehr jetzt neben der Wortklasse der Prädikatoren für die Verwendung einer weiteren Wortklasse, der Wortklasse der Eigennamen, zu plädieren.
Bisher habe ich nur an das Faktum erinnert, daß es — im Deutschen — *üblich* ist, Eigennamen zu gebrauchen. Der Leser wird aber gebeten, sich darüber klar zu werden, ob er nach kritischer Prüfung diesen Usus akzeptieren will — wer es ablehnt, verurteilt sich dazu, in Zukunft keine Eigen-

namen mehr zu gebrauchen. Niemand wird daran sterben — mir ist allerdings nichts bekannt, was gegen die Erweiterung unseres Redens um Eigennamen spräche. Ich schlage daher dem Leser — nach bester Kenntnis und Einsicht — vor, den Gebrauch von Prädikatoren und Eigennamen zu akzeptieren. Der Gebrauch von Eigennamen ist dabei selbstverständlich nicht auf Eigennamen für Personen beschränkt, auch andere Gegenstände können mit Eigennamen benannt werden — üblich sind z. B. Eigennamen für Städte, Flüsse, Schiffe u. ä.

Elementaraussagen

Als einfachste Sätze, die ohne Zeigegeste verständlich sind, haben wir damit Sätze der Form

     E ist p

und   E ist nicht p.

Hier steht »E« für einen beliebigen Eigennamen, »p« für einen beliebigen Prädikator. Statt der Kopula »ist« bzw. »ist nicht« schreiben wir zur Abkürzung ε bzw. ε'. Unsere Sätze haben dann also die Form

     $E \varepsilon p$ (affirmativ)

und $E \varepsilon' p$ (negativ)

Wir haben damit gewisse einfachste Sätze, wie wir sie aus der natürlichen Sprache schon lange kennen, kritisch überprüft. Wir haben sie in eine normierte Form gebracht — und haben sie in ihrer Entstehung begriffen. Etwas kompliziertere Sätze lassen sich ebenfalls leicht auf diese Weise kritisch rekonstruieren. Wenn z. B. Peter und Tilman miteinander spielen, so können wir für dieses Miteinanderspielen, etwa im Gegensatz zum Sich-Zanken, einen Prädikator q einführen. Dieser Prädikator ist aber dann nicht *einem* der Kinder zuzusprechen, sondern beiden. Als normierte Form des affirmativen Satzes wird dafür vorgeschlagen

     $E_1, E_2 \varepsilon q$

(q heißt ein zweistelliger Prädikator.)

Die Anzahl der Stellen läßt sich leicht vermehren. Nimmt etwa Peter dem Tilman den Kaspar weg (das sei eine Puppe), so läßt sich für das Wegnehmen ein 3-stelliger Prädikator r — wie immer eingeübt an Beispielen und Gegenbeispielen — einführen, der in Sätzen der Form

$$E_1, E_2, E_3 \; \varepsilon \; r$$
bzw. $\quad E_1, E_2, E_3 \; \varepsilon' \; r$
verwendet wird.

Wer auch nur ein bißchen mathematisch zu denken gelernt hat, wird sofort begreifen, daß als *allgemeine* Form der bisher eingeführten Sätze die folgende angegeben werden kann:

$$E_1, E_2, \ldots, E_n \; \varepsilon \; p \; \text{(affirmativ)}$$
$$E_1, E_2, \ldots, E_n \; \varepsilon' \; p \; \text{(negativ)}$$

Die Sätze dieser Form seien »Elementaraussagen« genannt. Mit ihnen — und ihren Bestandteilen, den Eigennamen und Prädikatoren — haben wir Bausteine zur Verfügung, aus denen sich komplexe Sätze zusammensetzen lassen. Für jeden Zusammensetzungsschritt werden wir aber stets kritisch zu erwägen haben, ob wir evtl. nur einer bloßen Tradition des Sprachgebrauchs folgen. Sein eigenes Reden zu begreifen, erfordert, daß wir nur solche sprachlichen Mittel verwenden, die wir kritisch überprüft haben und die wir uns daraufhin bewußt zu eigen gemacht haben.

Elementarbefehle

Die Elementaraussagen sind Indikativsätze. Für Befehle, Normen, Bitten, Aufforderungen usw. brauchen wir Imperativsätze. Die Situation, in der ein solcher »Befehl« erteilt wird (ich beschränke mich auf diesen Terminus als Übersetzung des grammatischen Terminus »Imperativ«), enthält eine (oder mehrere) Person(en), die den Befehl gibt (geben), den »Imperator«, und eine (oder mehrere) Person(en), an die der Befehl gegeben wird, den »Imperatus«. In normierter Sprache, wie sie z. B. beim Militär teilweise üblich ist, läßt sich das so formulieren:

Peter an Tilman. Befehl. Tilman gibt Peter den Kaspar.

Hier liegt der Sonderfall vor, daß der »Imperatus« (Tilman) — hier übrigens auch der Imperator (Peter) — in dem Befehlssatz auftreten. Das ist im allgemeinen nicht der Fall, z. B.

Peter an Tilman. Befehl. Kaspar bleibt hier. Zur Abkürzung sei die folgende Symbolisierung vorgeschlagen:

$$E_1 : E_2 \ ! \ A$$

Hierin sind E_1, E_2 Eigennamen für Imperator und Imperatus, A ist eine (indikativische) Elementaraussage.

Für elementare Imperativsätze verwenden wir daher als normierte Darstellung

$$! \ A$$

Wie sich zeigen wird, lohnt es sich nicht, für das Argumentieren über Befehle, Normen usw. stets Imperator und Imperatus explizit zu nennen. Auch im Alten Testament hieß es nur »Du sollst nicht töten« statt »Jahve an alle. Befehl. Du tötest nicht«.

Auf die Berechtigung der Verwendung eines solchen Wortes wie »sollen« werden wir aber noch ausführlich bei der Behandlung der sog. Modalitäten (Modallogik) einzugehen haben.

Prädikatoren-Regeln und logische Partikeln

Die kritische Überprüfung und Neuaneignung sprachlicher Mittel, die wir begonnen haben, um die Kunst des vernünftigen Argumentierens zu lernen, hat uns bisher nur zu den Elementarsätzen (mit Eigennamen und einem Prädikator) geführt. Wir bleiben zunächst bei den Indikativsätzen dieser Art. Wir nennen diese »Elementaraussagen«. Die Prädikatoren, die in ihnen vorkommen, sind bisher nur exemplarisch bestimmt, d. h. durch Beispiele und Gegenbeispiele.

Prädikatorenregeln

Der Leser wird sich leicht vorstellen können, daß eine Sprachgemeinschaft, die in ihrer Sprachentwicklung auf dieser Stufe stehenbliebe, sich immer wieder in Uneinigkeiten über das Zu- und Absprechen der bloß exemplarisch eingeführten Prädikatoren befinden wird. In der Entwicklung der natürlichen Sprachen ist man zur Verringerung dieser Schwierigkeiten (gänzlich lassen sie sich nie vermeiden) auf den folgenden »genialen Trick« gekommen: man stabilisiert den Gebrauch von Prädikatoren dadurch, daß man Normen, die mehrere Prädikatoren zugleich betreffen, einführt.

Beschränken wir uns der Einfachheit halber auf einstellige Prädikatoren und nehmen wir drei solcher Prädikatoren p, q_1 und q_2. Alle seien bisher bloß exemplarisch eingeführt. Im Deutschen vergegenwärtige man sich diese Situation etwa dadurch, daß ein Kind die Prädikatoren »Hund«, »bellen« und »brüllen« bloß exemplarisch gelernt habe. Nun sehe es zum erstenmal einen Löwen (er heiße Nero) — und höre ihn zum erstenmal brüllen. Weshalb wird das Kind dann eigentlich verbessert, wenn es sagt: »Nero bellt«? Das Brüllen möchte doch durchaus einem gewissen Hundebellen *ähnlicher* gewesen sein als etwa Kindergebrüll. Aber das Wort »ähnlich« — so dürfen wir ferner annehmen — steht dem Kind noch nicht zur Verfügung. Damit kann es also — ein Glück für die Eltern — noch nicht für seine Aussage argumentieren. Die Eltern (es sei denn, sie seien — zum Unglück für das Kind — begeisterte Logiker) werden das Kind denn auch nur dogmatisch belehren: »Nein. Nero brüllt.« Und sie werden etwa hinzufügen: »Nur Hunde bellen.« Daß Kinder es fertig bringen, auch solche Sätze wie diesen »Nur Hunde bellen« (das ist kein Elementarsatz) schließlich zu verstehen, obwohl ihnen von den Erwachsenen keine Hilfe gegeben wird (diese erschweren das Verstehen vielmehr meist dadurch, daß sie auf das Kind mit noch komplizierteren Sätzen, sog. Erklärungen, einreden), nämlich daß folgendes gemeint ist: Wenn ein Gegenstand (wie Nero) kein Hund ist, dann sollen sie von ihm nicht behaupten, er belle. Sie erraten, daß die Erwachsenen für die Prädikatoren eine besondere *Regel* benutzen. Sie können diese Regel nicht formulieren, aber sie lernen, die Regel zu befolgen.

Für uns ist es leicht, diese Regel zu formulieren: »Wenn x ε' p, dann behaupte nicht x ε q!« (mit ›p‹ für »Hund«, ›q‹ für »bellen« und ›x‹ als einer Variablen für Eigennamen).

Das ist ein bedingter Imperativ. Im Deutschen lautet die zugehörige Norm folgendermaßen: »Wenn ein Gegenstand kein Hund ist, dann ist es verboten, zu behaupten, daß der Gegenstand bellt.«

Durch eine später noch zu begründende logische Operation, die sog. Kontraposition, geht der Satz »Nur Hunde bellen« (wenn er als Regel oder Norm interpretiert wird) über in »Alles, was bellt, ist ein Hund«. Dies ist zu interpretieren als: »Wenn x ε q, dann bestreite nicht, daß x ε p!« oder »Wenn ein Gegenstand bellt, dann ist es verboten, zu bestreiten, daß der Gegenstand ein Hund ist«. Daß es sich auch hier um ein bedingtes Verbot handelt, und nicht etwa um das Gebot, immer dann, wenn ein Gegenstand bellt, zu behaupten, daß dieser ein Hund ist, wird hoffentlich klar sein. Wo kämen wir denn hin, wenn dieses Gebot befolgt würde?

Die klassischen (auf die aristotelische Logik zurückgehenden) Beispiele allgemeiner Sätze, wie

> alle Menschen sind Lebewesen
> (ein affirmativer Satz)

bzw.

> kein Mensch ist ein Pferd
> (ein negativer Satz)

können ebenfalls als solche Regeln (oder Normen) für den Gebrauch von Prädikatoren interpretiert werden. Es sind Verbotsregeln der Form:

»Wenn x ε p, dann bestreite nicht, daß x ε q«

> (Alle p sind q mit ›p‹ für ›Mensch‹,
> ›q‹ für Lebewesen.)

bzw.

»Wenn x ε p, dann behaupte nicht, daß x ε q«

> (Alle p sind Nicht-q, d. h. kein p ist q
> mit ›p‹ für ›Mensch‹, ›q‹ für Pferd.)

Noch einmal anders ausgedrückt, ist also der Gebrauch der Prädikatoren so normiert, daß der Übergang von einer Behauptung x ε p zu der Behauptung x ε q (im Falle von »alle

p sind q«) bzw. zu der Behauptung x ε' q (im Falle von
»kein p ist q«) zulässig ist in folgendem Sinne: Ist die erste
Behauptung (vom Gegner) nicht bestritten, dann ist es (dem
Gegner) verboten, die zweite Behauptung zu bestreiten. Auch
für die negativen Sätze (kein p ist q) ist dies nur »anders
ausgedrückt«, denn das Bestreiten von x ε' q hätte durch
das Behaupten von x ε q zu geschehen. (Vgl. hierzu die
spätere Behandlung der Negation.)
Es ist also zulässig nach dieser Regel, von einer Aussage zu
einer anderen überzugehen, in dem Sinne, daß dann, wenn
die erste Aussage nicht bestritten wurde, auch die zweite
nicht bestritten werden darf. Der Übergang ist ohne Risiko,
widerlegt zu werden — das bedeutet die Zulässigkeit.
Wir wollen die hier als zulässig auftretenden Übergangsregeln

$$\text{Gehe von ›x ε p‹ über zu ›x ε q‹!}$$

bzw.

$$\text{Gehe von ›x ε p‹ über zu ›x ε' q‹!}$$

die der Normierung des Gebrauchs der Prädikatoren dienen,
Prädikatorenregeln nennen.
Als kurze Notation für diese Regeln benutzen wir

$$x\,ε\,p \Rightarrow x\,ε\,q$$

bzw.

$$x\,ε\,p \Rightarrow x\,ε'\,q.$$

Das Zeichen »... ⇒ ...« steht also an Stelle eines Imperativs: Gehe von... über zu...! Die Zulassung einer
Prädikatorenregel bedeutet die Annahme des bedingten Ver-
bots, den Nachsatz zu bestreiten. Es handelt sich bei ⇒
nicht um ein Zeichen für die logische Partikel: »Wenn
... dann...«

Die logische Konjunktion

So etwas wie logische Partikeln, also eigene Wörter für die
logische Verbindung von Sätzen, haben wir bis jetzt noch
nicht eingeführt. Vielmehr ergeben sich erst jetzt, nachdem
wir den Gebrauch bloß exemplarisch bestimmter Prädikatoren durch Zulassung von Prädikatorenregeln normiert
haben, Redesituationen, in denen sich die Erweiterung der

bisher auf Elementarsätze beschränkten Sprache durch die Einführung logischer Partikeln rechtfertigen läßt.

Es seien etwa zwei (affirmative) Prädikatorenregeln

$$x \, \varepsilon \, p \Rightarrow x \, \varepsilon \, q_1$$
$$x \, \varepsilon \, p \Rightarrow x \, \varepsilon \, q_2$$

mit demselben Vordersatz »x ε p« zugelassen. Im Deutschen würde man beide Regeln sofort zusammenfassen zu

$$x \, \varepsilon \, p \Rightarrow x \, \varepsilon \, q_1 \text{ und } \varepsilon \, q_2.$$

Wir stehen vor der Aufgabe, die Einführung eines neuen Zeichens — wir werden »∧« benutzen — zu rechtfertigen, daß anstelle des unkritisch dem Sprachgebrauch entnommenen Konjunktors »und« treten kann. Es soll dabei gelten, daß die zwei Regeln

$$x \, \varepsilon \, p \Rightarrow x \, \varepsilon \, q_1$$
$$x \, \varepsilon \, p \Rightarrow x \, \varepsilon \, q_2$$

wieder zu einer Regel

$$x \, \varepsilon \, p \Rightarrow x \, \varepsilon \, q_1 \wedge x \, \varepsilon \, q_2$$

zusammengefaßt werden können. Der »Vorteil« einer solchen Zusammenfaßbarkeit liegt darin, daß der Vordersatz nicht mehr wiederholt zu werden braucht (Redeökonomie).

Aber der bloße Wunsch nach einer Zusammenfaßbarkeit liefert ebensowenig eine Rechtfertigung wie die Berufung auf den faktischen Gebrauch des Wortes »und«. Wir haben zu normieren, wie man denn Sätze, die mit dem neuen Zeichen ∧ zusammengesetzt sind, also Sätze der Form A∧B, verteidigt, wenn sie bestritten werden. Dabei ist diese Normierung der Verwendung von ∧ dadurch zu rechtfertigen, daß sie die gewünschte Zusammenfassung leistet.

Wir setzen dazu fest, daß derjenige, der A∧B bestreiten will — wir nennen ihn den »Opponenten« und wollen auch sagen, daß er die Behauptung A∧B »angreifen« will — von dem, der A∧B behauptet hat (dieser heiße »Proponent«), verlangen soll, nach Wahl des Opponenten einen der Teilsätze (A ist der linke Teilsatz, B ist der rechte Teilsatz) zu behaupten (und diesen anschließend zu verteidigen). Hat der Proponent das getan, so ist eine Dialogsituation entstanden, aus der das ∧ zwischen A und B verschwunden ist. Auf die

Behauptung A∧B des Proponenten hat der Opponent also zwei Angriffe (wir notieren sie L? bzw. R?, wobei ›L‹ an »linker Teilsatz«, ›R‹ an »rechter Teilsatz« erinnern soll) zur Verfügung und der Proponent hat sich auf den Angriff L? durch die Behauptung von A, auf den Angriff R? durch die Behauptung von B zu »verteidigen«. Sind anschließend diese Sätze verteidigt, so ist damit insgesamt A∧B verteidigt. Wir haben damit zwei *Angriffs-Verteidigungsregeln* für ∧. Wir notieren sie kurz folgendermaßen:

Behauptung	Angriff	Verteidigung
A∧B	L?	A
A∧B	R?	B

Mit einem Zeichen ∧, dessen Verwendung durch diese Regeln normiert ist, lassen sich nun in der Tat (wie oben) zwei Regeln mit gleichem Vordersatz

$$(1) \quad \begin{matrix} C \Rightarrow A \\ C \Rightarrow B \end{matrix}$$

»zusammenfassen« zu (2) $C \Rightarrow A \wedge B$.

Sind die Übergänge (1) zulässig, so auch der Übergang (2). Ist nämlich C nicht bestritten und wird gemäß (2) (jetzt vom Proponenten) A∧B behauptet, so verteidigt sich der Proponent gegen jeden der Angriffe L? bzw. R? durch A bzw. B — und diese Behauptungen dürfen anschließend gemäß (1) (vom Opponenten) nicht bestritten werden. Auch die Regel (2) ist risikolos, also zulässig.

Umgekehrt sollte der Opponent einsehen, daß er gemäß (2) A∧B (unter der Bedingung C) nur dann nicht mit Erfolg bestreiten kann, wenn er keinen der Teilsätze A bzw. B bestreiten darf. Damit (2) zulässig ist, müssen die Regeln (1) zulässig sein.

Die logische Adjunktion

Ein zu der Einführung von ∧ analoger Fall, bei dem wir uns jetzt kürzer fassen können, liegt vor, wenn zwei Übergangsregeln mit gleichem Nachsatz

$$(3) \quad \begin{matrix} A \Rightarrow C \\ B \Rightarrow C \end{matrix}$$

als zulässig akzeptiert sind.

Wir führen — wieder zum Zweck redeökonomischer Zusammenfassung — ein Zeichen $\smile$ ein mit den folgenden Angriffs-Verteidigungsregeln

$A \smile B$	?	A
$A \smile B$	?	B

Der Unterschied zu $\wedge$ liegt darin, daß der Opponent (ohne Wahl) nur mit ›?‹ angreifen darf und der Proponent bei der Verteidigung die Wahl zwischen A und B hat. Sind die Regeln (3) zulässig, d. h. akzeptiert der Opponent das Verbot, C zu bestreiten (unter jeder der Bedingungen A bzw. B), dann kann der Proponent auch risikolos C behaupten, wenn vom Opponenten $A \smile B$ als unbestritten anerkannt ist. Hat nämlich der Opponent auf diese Weise sich die Behauptung von $A \smile B$ zu eigen gemacht, so ist er verpflichtet, auf den Angriff (?) mindestens einen der Teilsätze zu behaupten. In jedem Fall soll nach den Regeln (3) daher das C des Proponenten unbestritten bleiben. Die Regel

$$(4) \qquad A \smile B \Rightarrow C$$

ist also eine zulässige Übergangsregel, wenn die Regeln (3) zulässig sind. Auch hier gilt die Umkehrung. Wer Deutsch versteht, sieht sofort, daß $\smile$ eine gewisse Verwendung des Wortes »oder« rekonstruiert, nämlich »A oder B« im Sinne von: mindestens eines evtl. beides. Aussagen der Form $A \smile B$ mögen »Adjunktionen« heißen.

In diesem Aufsatz kann die schrittweise Begründung aller Normen der formalen Logik nicht durchgeführt werden. Für alle Einzelschritte sei auf die »Logische Propädeutik« von W. Kamlah und mir verwiesen (BI-Hochschultaschenbuch 227). Der Leser müßte allerdings die Geduld aufbringen, sich bis zum Kapitel VI, § 2, durchzuarbeiten. Nur diese eigene Mühe wird dem Leser einsichtig machen können, daß die logischen Normen eine Weise des Argumentierens ermöglichen, bei der nichts (auch keine der logischen Normen selbst) auf bloße Willkür oder Tradition hin übernommen zu werden braucht.

Hier sei nur noch skizziert, welche weiteren logischen Redesituationen begründet werden können.

Wir haben zunächst gewisse Prädikatorenregeln als zulässig eingeführt, jetzt haben wir mit $\wedge$ und $\vee$ weitere zulässige Regeln. Der für die Formulierung solcher Regeln benutzte »zweifache Pfeil« ist keine logische Partikel. In Redesituationen, in denen schon Systeme von Regeln als zulässig angenommen sind, läßt sich aber die Einführung einer neuen logischen Partikel, die den logischen Gebrauch von »wenn . . ., dann. . .« im Deutschen rekonstruiert, leicht rechtfertigen. Als Zeichen werde dafür der »einfache Pfeil« gebraucht: $\rightarrow$ Wenn etwa zwei Regeln (5) $A \Rightarrow B$ und (6) $B \Rightarrow C$ zulässig sind, dann ist auch die Regel (7) $A \Rightarrow C$ zulässig. Beweis: Hat der Opponent A nicht bestritten, so darf er nach (5) B nicht bestreiten, und damit nach (6) auch C nicht.

Dies ist ein »Beweis« einer Behauptung, die mit den logischen Partikeln »wenn« und »dann« der deutschen Sprache formuliert werden kann.

Genau diese Partikeln sollen ja aber erst ohne Berufung auf Sprachgebräuche kritisch rekonstruiert werden. Wir führen dazu ein neues Zeichen $\rightarrow$ mit folgender Angriffs-Verteidigungsregel ein:

$$A \rightarrow B \quad | \quad A \ ? \quad | \quad B$$

Der Angriff (?) gegen die Behauptung $A \rightarrow B$ geschieht hiernach, indem der Opponent selber gleichzeitig A behauptet. Der Dialog ist dann so weiterzuführen, daß der Proponent die Wahl hat, das behauptete A anzugreifen (Gegenangriff) oder sich mit der Behauptung von B zu verteidigen.

Mit diesem »Subjunktor« $\rightarrow$ haben wir jetzt die Möglichkeit, für jede zulässige Regel $A \Rightarrow B$ die zusammengesetzte Aussage $A \rightarrow B$ als wahr zu behaupten und zu verteidigen. Der Dialog verläuft nämlich zunächst so

Opponent	Proponent
	$A \rightarrow B$
1.	
2. $\quad A \ ?$	$? \ 2$

In der ersten Zeile stellt der Proponent nur seine Behauptung (die These) auf. In der zweiten Zeile greift der Opponent

diese an, indem er selbst A behauptet. Der Proponent greift
darauf dieses A an (das ist durch ? 2 angedeutet).
Der Dialog geht dann so weiter, daß der Proponent entweder A nicht verteidigen kann (damit hätte er den Dialog
verloren) oder er verteidigt A. In diesem Fall ist es ihm
wegen der Zulässigkeit von A ⇒ B aber verboten, B zu bestreiten. Also *gewinnt* der Proponent dadurch, daß er sich
dann gegen den Angriff des Opponenten mit der Behauptung von B verteidigt. Der Proponent gewinnt A → B stets
unter der Bedingung, daß A ⇒ B zulässig ist. Auch hier
gilt die Umkehrung: A → B läßt sich nur dann gewinnen,
wenn A ⇒ B als zulässig zu akzeptieren ist. Der obige Beweis der Zulässigkeit von (7) auf Grund von (5) und (6),
der noch unkritisch traditionelles Sprechen verwendete, kann
jetzt ersetzt werden durch eine Verteidigung der folgenden
These: $(A → B) ∧ (B → C) → (A → C)$.
Eine Verteidigungsstrategie nach den angegebenen Angriffs-
Verteidigungsregeln für ∧ und → hierfür zu finden, sei dem
Leser »zur Übung« empfohlen.
Neben ∧, ∨ und →, , den sog. Junktoren, benutzt man in
der Logik noch den Negator ⌐. Weil die Elementaraussagen
affirmativ und negativ auftreten, war schon erwähnt worden,
daß eine Negation dadurch angegriffen wird, daß man selbst
den affirmativen Teil behauptet. Führen wir ein Symbol ⌐
als Negator ein, so heißt das, daß für ⌐ die folgende Angriffs-Verteidigungsregel gesetzt wird:

$$⌐ \; A \quad | \qquad A \; ? \; |$$

Ein Verteidigungszug wird hier nicht zur Verfügung gestellt, es ist dem Proponenten nur der Gegenangriff auf A
erlaubt.

Die logischen Quantifikationen

Es bleiben noch die Quantifikatoren, kurz »Quantoren« genannt, zu besprechen. Sie rekonstruieren kritisch den Gebrauch der Wendung »für alle« und »für einige«. Ein Satz
der Form »Alle p sind q« kann — zunächst noch durch eine
bloße Modifikation innerhalb des Deutschen — ausführlicher
so wiedergegeben werden:

»Für alle x: Wenn x p ist, dann ist x q«.

Es dürfte jedem klar sein, wie ein solcher Satz anzugreifen ist. Der Opponent wählt einen Eigennamen E und verpflichtet den Proponenten dadurch, den Satz

$$E \, \varepsilon \, p \rightarrow E \, \varepsilon \, q$$

zu verteidigen. (Ist die Prädikatorenregel $x \, \varepsilon \, p \Rightarrow x \, \varepsilon \, q$ zulässig, so ist das, wie wir wissen, kein Kunststück — aber das braucht ja nicht der Fall zu sein.)

Um diesen ersichtlich vernünftigen Sprachgebrauch in unser kritisch rekonstruiertes Reden aufzunehmen, führen wir Zeichen $\wedge_x$ ($\wedge$ ist ein großes Konjunktionszeichen $\wedge$) für jede Sorte x von Variablen ein. Eine Variable x braucht ja nicht stets eine Variable zu sein, die nur durch Eigennamen zu ersetzen ist. Es kann vielmehr x ebenso als Variable für andere Klassen von Wörtern oder Satzteilen benutzt werden, z. B. derart, daß x nur durch Prädikatoren zu ersetzen ist. *Vor* der Benutzung einer Variablen muß die Klasse von Satzteilen, die für die Variable eingesetzt werden soll, stets festgelegt sein. Die Klasse, die auf diese Weise einer Variablen zugeordnet ist, heiße der *Variabilitätsbereich* der Variablen.

Jetzt können wir die Angriffs-Verteidigungsregel für $\wedge_x$ formulieren. A(x) sei eine Aussageform, in der x vorkommt. T sei ein Satzteil aus dem Variabilitätsbereich von x. Wird x durch T ersetzt, so entsteht eine Aussage. Diese werde als A(T) notiert.

Die Angriffs-Verteidigungsregel für $\wedge_x$ lautet dann

$$\wedge_x A(x) \quad | \quad T\,? \quad | \quad A(T)$$

Der Opponent hat hier — wie bei der Konjunktion — die Wahl. Er darf ein beliebiges ›T‹ aus dem Variabilitätsbereich von x wählen. Der Proponent hat für das gewählte T dann A(T) als Verteidigung zu behaupten.

$\wedge$ heiße der Allquantor. Der Konjunktor $\wedge$ ist der Spezialfall des Allquantors mit einem Variabilitätsbereich, der aus genau zwei Sätzen besteht. Anders ausgedrückt: der Allquantor ist eine Verallgemeinerung des Konjunktors. Auf die gleiche Weise läßt sich auch der »Adjunktor« $\vee$ zu einem Quantor $\vee$ verallgemeinern durch die folgende Angriffs-Verteidigungsregel:

$$\vee_x A(x) \quad | \quad ? \quad | \quad A(T)$$

Hier hat wieder der *Proponent* zur Verteidigung gegen Angriff ? ein T aus dem Variabilitätsbereich von x zu wählen.
Hat x als Variabilitätsbereich die Klasse der Eigennamen
von Philosophen, dann ist die Behauptung »∨ₓ x ist weise«
gegen den Angriff ? z. B. durch Wahl des Eigennamens:
»Sokrates« zu verteidigen, d. h. man hat den Satz »Sokrates
ist weise« zu behaupten. Im Deutschen wird die Behauptung
»∨ₓ x ist weise« traditionell formuliert als »Einige Philosophen sind weise« oder etwas unmißverständlicher: »Mindestens ein Philosoph ist weise«. Der Quantor ∨ heiße deswegen der »Einsquantor«.

Formale Logik

Damit sind die Angriffs-Verteidigungsregeln für die logischen
Partikeln (drei Junktoren, zwei Quantoren, Negator) aufgezählt. Daß es vernünftig ist, diese Wörter als »logische« Partikeln auszuzeichnen, sie *allein* zum Gegenstand einer Wissenschaft (die man »formale Logik« nennt) zu machen, wird
gegenwärtig häufig bestritten. Da dieser Streit aber erst dann
sinnvoll wird, wenn zusätzliche Erweiterungen der sprachlichen Mittel schon zur Verfügung stehen (z. B. solche, die
traditionell zur Mathematik gerechnet werden), müssen wir
hier diesen Streit auf sich beruhen lassen.

Kritische Einführung weiterer logischer Mittel in die Sprache

Bisher haben wir nur Elementarsätze kritisch rekonstruiert
und ihre Zusammensetzbarkeit mit logischen Partikeln.
Schon so einfache Sätze wie »Peters Bruder kommt« haben
wir uns aber noch nicht erarbeitet, erst recht nicht Sätze wie
»die Menge der Primzahlen ist unendlich«. Wir können bisher auch nur »einfachhin« sagen: »Tilman kommt«, aber
weder »Tilman muß kommen«, »Tilman kann kommen«
noch »Tilman soll kommen«, »Tilman darf kommen«. Was
uns zu diesen Sätzen fehlt, ist eine kritische Einführung von
(1) Kennzeichnungen (»Peters Bruder« statt »Tilman«), (2)
Abstrakta (hier »Mengen«) und (3) Modalitäten (hier die
modalen Hilfsverben »müssen — können« und »sollen —

dürfen«). Die Einführung dieser weiteren sprachlichen Mittel soll im Folgenden skizziert werden.

Kennzeichnungen

Wenn Peter (der Leser denke hierbei an einen bestimmten Jungen, der so heißt, nicht an mehrere Jungen dieses Namens) mehrere Brüder hat, dann ist die Aussage »Peters Bruder kommt« nicht korrekt. Es sollte dann gesagt werden »*Ein* Bruder von Peter kommt«. Diese Aussage ist logisch zu konstruieren als »Für ein x: (x, Peter ε Bruder) und (x ε kommen)«.
Wenn Peter keinen Bruder hat, dann ist die Aussage »Peters Bruder kommt« erst recht nicht korrekt — sie ist sinnlos. Nehmen wir also den Fall, daß Peter genau einen Bruder, etwa mit dem Eigennamen »Tilman« hat.
Wir nehmen damit zweierlei an

(1) Für ein x: x, Peter ε Bruder
(2) Für alle x, y: Wenn (x, Peter ε Bruder) und (y, Peter ε Bruder), dann x = y.

Die zweite Bedingung besagt, daß alle Eigennamen x, y, die in (z, Peter ε Bruder) für »z« eingesetzt eine wahre Aussage ergeben, Eigennamen desselben Gegenstandes sind: dies wird — wie üblich — durch x = y symbolisiert.
Sind (1) und (2) erfüllt, so darf »Peters Bruder kommt« anstelle von »Tilman kommt« gesagt werden. Das hat den Vorteil, daß man dazu keinen Eigennamen von Peters Bruder zu kennen braucht.
Der Satzteil »Peters Bruder kommt« oder artifizieller »dasjenige x, für das gilt: x, Peter ε Bruder« (kürzer: »das x mit: x, Peter ε Bruder«) darf also wie ein Eigenname gebraucht werden, ist aber keiner. Er heißt eine Kennzeichnung. Ist dagegen eine der Bedingungen (1), (2) nicht erfüllt, hat Peter also keinen Bruder oder mehrere Brüder, dann heißt der Satzteil »Peters Bruder« eine *Pseudokennzeichnung*. Sätze mit Pseudokennzeichnung sind für vernünftiges Argumentieren verboten.
Gegen diese Norm wird häufig verstoßen.
Redet jemand (vgl. Artikel 2 dieser Folge) z. B. von »dem,

was der bloßen kritischen Rationalität unzugänglich ist«, so ist er (auf Verlangen) zu dem Nachweis verpflichtet, daß dies eine (echte) Kennzeichnung, keine Pseudokennzeichnung ist. Die Möglichkeit dieses Nachweises hängt dabei davon ab, wie vorher die Verwendung der vorkommenden Wörter bestimmt ist.

Im alltäglichen Gebrauch der Sprache kommen Kennzeichnungen meistens vor für Gegenstände, für die keine Eigennamen eingeführt sind. In Verbindung mit einer Zeigegeste sagt man etwa: »Schließe dieses Fenster!« Es wird hier vorausgesetzt, daß in der Zeigerichtung genau ein Gegenstand ist, dem der Prädikator »Fenster« zuzusprechen ist. Hat das Zimmer, in dem man sich befindet, nur ein Fenster, so braucht man noch nicht einmal eine Zeigegeste. Man sagt dann »Schließe das Fenster!«.

Die allgemeine Form der Kennzeichnungen ist die folgende. Sind für eine Aussageform A(x) die beiden Bedingungen

(1) $\bigvee_x A(x)$
(2) $\bigwedge_{x,y} [A(x) \wedge A(y) \rightarrow x = y]$

erfüllt, so heiße der Ausdruck »$\iota_x A(x)$« [gelesen: das x mit A(x)] eine Kennzeichnung.

Kennzeichnungen dürfen wie Eigennamen verwendet werden. Ist »E« ein Eigenname für einen Gegenstand, so daß A(E) gilt, dann ist ein Satz B $(\iota_x A(x))$ genau dann wahr, wenn B(E) wahr ist.

Abstrakta

Man kann ein Wort an die Tafel schreiben, aber man kann keinen Begriff an die Tafel schreiben. Ein Wort, so lautet die übliche Erklärung hierzu, ist etwas Konkretes, ein Begriff aber etwas Abstraktes. Wer kritisch ist, wird sich mit dieser Erklärung nicht zufrieden geben. Er wird fragen, was abstrakte Gegenstände (kürzer: Abstrakta) seien. Oder schon etwas gewitzter: wie wird das Wort »Abstraktum« verwendet?

Das sei am Beispiel des Terminus »Menge«, der in der modernen Mathematik schon ganz am Anfang benutzt wird, gezeigt. Man kann endliche Folgen von Eigennamen an die Tafel schreiben, z. B.

(1) E_1, E_2, E_3.

Nun vergleiche man diese Folge mit

(2) E_2, E_3, E_3, E_1.

Diese Folgen sind verschieden voneinander.
Aber es werden in beiden Folgen dieselben Gegenstände genannt.
Nimmt man nämlich mit der Folge (2) folgende Umformungen vor

> Ver- oder Entdoppelungen: ersetze »E« durch »E,E« oder umgekehrt
>
> Vertauschungen: ersetze »E,E'« durch »E',E«

so ist (2) leicht — nämlich mit 3 dieser Umformungen — in (1) überzuführen
Zwei Folgen, die durch diese Umformungen ineinander überführbar sind, heißen »äquivalent« oder genauer: »mengengleich«.
Man schreibt diese Mengengleichheit

$$\{ E_1, E_2, E_3 \} = \{ E_2, E_3, E_3, E_1 \}$$

Was eine »Menge« ist, ist damit noch nicht erklärt. Wir haben bisher nur die Mengengleichheit für Folgen eingeführt. Zu den Mengen kommen wir dadurch, daß wir jetzt bei einer Folge von allem *abstrahieren* wollen, wodurch sie sich von anderen, aber mengengleichen Folgen unterscheidet. Diese Abstraktion führen wir dadurch aus, daß wir uns bei den Aussagen über die Folge, z. B. sei A (E_1, E_2, E_3) eine Aussage über die Folge (1), auf diejenigen Aussagen *beschränken*, deren Wahrheit *invariant* ist gegenüber Ersetzungen der Folge durch beliebige mengengleiche. Ist A (E_1, E_2, E_3) in diesem Sinne invariant bezüglich der Mengengleichheit, so formulieren wir A(E_1, E_2, E_3) als eine Aussage

A $(\{ E_1, E_2, E_3 \})$ über »die Menge« $\{E_1, E_2, E_3 \}$.

Z. B. formulieren wir statt »E ist ein Glied der Folge E_1, E_2, E_3« jetzt »E ist ein Element der Menge $\{ E_1, E_2, E_3 \}$«. Für dies letztere schreiben wir kürzer »E ε $\{ E_1, E_2, E_3 \}$«.

Damit ist keine neue Erkenntnis gewonnen, man hat nur zum Ausdruck gebracht, daß in der ersten Aussage über die Folge E_1, E_2, E_3 diese Folge durch jede mengengleiche Folge ersetzt werden kann, ohne daß sich etwas an der Wahrheit ändert.

Die Klammern { ... } heißen Abstraktoren, sie machen aus der in sie eingeschlossenen Folge ein Abstraktum, eine Menge. Die naheliegende Frage, »was sind Mengen?« ist nach dieser Einführung des Terminus »Menge« falsch gestellt. Wir haben ja nur erklärt, was Aussagen über Mengen (also Aussagen, in denen { ... } vorkommt) sind: das sind nämlich Aussagen, die für (bezüglich der Mengengleichheit) invariante Aussagen über Folgen stehen.

Die Rede von »Mengen« ist eine kunstvolle Redeweise für das Reden über Folgen, bei dem man von allem abstrahiert, wodurch sich mengengleiche Folgen evtl. unterscheiden. Man redet so kunstvoll, als ob man durch die Abstraktion über neue Gegenstände redete. Diese nur fingierten Gegenstände sind die Abstrakta.

Die kunstvolle Redeweise über Folgen führt ersichtlich nur zu endlichen Mengen: man kann ja nur endliche Folgen zwischen Klammern { ... } schreiben.

Will man — wie üblich — etwa { 2, 4, 6... } für die Menge aller geraden Zahlen schreiben, so gibt man sich der Täuschung hin, 2, 4, 6... sei die unendliche Folge aller geraden Zahlen. Man kann aber immer nur *endliche* Folgen hinschreiben mit *endlich* vielen, z. B. drei Punkten dahinter.

Unendliche Mengen werden nicht aus »unendlichen Folgen« abstrahiert, weil es diese — außer durch später einzuführendes noch kunstvolleres Reden — gar nicht gibt.

Daß eine Zahl x gerade ist, heißt, daß $x = 2 \cdot y$ für ein y gilt. Die geraden Zahlen sind also diejenigen, die eine gewisse Formel $A(x)$, z. B. $\vee_y x = 2y$, erfüllen. Statt $A(x)$ können wir auch andere Formeln $B(x)$ verwenden, z. B. $\vee_z x = z + z$. Es kommt nur darauf an, daß für alle x : $A(x) \leftrightarrow B(x)$ gilt (der Doppelpfeil $\leftrightarrow$ steht für die Konjunktion von $\rightarrow$ und $\leftarrow$). Die Formeln heißen dann »äquivalent« oder wieder »mengengleich«. Man schreibt die Mengengleichheit üblicherweise { x | A(x) } = { x | B(x) }.

Alle Aussagen über eine Menge { x | A(x) } sind dabei so einzuführen, daß sie für (bezüglich der Äquivalenz) invariante Aussagen über *Formeln* stehen. Die Menge der Primzahlen z ist z. B. abstrahiert aus der Formel

$$z \neq 1 \wedge \bigwedge_{x,y} (x \cdot y = z \rightarrow x = 1 \vee y = 1)$$

Daß diese Menge unendlich ist, heißt, daß für diese Formel A(z) — und zugleich für jede mit ihr äquivalente Formel B(z) — folgendes gilt:

$$\bigwedge_x \bigvee_y (y > x \wedge A(y))$$

In Worten: zu jeder Zahl x gibt es eine größere Zahl y mit A(y). Anders ausgedrückt, es gibt beliebig große Primzahlen, d. h. unendlich viele. Da diese Aussage über die Formel A(z) invariant ist bezüglich Ersetzungen durch äquivalente Formeln (jede Aussage, die logisch zusammengesetzt ist aus A(z) hat diese Invarianz) formuliert man sie als eine Aussage über die Menge { z | A (z) }. Man schreibt y ε { z | A (z) } statt A(y) und erhält

$$\bigwedge_x \bigvee_y (y > x \wedge y \, \varepsilon \, \{ z \mid A (z) \})$$

In Worten: Die Menge der Primzahlen ist unendlich, d. h. sie hat zu jeder Zahl x eine größere Zahl y als Element. Dieser Exkurs in die Mathematik diente nur zur Einführung von Abstrakta, weil in ihr das Abstrahieren am einfachsten zu begreifen ist.

Das Abstrahieren von Aussagen zu Sachverhalten, von Termini zu Begriffen (vgl. hierzu die Logische Propädeutik Kap. III und IV) ist dagegen schwieriger darzustellen, weil unsere Bildungssprache immer schon unkritisch von Begriffen, Sachverhalten usw. redet.

Modalitäten

Wir wenden uns jetzt der kritischen Rekonstruktion modaler Hilfsverben zu. Im Deutschen kann man auch andere Konstruktionen gebrauchen. Z. B. sagt man statt »Tilman kann kommen« auch »Tilman kommt möglicherweise« oder »Es ist möglich, daß Tilman kommt«. Statt »Tilman soll kommen« sagt man auch: »Es ist geboten, daß Tilman kommt«.

Wir rekonstruieren zunächst Sätze der Form »Es ist notwendig, daß A«, wobei A eine Aussage (ein Indikativsatz) ist. Schon Aristoteles behandelte die Logik der Modalitäten »notwendig« und »möglich«. Eine kritische Rekonstruktion dieser »Modallogik« (wie sie kurz heißt) ist aber bis heute kontrovers. Nicht kontrovers ist dagegen, was unter *relativen Modalitäten* zu verstehen ist. Hat man ein System Σ von Aussagen als *wahr* anerkannt, so ist es — nach den Normen der Logik — verboten, gewisse weitere Aussagen zu bestreiten. Z. B. darf, wer A und A $\rightarrow$ B anerkannt hat, B nicht bestreiten. Man sagt dazu, daß »B« aus dem System Σ der Sätze A und A $\rightarrow$ B *logisch* folgt — oder man sagt, daß B notwendigerweise wahr ist *relativ* zu Σ. Wir schreiben hierfür kurz Δ_ΣB. Hieran ist nichts problematisch, es bleibt aber zu fragen, ob ΔB (ohne Angabe eines als wahr vorausgesetzten Systems Σ) ein Sinn — und wenn ja, welcher — zu geben ist. Die Tradition redet hier von »absoluter Notwendigkeit«. Man könnte dies deuten als die logische Wahrheit, also der Wahrheit aufgrund der logischen Regeln allein (ohne Vorgabe eines Σ). Damit hätte man aber nur eine überflüssige Terminologie zur Verfügung gestellt, nämlich »absolute Notwendigkeit« als gleichbedeutend mit »logischer Wahrheit«.

Es sei daher hier eine andere Rekonstruktion vorgeschlagen. Diese geht davon aus, daß gewisse Aussagen über relative Notwendigkeiten wahr sind — unabhängig von dem System Σ wahrer Sätze, auf das sich die Notwendigkeiten beziehen. Ein trivialer Fall ist:

Wenn Δ_ΣA, dann A

Dies gilt ersichtlich für alle wahren Σ: wenn A aus irgendeinem System Σ wahrer Sätze logisch folgt, dann ist auch A selbst wahr. In solchen Subjunktionen, die für alle wahren Σ gelten, lassen wir jetzt — nur um der ökonomischeren Schreibweise wegen — die Angabe von Σ weg. Wir ersetzen gleichzeitig das »wenn — dann« durch $<$ statt durch $\rightarrow$. Es entsteht

ΔA $<$ A

$<$ ist ein Relationszeichen (wie z. B. das Kleinerzeichen $<$ in der Arithmetik), kein Verknüpfungszeichen wie $\rightarrow$ oder das Additionszeichen $+$ in der Arithmetik. Einen Satz der

Form ... $<$ ..., in der links oder rechts das Zeichen Δ auf-
tritt (mindestens einmal) heißt eine *modallogische Implikation*. Es sei nur noch ein Beispiel angegeben

$$\Delta A \wedge \Delta (A \rightarrow B) < \Delta B$$

Für alle Einzelheiten der Modallogik (die alle modallogischen Implikationen zu untersuchen hat) sei auf »Normative
Logic and Ethics«, BI-Mannheim 1969 (Band 236) verwiesen. Von besonderer Wichtigkeit sind die Modalitäten für
Voraussagen, d. h. für Aussagen, die sich auf die Zukunft
beziehen. Obwohl es viele Propheten gegeben hat und noch
gibt, hat es bisher nur die Physik zu erfolgreichen Voraussagen gebracht. Sie behandelt physikalische Systeme, deren
Zustand zu einer Zeit t_0 durch eine »Zustandsbeschreibung«
Z_{t_0} beschrieben wird. Sie stellt dann »Bewegungsgesetze« auf,
die eine Beschreibung des Zustands des Systems für jede Zeit
$t_0 + t$ liefert: $Z_{t_0 + t} = U_t (Z_{t_0})$.
Es sei nun t_0 die Gegenwart.
Für eine beliebige Aussage $A_{t_0 + t}$ über das System in der Zukunft $t_0 + t$ (mit $t > 0$) ist dann zu untersuchen, ob $A_{t_0 + t}$
aus $Z_{t_0 + t}$ logisch folgt: nur dann ist $A_{t_0 + t}$ notwendig
relativ zu dem Bewegungsgesetz U und der Gegenwartsbe-
schreibung Z_{t_0}.
Ist die Negation $\neg A_{t_0 + t}$ notwendig, so heißt $A_{t_0 + t}$ unmöglich. Ist $A_{t_0 + t}$ weder notwendig noch unmöglich, so
heiße $A_{t_0 + t}$ kontingent. Zukunftsaussagen sind also nicht auf
ihre Wahrheit oder Falschheit zu befragen, sondern (mit
Hilfe von physikalischen Bewegungsgesetzen und Gegen-
wartbeschreibungen) auf ihre Notwendigkeit, Unmöglichkeit
oder Kontingenz.
Eine analoge Dreiteilung (statt Zweiteilung nach wahr und
falsch) ergibt sich auch für unsere Stellungnahme zu Imperativen.

Ethische Modalitäten

Gibt jemand (der »Imperator«) einen Befehl, so wird sich
derjenige, an den der Befehl gerichtet ist (der »Imperatus«)
zunächst — falls er nicht blindlings gehorcht — fragen, ob
er dem Befehl folgen *solle*. Anders ausgedrückt: der Impera-

tus hat darüber zu entscheiden, ob der Befehl »geboten« (ob seine Befolgung »pflichtmäßig ist«), »verboten« (ob seine Befolgung »unrechtmäßig« ist) oder »neutral« (die Befolgung ist dann »freigestellt«). Wir beschränken uns auf Befehle der Form: »Stelle den Zustand A her!« Diese symbolisieren wir durch !A. Sie befehlen, sich ein Ziel (Zweck) zu setzen. Über die Mittel, diesen Zweck zu erreichen (den »befohlenen« Zustand herzustellen), ist dadurch nichts bestimmt. Die Mittelwahl ist also noch eigens zu bedenken. Genau für diese Mittelwahl sind die »wertfreien« Wissenschaften zuständig, wobei aber stets die voraussehbaren Nebenwirkungen der Mittel zu berücksichtigen sind.

Die Problematik normativer Wissenschaften besteht darin, über Ziele zu entscheiden. Nur darum beschränken wir uns auf »Zielbefehle« !A. In der Praxis sind oft auch Befehle, gewisse Mittel zu wählen, sehr schwierig zu beurteilen — wir können das Gesamtproblem, Normen für unser Handeln zu begründen, aber theoretisch in die Beratung über Ziele und über Mittel zu gesetzten Zwecken aufspalten.

Unproblematisch sind hier wieder nur die relativen Modalitäten. Ist ein System $!\Sigma$ von Zielbefehlen $!A_1, \ldots !A_n$ schon als Zweck gesetzt (Σ stehe hierbei für das System der Indikativsätze $A_1, \ldots A_n$), dann ist es leicht, auch über die Zielzustände A zu befinden, die logisch aus $A_1, \ldots A_n$ folgen. Diese Zustände A sind »implizit« mitgesetzt. Dies »implizit« soll nämlich gerade heißen, daß die Aussagen A von dem System Σ logisch impliziert werden. Wir nennen die Zielbefehle !A »geboten« relativ zu $!\Sigma$, wenn Δ_Σ A gilt. Wir schreiben dafür symbolisch $\Delta_{!\Sigma}$!A (Δ vor einem Imperativ ist also im Deutschen als »geboten« zu lesen, nicht mehr als »notwendig« wie vor Indikativen — in der Symbolsprache ist es überflüssig, zwei verschiedene Symbole zu gebrauchen).

Zu einer Logik der »ethischen« Modalitäten kommen wir jetzt wie oben im Falle der »physischen« Modalitäten durch Beschränkung auf Sätze über relative Gebotenheiten, die gleichmäßig für alle Bezugssysteme $!\Sigma$ gelten. Von »absoluten« Geboten braucht dabei nicht gesprochen zu werden (auf den Kantischen »kategorischen« Imperativ werden wir im nächsten Artikel eingehen).

Als Beispiel einer ethisch-modallogischen Implikation sei angeführt

$$\Delta \ !(A \ v \ B) \wedge \Delta ! \ \neg A < \Delta \ !B$$

Analog zu den physischen Modalitäten sind weitere Modalitäten mit Hilfe von Δ ! definierbar. Gilt Δ ! $\neg$ A, so heißt !A verboten. Ist !A weder ge- noch verboten, so heißt !A neutral (oder freigestellt).

In Analogie zur physischen Möglichkeit $\nabla A \leftrightharpoons \neg \Delta \neg A$ ($\leftrightharpoons$ sei das Definitionszeichen) läßt sich in der Ethik die *Erlaubtheit* definieren:

$$\nabla !A \leftrightharpoons \neg \Delta ! \neg A$$

In der Ehtik treten also Δ ! und ∇ ! an die Stelle von Δ und ∇. Es ist aber zu beachten, daß die triviale Implikation der physischen Modallogik $\Delta A < A$ in der ethischen Modallogik keine Analogen hat. Ist !A geboten (also Δ !A), so folgt daraus durchaus nicht, daß A wahr ist, d. h. daß der gebotene Zielzustand hergestellt wurde.

Anders als in den wertfreien Wissenschaften kann man sich im Bereich der normativen Wissenschaften nicht an etwas der Wahrheit (von Aussagen) Vergleichbares halten.

Da die Modallogik nicht über relative Modalitäten hinausführt, von einem Basissystem !Σ aber nicht (wie in der Physik) die Wahrheit gefordert werden kann, ist das Grundproblem der Ethik hier bisher noch gar nicht zur Sprache gekommen: Wie lassen sich gewisse Normen als Basisnormen rechtfertigen? Anders gefragt: Müssen wir redlicherweise (wie die Vertreter der sog. Werturteilsfreiheit der Wissenschaft) glauben, alle Basisnormen als gleichberechtigt anerkennen — oder gibt es eine Methode, *ohne Willkür* wenigstens gewisse Normen als »gerecht« vor anderen auszuzeichnen?

Die folgenden Einschränkungen der Willkür sind allerdings trivial:

(1) Das Basissystem !Σ soll konsistent sein, d. h. es soll
    für kein A zugleich !A und
    ! $\neg$ A relativ zu !Σ geboten sein.

(2) Das Basissystem !Σ soll nichts Unmögliches gebieten, d. h. gilt physisch Δ ⌐ A (als Bezugssystem diene hierbei unser »bestes« Wissen), dann soll !A nicht relativ zu !Σ geboten sein.

Diese trivialen Einschränkungen lassen immer noch alle *möglichen Zustände als gleichberechtigte Ziele gelten. Wir* haben also nach einer Methode zu fragen, die ohne Willkür gewisse *mögliche* Zwecksetzungen vor anderen als »geboten« auszeichnet.

Prinzipien des Argumentierens über Normen

Die bisherigen Aufsätze haben ein Grundvokabular zur Verfügung gestellt, mit dem wir darüber diskutieren können, welche Mittel für gegebene Zwecke geeignet sind, welche Zwecke »geboten« bzw. »erlaubt« sind, relativ zu einem gegegebenen System von Zwecken.

Die wichtigste Frage aber nach der Auszeichnung gewisser zwecksetzender Normen als »gerecht«, *ohne* uns dabei auf »gegebene« (also evtl. bloß traditionelle) Zwecksetzungen zu berufen, ist bisher noch gar nicht berührt. Fiele hier die Antwort negativ aus, d. h. kämen wir zu der Überzeugung, es sei eine Illusion, vernünftig über Zwecksetzungen argumentieren zu können, Vernunft sei vielmehr nur für die Mittelwahl zur Erreichung gegebener Zwecke zuständig, dann sollten wir (vernünftigerweise) das gegenwärtige Chaos von religiösen, künstlerischen, technischen und politischen Zwecksetzungen gelassen zur Kenntnis nehmen — und uns darauf einrichten, wenigstens unsere eigenen, zufälligen Zwecke so gut wie möglich zu erreichen.

Diese Antwort wird in der Tat mit großer Mehrheit praktiziert. Durch die Vorherrschaft der Naturwissenschaften, die nur bei der Mittelwahl beraten kann, nicht bei Zwecksetzungen, hat »man« sich an ein Chaos von Zwecken gewöhnt und »man« versucht, das Beste daraus zu machen.

Diese Antwort ist jedoch nur eine — historisch entstandene — Meinung. Sie hat eine ehrwürdige Geschichte hinter sich, insofern sie schon von den griechischen Sophisten vertreten wurde, dann von mittelalterlichen Nominalisten und in der Neuzeit z. B. von Hobbes über Nietzsche bis in die Gegenwart. Der Versuch, diese Meinung zu widerlegen, hat ebenfalls eine ehrwürdige Geschichte: von Platon über Aristoteles und Thomas von Aquin bis zu Kant, Hegel und Marx. Durch historische Meinungserforschung läßt sich aber keine der Meinungen begründen.

Wir haben dazu vielmehr zu versuchen, unser Vokabular so zu erweitern, daß Prinzipien formuliert werden, die das Argumentieren für oder gegen Normen vernünftig regeln. Für die Annahme dieser Prinzipien selbst, für ihre Vernünftigkeit, kann nicht argumentiert werden — man erlernt in der Praxis, sich nach ihnen zu richten und kann nur hinterher explizit machen, daß man sie schon angenommen hat.

Noologische Termini

Dieses Explizitmachen nennt man Reflexion — wir haben in unserem Falle dazu eigene Wörter einzuführen, um über uns zu sprechen, insofern wir an den Bemühungen um vernünftiges Argumentieren teilnehmen. In Diskussionen um praktische Dinge befinden wir uns schon so lange, wie wir überhaupt reden gelernt haben. In ihnen werden zunächst gewisse Zwecke *vorgeschlagen*. Es folgt faktisch meist ein mehr oder weniger vernünftiges Argumentieren — schließlich wird ein Zweck *beschlossen*. Auf der Basis der Praxis dieses Miteinander-Beratens, in der aus anfänglichen Vorschlägen ein Beschluß entsteht, können wir in unsere Sprache noologische Termini einführen [im Englischen »mental terms«: es handelt sich nicht um psychologische Termini, obwohl die Psychologie traditionell nicht nur die Seele (Psyche), sondern auch den Geist (Nous) zu untersuchen für sich in Anspruch nimmt.]

Vorschläge und Beschlüsse sind Sätze, sprachliche Gegenstände. Die Reflexion auf uns als miteinander Beratende erfordert aber Termini auch für diejenigen, die an einer Beratung zwar (verstehend) teilnehmen, ohne jedoch gerade etwas zu sagen oder zu hören.

Von einem Teilnehmer S, der den Zustand A als Zweck vorschlägt, soll gesagt werden: »er begehrt, daß A«, symbolisch

S Π A (Π möge an Praxis erinnern). Der Satz S Π A soll aber als Beschreibung nicht nur des Vorschlagenden dienen (dafür würde ja genügen »S schlägt vor, daß A«), sondern auch als Beschreibung aller derjenigen, die *für* den Vorschlag sind – unabhängig davon, ob sie dies zum Ausdruck bringen oder nicht.

Auch Tiere haben in diesem Sinne Begehrungen. Spielt man etwa mit einem Hund und macht ihm etwas Neues vor (statt eines Vorschlages), so sieht man aus dem Verhalten, ob er dafür oder dagegen ist.

Nur dann, wenn durch argumentierende Beratung, eventuell mit sich allein, aus anfänglichen Vorschlägen A_1, A_2, ... ein Beschluß B erarbeitet wird, ist es sinnvoll, neben dem Terminus »Begehren« einen weiteren Terminus einzuführen. Wer für den Beschluß, daß B, ist, von dem soll gesagt werden: »er will, daß B«, symbolisch S Π* B. Der Terminus »Wollen« soll wiederum nicht an das explizite verbale Verhalten gekoppelt sein. Auch jemand, der gar nichts gesagt hat, kann den beschlossenen Zweck wollen, wenn er stillschweigend der Argumentation gefolgt ist.

Der Prozeß der Wollensbildung aus anfänglichen Begehrungen ist kein Naturprozeß, auch kein bloß zu beschreibender, sozialer Prozeß. Es ist ein Prozeß, der nach den Regeln vernünftiger Argumentation durchgeführt werden sollte, es ist ein Bildungsprozeß. Die Unterscheidung zwischen Begehren und Wollen (zwischen Π u. Π*) ist eine normative Unterscheidung. Sie ist daher nur auf Menschen, insofern sie vernünftig Miteinander-Beratende sind, anwendbar.

Ein spezieller Fall von Beratungen sind solche Diskussionen, in denen es – zur Vorbereitung des Handelns – nur um theoretische Fragen geht, insbesondere um die Wahrheit von Situationsbeschreibungen und von Bewegungsgesetzen zur Voraussage der Wirkungen unserer Handlungen. Die Beratung beginnt hier mit *Behauptungen*, also mit Indikativ-, nicht mit Imperativsätzen. Wiederum folgt faktisch ein mehr oder weniger vernünftiges Argumentieren, bis man zu einem *Schluß* kommt. Für diejenigen, die verstehend an solchen theoretischen Beratungen teilnehmen, ohne selbst zu reden, empfiehlt es sich, weitere noologische Termini einzuführen. Wer eine anfängliche Behauptung A aufstellt oder ihr nur

»innerlich« zustimmt, von dem möge gesagt werden: »Er vermutet, daß A«, symbolisch: S Θ A (Θ erinnere an Theorie).
Wer der argumentierenden Beratung, die mit Behauptungen A$_1$, A$_2$, ... beginnt, folgt und innerlich dem Schluß B zustimmt, von dem wollen wir sagen, daß er sich eine Meinung gebildet hat: »Er meint, daß B«, symbolisch: S Θ^* B.
Meinungs- wie Wollensbildung sind normative Prozesse, die nach den Regeln vernünftiger Argumentation von den anfänglichen Vermutungen bzw. Begehrungen ausgehen sollten.

Das Moralprinzip

Für theoretische Beratungen haben wir die institutionalisierte Wissenschaft als Ratgeber. Für praktische Beratungen (im strengen Sinne, so daß es um Zwecke, nicht um Mittel geht) erklärt sich die »wertfreie« Wissenschaft für unzuständig. Dies zeigt, daß sich in unserer Kultur zwar für theoretische Fragen ein »Glauben« an Wahrheit und Wissen durchgesetzt hat, ein entsprechender »Glauben« an das Gute (Gerechtigkeit usw.) und Einsicht (Weisheit usw.) aber bisher niemals in der Geschichte wirksam geworden ist.
Die Versuche in der griechischen Philosophie, später in der christlichen Theologie und seit Kant wieder in der Philosophie, sind bisher — aufs Ganze gesehen — wirkungslos geblieben. Da bisher aber auch niemals ernsthaft der Versuch unternommen worden ist, die Begründung der Regeln vernünftigen Argumentierens unabhängig von den Zufälligkeiten der sog. natürlichen Sprachen zu machen (dies bedeutet ja den provisorischen Verzicht auf alle Sprachgewohnheiten und eine methodische Rekonstruktion aller sprachlichen Mittel des Argumentierens), folgt aus dem bisherigen Verlauf der Geistesgeschichte gar nichts darüber, ob uns eine Begründung von Prinzipien der praktischen Philosophie (Ethik) nicht doch *möglich* ist.
Der erste Schritt in dieser Richtung ist sogar ziemlich einfach. Er ist von Kant unter dem Titel »kategorischer Imperativ« unternommen worden. Es kommt aber im folgenden nicht darauf an, was Kant gesagt hat, sondern darauf, ein Prinzip aller Moralität systematisch, ohne Rückgriff auf bloß Historisches, zu begründen.

Wir gehen dazu von dem »Faktum« der theoretischen Wissenschaften aus. Daß wir bei theoretischen Fragen, also bei Meinungen, von Wahrheit und Wissen sprechen, ist dadurch gerechtfertigt, daß die Meinungsbildung in den institutionalisierten Wissenschaften objektiv geschieht. Diese »Objektivität« bedeutet aber nichts anderes, als daß die subjektiven Vermutungen, von denen die Meinungsbildung ausgeht, niemals deswegen, weil sie von einer bestimmten Person (statt von einer anderen) behauptet wurden, vor anderen bevorzugt werden sollen. In den Wissenschaften soll sich jeder bemühen, nicht auf seinen Vermutungen (diese heißen »subjektiv«, weil sie zu einer bestimmten Person, evtl. zu einer bestimmten Personengruppe gehören) zu bestehen, sondern der Vernunft, d. h. vernünftigen Argumenten, nachzugeben.

Wie das im einzelnen gelingt, kann man nur im Nachvollziehen der einzelnen Wissenschaften lernen. Allgemein — also ohne in Einzelheiten zu gehen — läßt sich nur sagen, daß die bloße Subjektivität der Vermutungen überwunden werden soll. Dieses Prinzip des Überwindens der Subjektivität — oder mit einem ehrwürdigen lateinischen Wort: des Transzendierens der Subjektivität — liegt ersichtlich auch weitgehend der faktischen Entwicklung der theoretischen Wissenschaften zugrunde. Wir nennen es ein Prinzip, weil es, ähnlich wie eine Verfassung allen Rechtsnormen, allen Normen der Einzelwissenschaften vorgeordnet ist. Schon die Begründung der logischen Regeln (Normen) war von diesem Prinzip der Transsubjektivität — wie wir kurz sagen wollen — geleitet: Jede Subjektivität, jede subjektive Willkür war auszuschließen.

Es zeigt sich an diesem Beispiel, daß die Gewinnung von wahren Sätzen von Normen abhängig ist, die für den wissenschaftlichen Sprachgebrauch aufzustellen sind. Die theoretische Vernunft, die Methode der Meinungsbildung, ist abhängig von Handlungsnormen (in diesem Falle: von Redenormen).

Schon an den theoretischen Wissenschaften zeigt sich also, daß die Vernunft nach dem Prinzip der Transsubjektivität Normen setzen kann.

Für die praktische Vernunft, d. h. für die Methode der

Wollensbildung, brauchen wir daher nur das Prinzip der Transsubjektivität zu wiederholen: bei jeder Setzung von Zwecken soll sich jeder bemühen, nicht auf seinen subjektiven Begehrungen zu bestehen, sondern der Vernunft, d. h. vernünftigen Argumenten nachzugeben. Die Subjektivität, sei es von Personen oder von Personengruppen, ist zu transzendieren. Es wird immer dabei bleiben, daß auch die angestrengteste Bemühung nur zu einem Wollen von Personen, also zu etwas Subjektivem führt. Aber das Prinzip der Transsubjektivität, das Prinzip, die Subjektivität zu überwinden, liegt trotzdem als das Prinzip der praktischen Vernunft allen vernünftigen Bemühungen um Zwecksetzungen zugrunde.

Kultur- vs. Naturwissenschaften

Wiederum kann nur im Vollzuge der praktischen (oder normativen) Einzelwissenschaften wie Sprachwissenschaft, Wirtschaftswissenschaft, Rechtswissenschaft und Staatswissenschaft gelernt werden, wie transsubjektive Normensetzung im einzelnen geschieht. Der gegenwärtige Zustand der normativen Einzelwissenschaften gestattet allerdings nicht auf sie als Paradigmen hinzuweisen: Diese normativen Wissenschaften haben sich in ihrem Selbstverständnis seit der Aufklärung im 18. Jahrhundert und insbesondere seit dem sog. Zusammenbruch des deutschen Idealismus im 19. Jahrhundert immer mehr den Naturwissenschaften angenähert. Mit Ausnahme der marxistisch beeinflußten — oder als Überbleibsel aus der Zeit vor der Aufklärung noch christlich beeinflußten — Lehrtraditionen werden gegenwärtig auch die praktischen Wissenschaften als theoretische, nämlich als wertfreie Wissenschaften betrieben. In anderer Terminologie: die Kulturwissenschaften werden gegenwärtig weitgehend als Naturwissenschaften betrieben. Sie nennen sich dann »empirische Sozialwissenschaften«.

Dieses gegenwärtige Selbstverständnis der Kulturwissenschaften schließt aber nicht die Möglichkeit aus, trotzdem unter »Kultur« die Leistungen der Menschen zu verstehen, die sie *nicht* als Naturwesen hervorgebracht haben (wie etwa die Bienen Honigwaben), sondern als miteinander über gemeinsame Zwecke beratende Vernunftwesen. Schon die Sprachen sind keine Naturfähigkeiten, sondern Kulturleistungen. Die Kulturwissenschaften können sich daher, trotz des gegenwärtigen Empirismus, die Aufgabe stellen, die Kulturgebilde in ihrer Entstehung kritisch nachzuvollziehen — um so aufgrund dieser Kritik zu ihrer Weiterentwicklung beizutragen.

Normative Genesen

Da Kultur — per definitionem — nur dann kritisch verstanden werden kann, wenn sie als vom Menschen Hervorgebrachtes begriffen wird, so ist dieses Begreifen darauf angewiesen, die Hervorbringung geistig nachzuvollziehen. Dies heißt aber nicht, daß es darauf ankommt, der faktischen Entstehung bis in alle Details zu folgen, sondern sich »im Geiste« eine Entstehungsgeschichte zu erdenken, wie sie hätte verlaufen können und sollen. Damit dieses Erdenken kein Erdichten wird, ist es erforderlich, die Genese, d. h. die Entstehungsgeschichte, schrittweise zu konstruieren. Hierbei ist jeder Schritt, d. h. jede neue Zwecksetzung, aufgrund des bis dahin Erreichten, d. h. der bis dahin gerechtfertigten Zwecksetzungen, transsubjektiv zu rechtfertigen. Eine solche Genese möge eine normative Genese heißen im Gegensatz zur faktischen Genese, der Entstehung, wie sie sich zufälligerweise in der Geschichte vollzogen hat.

Die faktische Genese unserer Situation mit all ihren miteinander zusammenhängenden Kulturgebilden hat bloß faktische, keine normative Kraft. Es ist vielmehr gerade die Aufgabe gestellt, die faktische Genese mit Hilfe normativer Genesen kritisch zu verstehen. Erst dann wollen wir sagen, daß wir unsere Situation begriffen haben. Die »Anstrengung des Begriffes«, d. h. des Begreifens, erfordert also unsere praktische Vernunft. Sie erfordert eine methodisch, d. h. schrittweise nachvollziehbare Rechtfertigung von Normen. Das normative Element des Begreifens konkreter Situationen mit ihren faktischen Vermutungen und Begehrungen wird dabei stets allein von dem Prinzip der Transsubjektivität geliefert. Die faktischen Begehrungen, z. B. die sog. natürlichen Bedürfnisse (Nahrungsbedürfnis, Ruhebedürfnis usw. — sie erfordern zu ihrer Rechtfertigung keine normative

Genese im Gegensatz zu den Kulturbedürfnissen, etwa theoretischen oder künstlerischen Bedürfnissen) können wir uns nicht erdenken, sie sind das Material, ohne das die praktische Vernunft nichts zu bearbeiten hat.

Alle Kulturwissenschaften sind daher darauf angewiesen, sich gründlichst in empirische, speziell historische Studien zu versenken — aber stets nur als Hilfsmittel, um schließlich zu normativen Genesen zu gelangen, mit denen auch praktisch in die gegenwärtige Situation eingegriffen werden kann.

Die dialektische Methode

Es ist eine Art von Spiralbewegung, die zu vollziehen ist, um Handlungsnormen in einer konkreten Situation zu rechtfertigen. Wir beginnen mit normativen Genesen, z. B. mit der Genese von Redenormen, die aus der gemeinsamen, unmittelbaren Lebenspraxis zu rechtfertigen sind. Wir wenden dann diese Normen an, um ein Stück Geschichte kritisch zu verstehen, d. h. zu begreifen. Danach sind wir dann evtl. in der Lage, weitere normative Genesen vorzulegen. Diese wenden wir wieder auf die Geschichte an usw.

Diese Spiralbewegung, die zwischen normativen und faktischen Genesen hin- und hergeht, ohne theoretisch an ein Ende des Begreifens zu kommen, die wir aber, um in unserer Situation zu handeln, bei der zuletzt erreichten normativen Genese abbrechen müssen, nenne ich im Anschluß an einen Hegelschen Sprachgebrauch: die dialektische Methode. Erst die Ergänzung des (Kantischen) Moralprinzips der Transsubjektivität durch die (Hegelsche) Methode der Dialektik gestattet uns, uns als Kulturwesen zu begreifen. Diese Ergänzung ergibt sich daraus, daß Kultur als eine praktische Leistung begriffen wird.

Eine der Kulturleistungen, von der alle anderen abhängig sind, ist dabei die Bereitstellung einer Sprache. Unsere Skizze der Regeln vernünftigen Argumentierens ist nichts anderes gewesen, als die Skizze einer normativen Genese der sprachlichen Mittel für das theoretische und praktische Argumentieren. Wir haben also von Anfang an die dialektische Methode (mit dem Moralprinzip als ihrem normativen Element) auf das Kulturgebilde »Sprache« angewandt, obwohl wir erst jetzt am Schluß die sprachlichen Mittel beisammen haben, um sie als Methode formulieren zu können. Auch dies ist kein Zirkel, sondern eine Spiralbewegung. Es hat keinen Sinn, mit unbegriffenen Argumentationsformen gegen den Vollzug dieser Bewegung zu »argumentieren«. Vernünftiges Argumentieren wird ja erst dadurch möglich, daß man an dieser Bewegung des Begriffs teilnimmt. Zu dieser Teilnahme ist niemand gesetzlich verpflichtet. Aber die Weigerung, sich durch kritische Teilnahme selbst zu einem Kulturwesen zu bilden, kann nicht im Namen der Vernunft, Moral, Gerechtigkeit usw. ausgesprochen werden. Diese Namen sind selbst Kulturleistungen, die man sich nur durch kritische Teilnahme erarbeiten kann.

Aufklärung und Vernunft

Wenn auch langsam, so fängt es erfreulicherweise doch schon an, zu einer Routine zu werden: man beginnt, wenn man über ein Thema spricht, mit einer Aufklärung darüber, wie man die Wörter, die im Titel stehen, zu verwenden gedenkt. Ich folge dieser Routine gerne, ich halte sie sogar für vernünftig.

Es kommt zwar darauf an, nicht bei den Wörten zu bleiben, aber der Versuch, dadurch schnell zu den Sachen zu kommen, daß man die Wörter überspringt, ist vergebliche Mühe: man wird am Ende die Sachen nur durch Wörter verschleiert haben.

Für mein Thema »Aufklärung und Vernunft« habe ich also mit dem Wort »Aufklärung« zu beginnen. Verlangt man heutzutage in einer Buchhandlung »etwas über Aufklärung«, so wird man häufig Übersetzungen aus dem Schwedischen empfohlen bekommen.

In der neuen Brockhaus-Enzyklopädie findet man diese Wortbedeutung auch, als Hauptbedeutung heißt es unter dem Stichwort »Aufklärung« jedoch: 1) Aufklärungszeitalter, eine gegen Ende des 17. Jh. entstandene und bis in das 19. Jh. wirkende Geistesbewegung... Im Vertrauen auf die Vernünftigkeit der Welt und der Menschen formte sie in optimistischem Schwung alle Kulturgebiete... Ein wesentlicher Grundzug war die Tendenz zur wissenschaftlichen Einstellung *und* zu tatbereiter Reformlust.« Nach diesen allgemeinen Grundzügen der Wissenschaftsgläubigkeit und Reformfreudigkeit (insbesondere auf moralischem und politischem Gebiet — gemeint ist natürlich vor allem Kritik am Christentum) werden in der Detailbeschreibung auch Träger dieser Geistesbewegung genannt. Mit absichtlich strengerer Auswahl nenne ich aus England Locke und Gibbon, aus Frankreich Voltaire und die Enzyklopädisten.

Ich rechne weder Descartes noch Hobbes zu den Aufklärern, weil sie nicht zu dem Aufklärungszeitalter gehören — das beginnt erst unter dem spektakulären Eindruck der Newtonschen Physik. Ich rechne andererseits z. B. Hume und Rousseau nicht mehr dazu, weil Hume zu wissenschaftsskeptisch ist, Rousseau zu kulturpessimistisch, zu naturschwärmerisch.

Insgesamt möchte ich also das Wort »Aufklärung« als Eigennamen für eine geistige Bewegung gebrauchen, die einen ganzen Zeitabschnitt, grob gerechnet das 18. Jh., kennzeichnet. Die Wendung »das Jahrhundert der Aufklärung« kann dann als eine Kennzeichnung, eben als Kennzeichnung des 18. Jh., gebraucht werden — allerdings nur dann, wenn man von europäischer Geschichte spricht.

Die »Aufklärung« genannte geistige Bewegung ist dabei ihrerseits exemplarisch zunächst durch einige ihrer Träger (z. B. Locke und Voltaire) bestimmt, dann durch Gegenbeispiele (wie Hobbes und Rousseau) näher bestimmt — außerdem noch durch terminologische Bestimmungen wie »Aufklärer ist nur, wer wissenschaftsgläubig, religionsfeindlich und politisch reformfreudig ist« weiter abgegrenzt.

Solche terminologischen Bestimmungen sind nicht willkürlich: sie müssen zu den exemplarischen Trägern der Geistesbewegung passen — andererseits leiten sie aber auch schon die Auswahl der Exemplare. Christian Wolff nützt es z. B. gar nichts, der führende deutsche Philosoph der Mitte des 18. Jh. zu sein — er wird dadurch kein Aufklärer, denn er erstrebt keine politischen Reformen im Gefolge der neuen Naturwissenschaft.

Die Bestimmungen »Wissenschaftsgläubigkeit, Religionsfeindlichkeit und politische Reformfreudigkeit« sind dagegen insbesondere zugeschnitten auf die Enzyklopädisten. Dies ist ein Eigenname für eine Gruppe französischer Philosophen, Wissenschaftler und Literaten, die unter der Führung von Diderot von 1751-1780 die *Encyclopédie ou Dictionnaire raisonné des sciences, des arts et des métiers* veröffentlichten. Es gehörten insbesondere dazu d'Alembert, Montesquieu, Holbach und Turgot.

Da die Brockhaus-Enzyklopädie gerade bis zum Buchstaben G gekommen ist, ist sie wenigstens schon zu sich selbst gekommen. Unter dem Stichwort »Enzyklopädie« findet man einen historischen Überblick über solche Werke, die den Zusammenhang aller Wissenschaften darstellen wollen: von Speusipp, dem Nachfolger Platons in der Leitung der Akademie, über antike und mittelalterliche Sammlungen bis zur Enzyklopädie Diderots, Hegels »Encyclopädie der philosophischen Wissenschaften im Grundrisse« (1817) und schließlich der Großen Sowjetenzyklopädie.

Bis zum Stichwort »Vernunft«, das für mein Thema »Aufklärung und Vernunft« noch wichtiger ist, ist die Brockhaus-Enzyklopädie noch nicht gekommen. Für diesen Vortrag ist das jedoch kein Nachteil: denn bei der Vernunft ist es die Sache der Philosophie, »nicht um die Vernunft außen herumzureden, sondern das Vernünftigsein wirklich und allen Ernstes zu treiben«. Das meinte jedenfalls Fichte.

Ja, Fichte! Ja, wissen Sie denn nicht, daß Fichte ein Romantiker war? — so werden einige von Ihnen mich jetzt sicherlich fragen wollen. Nämlich alle diejenigen, die an einer geistigen Bewegung der Gegenwart teilnehmen, die sich als legitime Fortsetzung der Aufklärungsbewegung versteht. Exemplarisch für diese Bewegung ist der Wiener Kreis (Schlick, Carnap, Popper). Ich zitiere aus einem im Jahr 1969 von dem Wiener Ernst Topitsch gehaltenen Vortrag:

»Noch immer halten einflußreiche intellektuelle Gruppen und weltanschauliche Institutionen an Formen der Weltauffassung und Selbstinterpretation fest, die tief in vorwissenschaftlichen und vorindustriellen, ja archaischen Überlieferungen verwurzelt sind.

Dies gilt nicht zuletzt für Deutschland. Infolge ihres politischen, wirtschaftlichen und sozialen Sonderschicksals in der Neuzeit hat diese ›verspätete Nation‹ an der Aufklärung und der wissenschaftlich-industriellen Revolution nicht nur mit einem beträchtlichen Zeitrückstand, sondern auch in anderer Form teilgenommen als die westeuropäischen Staaten. Hier fehlte ein weltmännischer Adel ebenso wie eine Bourgeoisie, die im Bewußtsein ihrer wirtschaftlichen Stärke politische Rechte gefordert und durchgesetzt hätte. Die Kultur der — geistig führenden — evangelischen Teile unseres Sprachgebietes war von bescheidener Bürgerlichkeit

und vor allem durch das protestantische Pfarrhaus bestimmt.
Radikale Aufklärung nach englischem und zumal franzö-
sischem Muster war kaum in Ansätzen vorhanden, und wo
man sich den westlichen Gedankengängen aufschloß, suchte
man sie in eine metaphysisch-theologische Weltdeutung ein-
zubauen oder durch eine solche zu überwölben. Dies gilt auch
— ja vor allem — für den deutschen Idealismus, der die
›platte‹ und ›zersetzende‹ Aufklärung ebenso wie die erstarrte
Orthodoxie mit einem philosophisch veredelten Christentum
überwinden wollte.
Der religiös-spekulative Gedankenkreis des romantischen
Idealismus ist in mannigfachen Verzweigungen und Abwand-
lungen für lange Zeit der ideologische Mutterboden der
deutschen Universitäten und zumal der geisteswissenschaft-
lichen Fakultäten geblieben; noch heute sind seine Nach-
wirkungen deutlich genug.«

Nach Topitsch, der sich dabei auf Max Webers Lehre von
der Werturteilsfreiheit der Wissenschaften beruft, ist die
Sache ziemlich einfach. Wer nach dem 18. und 19. Jh., den
Jahrhunderten der wissenschaftlich-industriellen Revolution,
noch darauf besteht, daß der Mensch nicht nur Naturwissenschaften betreiben solle, oder empirische Sozialwissenschaften,
stets einschließlich einer werturteilsfreien Geschichtsschrei-
bung, wer vielmehr darauf besteht, daß der Mensch sich
mithilfe eines Vermögens, das praktische Vernunft genannt
wird, um die möglichst willkürfreie Setzung von Normen
(oder Werten) bemühen könne und solle — ja, wer das
noch tut, der ist nach Topitsch ein Romantiker.
Dieser Name »Romantik« stammt aus der Literaturgeschichte.
Gemeint ist die auf die Aufklärung folgende Bewegung, die
sich aus den Wirren der Zeit um 1800 zurücksehnt nach der
Glaubenseinheit des Mittelalters — vergegenwärtigen Sie
sich bitte die Auswirkungen des Terrors, mit dem die franzö-
sische Revolution geendet hatte, und die Wirren der napo-
leonischen Kriege. »Romantisch« heißt soviel wie »roman-
haft« — und damit ist die Welt der mittelalterlichen Epen
gemeint. Diese waren ja zunächst in den romanischen Volks-
sprachen geschrieben.
Jeder, der sich in eine Welt gültiger Normen (oder Werte)

zurücksehnt, heißt — von diesem Beispiel ausgehend — ein Romantiker. Topitsch verallgemeinert die Bedeutung des Wortes »Romantik« noch dadurch, daß er diejenigen, die sich in eine solche »heile Welt« *zurück*sehnen (in der Annahme, es habe sie in der Vergangenheit einmal gegeben) Rechtsromantiker nennt. Romantisch wird aber von ihm auch jeder genannt, der sich eine heile, oder auch nur eine heilere Welt in der Zukunft erhofft. Das sind die Linksromantiker. Zu diesen Linksromantikern gehören alle Marxisten, alle Neuhegelianer, einschließlich — und das ist die polemische Pointe von Topitsch — der dialektischen Philosophen und Soziologen des Frankfurter Kreises (Horkheimer, Adorno und Habermas).

Ja, nach Topitsch wäre sogar Max Born, der berühmte Atomphysiker, ein Romantiker. Born sagte nämlich, etwa vor zehn Jahren, über die Raumfahrt: »Ich gehöre zu der Generation, die *noch* zwischen Verstand und Vernunft unterscheidet. Von diesem Standpunkt ist die Raumfahrt ein Triumph des Verstandes, aber ein tragisches Versagen der Vernunft«.

Born deutet hier zugleich an, daß sich gegenwärtig eine Herrschaft des bloßen Verstandes etabliert habe — dies ist für ihn tragisch, weil er als Physiker ja nicht die Möglichkeit hat, die Ansprüche der Vernunft geltend zu machen. Die Physik ist das Paradigma wertfreier Wissenschaften, das Paradigma der Verstandeswissenschaften. Wer dagegen ein Vermögen des menschlichen Geistes annimmt, das normative Kraft hat, wer annimmt, daß — in Kantischer Terminologie — die Vernunft nicht nur theoretisch ist (d. h. die Verstandeswissenschaften hervorbringen kann), sondern wer annimmt, daß Vernunft auch — und sogar primär — praktisch ist, d. h. Normen setzen kann, den Willen bestimmen kann, ja, der denkt nach der Meinung des Wiener Kreises »romantisch«. Holt er sich seine Normen aus der Vergangenheit, so ist er ein Rechtsromantiker — das sind vergleichsweise harmlose Träumer. Behauptet er aber, zu Normen für die Gegenwart dadurch kommen zu können, daß er sich unsere Vergangenheit kritisch aneignet, und behauptet er, daß dadurch — nach seiner praktischen Vernunft — die Zukunft bestimmt sein *sollte,* dann ist er ein viel gefährlicherer Linksromantiker.

In der Nachfolge Hegels nennen sich die Linksromantiker selber »Dialektiker«. Ich bleibe aber gern bei dem Terminus von Topitsch — und zwar gerade deshalb, weil ich im folgenden die Sache der praktischen Vernunft verteidigen möchte. Wenn diese Sache es nötig hätte, sich vor einer polemisch gemeinten Terminologie zu fürchten, so stünde es schlecht um sie.

Wenn wir aber nicht nur um diese Sache außen herumreden wollen, sondern allen Ernstes über diese Sache reden, so ist dadurch jedenfalls nichts entschieden, daß man sich selber Dialektiker nennt oder sich die vermeintliche Herabsetzung als Linksromantiker gelassen gefallen läßt.

Es bleibt dabei, daß noch gezeigt werden muß, wie man durch willkürfreies Reden und Denken zu Normen gelangen kann. Daß jeder an Normen *glauben* kann — das ist bekannt genug. Aber daß gewisse Normen mehr als bloße Bekenntnisse sind, mehr als bloße Willensentscheidungen — das ist das Problem, um das es bei der sog. Werturteilsfreiheit der Wissenschaften geht.

Wer dieses Problem empirisch erforschen will, z. B. indem er untersucht, was heutzutage die Wissenschaftler dazu meinen, wird nicht weit kommen. Er kann leicht feststellen, daß die Werturteilsfreiheit sich großer Beliebtheit erfreut. Z. B schreibt Georg Picht, der Erfinder unserer Bildungskatastrophe, in einem Aufsatz *Aufklärung und Offenbarung* folgendes:

»*Die Wissenschaft und Philosophie vollzieht in der zweiten Hälfte des 20. Jahrhunderts auf allen Gebieten eine Rückkehr zum Empirismus, Positivismus und Pragmatismus der großen Denker des 18. Jahrhunderts. Locke, Hume und Condillac stehen der heutigen Denkweise näher als Kant, Hegel, Schelling oder Karl Marx. Das maßgebliche Modell der heutigen Wissenschaft ist nicht die Enzyklopädie von Hegel, sondern die Encyclopédie von Diderot, d'Alembert und ihren Freunden.*«

Diese bloße Rückkehr zur Aufklärung könnte m. E. mit mehr Recht eine »Bildungskatastrophe« genannt werden.
An anderer Stelle sagt Picht: »*Bis zum Tode Hegels galt*

die Philosophie als die Wissenschaft von den Bedingungen der Möglichkeit sowohl der Wissenschaft wie der Politik und Gesellschaft. Sie hatte deshalb als die Trägerin des Erbes von Platon und von Aristoteles die Vermittlung von Wissenschaft und Politik zum Thema. Wir haben aber gesehen, daß die Wissenschaft des 20. Jh. der Emanzipation von der Philosophie ihre Erfolge und ihre Struktur verdankt ... In diesem Sinne ist die Emanzipation der Spezialwissenschaften von der Philosophie unwiderruflich.« Hier breche ich lieber das Zitat ab, weil sonst die Gefahr besteht, daß wir uns plötzlich bei der Offenbarung, statt bei der Vernunft befinden.

Blicken wir auf das, was heutzutage alles gemeint wird, sieht es tatsächlich so aus, als ob die wertfreie Wissenschaft in ihrem Triumphzug nicht zur Vernunft zu bringen ist — als ob die Anstrengungen des Denkens von Kant bis Marx, trotz der neuzeitlichen Physik die normative Kraft der Vernunft zu erweisen, nichts als ein Wunschdenken, nichts als ein romantisches Phantasieren gewesen sei.

Für die Aufklärung bestand dieses Problem nicht, weil sie in dem unschuldigen Zustand lebte, in dem ihr die Unterscheidung von Verstand und Vernunft — oder, was gleichbedeutend ist, die Unterscheidung von theoretischer und praktischer Vernunft — noch nicht bewußt war. Man war vernunftgläubig wegen des unbestreitbaren Erfolges der Galilei-Newtonschen Physik — und man glaubte daher auch, Staat und Gesellschaft in wissenschaftlicher Weise erkennen und damit neu gestalten zu können. Die Nachfolger des Wiener Kreises sind deshalb keine Aufklärer, weil ihnen dieser naive Glaube fehlt. Sie wollen zwar — wie die Aufklärer — Wissenschaft nur nach dem Vorbild der Naturwissenschaften treiben — sie werden deswegen von ihren Gegnern »Szientisten« genannt — aber sie *wissen* im Gegensatz zu den Aufklärern, daß ihre Wissenschaft daher wertfrei sein muß, daß sie keine Normen für Staat oder Gesellschaft liefern kann. Daher kämpfen sie zwar noch tapfer gegen *vor*aufklärerische Dunkelmänner — und die gibt es auch in der Gegenwart noch genug — aber sie kämpfen nicht mehr für politische Änderungen. Fragen wir uns, woher sie ihre »Werturteilsfreiheit« haben, so lautet die Antwort:

von Max Weber. Weber ist aber ein, wenn auch eigenwilliger, Neukantianer — die Unterscheidung von theoretischer und praktischer Vernunft führt auf Kant zurück. Die Pointe Kants bestand darin, gegenüber dem Szientismus der Aufklärung den Primat der praktischen Vernunft wieder zur Geltung zu bringen. Man darf sagen: *wieder* zur Geltung zu bringen, weil dieser Primat der Praxis schon für Platon der Anlaß gewesen war, gegenüber den Sophisten mit der Philosophie überhaupt als einer selbständigen Lehrtradition zu beginnen. Bei Max Weber ist aber — aus intellektueller Redlichkeit, das sei gern zugegeben — von einer Lehrbarkeit der praktischen Vernunft nichts mehr übrig geblieben. So weit ist es, geistesgeschichtlich betrachtet, jedenfalls gekommen. Aber aus der bloßen Geschichte folgt nichts für unser Problem: Kant und Hegel könnten mit ihrer Behauptung, daß Vernunft praktisch sei, ja trotzdem recht haben — auch dann, wenn es scheint, als ob nur noch ein Häuflein Unentwegter, eben der Frankfurter Kreis der Dialektiker, bereit sei, diese Behauptung noch kritisch zu verteidigen.

Vom Wiener Kreis der Szientisten aus gesehen sind das nur romantische Restbestände. Vom Frankfurter Kreis aus gesehen ist dagegen der Szientismus eine Variante der Aufklärung, die doch schon durch Kant und insbesondere durch Hegel »überwunden« war. Durch Betrachtung der Geistesgeschichte läßt sich in diesem Streit nichts entscheiden. Wir müssen die Behauptungen des Wiener und des Frankfurter Kreises als systematische Behauptungen betrachten. Wir müssen prüfen, welche der einander widersprechenden Behauptungen sich verteidigen läßt, wenn wir zur Prüfung die Disziplinierung unseres eigenen Redens, um die wir uns hier in Erlangen bemühen, anwenden.

Ich gebe dazu zunächst eine Kostprobe aus Habermas' Aufsatz über Technik und Wissenschaft als Ideologie:

»*Die schon von Marx diagnostizierten Spannungen zwischen produktiven Kräften und gesellschaftlichen Institutionen, deren Explosivität im Zeitalter thermo-nuklearer Waffen auf unvorhergesehene Weise angewachsen ist, verdanken sich einem ironischen Verhältnis der Technik zur Praxis.*
Die Richtung des technischen Fortschritts ist heute noch weit-

*hin durch gesellschaftliche Interessen bestimmt, die natur-
wüchsig aus dem Zwang zur Reproduktion des gesellschaftlichen Lebens hervorgehen, ohne als solche reflektiert und
mit dem erklärten politischen Selbstverständnis der sozialen
Gruppen konfrontiert zu werden; infolgedessen bricht
neues technisches Können unvorbereitet in bestehende Formen der Lebenspraxis ein; neue Potentiale einer erweiterten
technischen Verfügungsgewalt machen das Mißverhältnis
zwischen Ergebnissen angespanntester Rationalität und un-
reflektierten Zielen, erstarrten Wertsystemen, hinfälligen
Ideologien offenbar.
Heute muß in den industriell fortgeschrittensten Systemen
der energische Versuch unternommen werden, eine bisher
naturgeschichtlich sich durchsetzende Vermittlung des technischen Fortschritts mit der Lebenspraxis großer Industrie-
gesellschaften bewußt in Regie zu nehmen ... Es gilt, eine
politisch wirksame Diskussion in Gang zu bringen, die das
gesellschaftliche Potential an technischem Wissen und Können
zu unserem praktischen Wissen und Wollen rational verbindlich in Beziehung setzt.«*

Ich hoffe, daß Ihnen solche gelungenen Formulierungen wie
z. B. vom »ironischen Verhältnis der Technik zur Praxis« —
Habermas hätte ebenso gut von einem »ironischen Verhältnis« der (wertfreien) Wissenschaft zur Politik sprechen können — gefallen, es bleibt allerdings ein schaler Nachge-
schmack, weil alles bloß Programm bleibt: »Heute *muß...*
der Versuch unternommen werden... eine Vermittlung des
technischen Fortschritts mit der Lebenspraxis... bewußt in
Regie zu nehmen«. »Es *gilt...* eine Diskussion in Gang zu
bringen... die das Potential an technischem Können... zu
unserem praktischen... Wollen *rational* verbindlich in Beziehung setzt.«
Etwas später formuliert Habermas so: »Diese Dialektik von
Können und Wollen vollzieht sich heute unreflektiert, nach
Maßgabe von Interessen ...«
Er *fordert*, diese Dialektik unter die Kontrolle rationaler
Diskussion zu bringen — aber genau das ist es ja, was nach
den Szientisten bloßes Wunschdenken ist: rationale Diskussion kann nach ihnen nur wissenschaftliche, d. h. werturteils-

freie Feststellungen enthalten, darüber was *faktisch* gewollt wird und Feststellungen über die Mittel, solche *faktisch* gewollten Ziele zu erreichen.

Auch wenn Herbert Marcuse beklagt, daß der Mensch gegenwärtig nur »eindimensional« denke, d. h. sich nur an das Faktische halte, und also seiner eigenen Vernunft die zweite Dimension des Normativen nicht mehr zutraue — auch das bleibt dem Vorwurf der Romantik ausgesetzt.

Bei Horkheimer, dem Altmeister der Frankfurter Dialektiker, hört es sich nüchterner an. In einem 1940 geschriebenen Essay *Die gesellschaftliche Funktion der Philosophie* heißt es:

»*Philosophie ist der methodische und beharrliche Versuch, Vernunft in die Welt zu bringen; das bedingt ihre prekäre, umstrittene Stellung. Sie ist unbequem, obstinat und zudem ohne unmittelbaren Nutzen, also wirklich eine Quelle des Ärgernisses. Es fehlt ihr an eindeutigen Kriterien und zwingenden Beweisen. Auch Tatsachenforschung ist mühsam, aber man weiß dabei doch wenigstens, worum es geht . . . Die Tatsache, daß Theorie sich in einen hohlen und blutleeren Idealismus verflüchtigen oder in ermüdender, leerer Phrasendrescherei versinken kann, bedeutet nicht, daß diese Formen ihre wahren Formen sind . . . Heute jedenfalls hat die gesamte historische Dynamik die Philosophie in den Mittelpunkt der gesellschaftlichen Wirklichkeit gestellt und die gesellschaftliche Wirklichkeit in den Mittelpunkt der Philosophie.*«

Damit Sie nicht vom rhetorischen Glanz des letzten Satzes zu sehr geblendet werden, lassen Sie mich den Anfang dieses Zitates wiederholen: »Philosophie ist der methodische und beharrliche Versuch, Vernunft in die Welt zu bringen.« Die Szientisten meinen aber zu wissen, daß gerade die Beschränkung auf werturteilsfreie Wissenschaft das einzig Vernünftige sei. Der Rest der Lebenspraxis sei reine Willenssache, reine Dezision. Auch Hermann Lübbe vertritt diesen Dezisionismus von Max Weber und Carl Schmitt — er ist eben leider zu früh von Erlangen weggegangen. Lübbe formuliert diesen Standpunkt so: »Mochte einst der Politiker über den Fachmann, weil dieser bloß wußte und plante, was jener durchzusetzen verstand, im Respektverhältnis erhaben sein; nunmehr kehrt es sich um, sofern der Fachmann zu lesen versteht, was die Logik der Verhältnisse vorschreibt, während der Politiker Positionen in Streitfällen vertritt, für die es Instanzen irdischer Vernunft nicht gibt.«

Habermas kritisiert an diesem Dezisionismus, der nur eine Konsequenz der szientistischen Beschränkung der Vernunft ist, mit Recht, daß hier »eine disziplinierte Erörterung« jenseits der Grenzen szientistisch zugelassener Redeweise »von vornherein ausgeschlossen« wird.

Damit möchte ich mit dem Zitieren jetzt endgültig aufhören: das Spiel Wien gegen Frankfurt steht ersichtlich 1:1. In der Tat beschränken die Szientisten die Vernunft »von vornherein«, also bloß skeptisch, auf werturteilsfreie Theorie – und in der Tat behaupten die Dialektiker bloß dogmatisch, daß es praktische Vernunft geben müsse. Beide nennen sich zwar – mit dem berühmten Kantischen Terminus – »kritisch«, aber höchstens eine der beiden Schulen hat die Chance, wahrhaft kritisch zu werden. Ich behaupte, daß dies die Frankfurter Schule ist. Und zwar deshalb, weil nur ihre Behauptungen sich verteidigen lassen – vorausgesetzt, daß über sie so gesprochen wird, daß dabei schon stets die eigene Rede kritisch reflektiert ist.

Nach dem geschilderten Ablauf der Geistesgeschichte, nämlich nach der seit Hegels Tod als gescheitert angesehenen »Überwindung« der Aufklärung durch Kant, haben wir zu versuchen, die Kantische Kritik zu wiederholen. Wir haben mit Kant nachzuweisen, daß unser theoretisches Wissen praktische Vernunft nicht ausschließt. Dies geschieht – hier könnte man wohl auch sagen: ironischerweise – gerade durch den Nachweis, daß die theoretische Vernunft selber ein normatives Fundament hat. Nur aus einem immer schon, wenn auch noch so unzulänglich begriffenen Sinnzusammenhang der Lebenspraxis heraus, lassen sich erste Normen für ein wissenschaftliches Reden setzen: erst diese Normen ermöglichen dann diszipliniertes Argumentieren, z. B. logisches Schließen, Rechnen und objektive Messungen, wie sie der Physik zugrundeliegen.

Die Philosophie beginnt also zunächst mit dem »methodischen und beharrlichen Versuch«, Vernunft in die *Wissenschaften* zu bringen. Ich kann diesen Anfang des zurückzulegenden Weges hier nicht im Detail mit Ihnen durchgehen — aber wenn Sie sich die Mühe machten, die *Logische Propädeutik* (Mannheim 1967) bis zu Ende zu lesen, so würden Sie diesen Anfang zurückgelegt haben. Der Physiker, der sein eigenes Tun auf diese Weise begreift, der begreift, daß er als erstes sich gewisse Normen des Redens (nämlich für das logische und mathematische Schließen) und gewisse Normen des Handelns (nämlich für das physikalische Messen) *kritisch* zu eigen machen muß, der hat damit in seiner Person schon den Szientismus widerlegt. Er hat durch sein Tun bewiesen, daß seine Vernunft praktisch ist, daß seine Vernunft normative Kraft besitzt. Und da er sich Normen nur dann *kritisch* zu eigen gemacht hat, wenn er sie anderen gegenüber, auch dem Nichtphysiker gegenüber, begründen kann, hat er damit auch die Lehrbarkeit praktischer Vernunft durch sein Tun bewiesen.

Ich möchte nichts darüber prophezeien, wie sich das auswirken wird, wenn erst einmal auf diese Weise Vernunft in die Wissenschaften gebracht sein wird. Auch dann noch wird sich jeder Wissenschaftler dem Anspruch der Vernunft entziehen können, sich die Normen, die sein eigenes Tun erst sinnvoll machen, kritisch anzueignen — er kann sie einfach dogmatisch übernehmen. Nun, solche »Wissenschaftler« würden wir dann ignorieren dürfen, wenn sie trotzdem noch Behauptungen darüber, ob Vernunft praktisch sein könne oder solle, aufstellten.

Jetzt werden viele von Ihnen, die keine Naturwissenschaftler sind, vermutlich dazu neigen zu denken, daß das wohl so sein mag: in die Naturwissenschaften solle Vernunft gebracht werden — aber wie ist es in den sog. Geisteswissenschaften, speziell in den Sozialwissenschaften, z. B. der Wirtschaftswissenschaft und der Staatswissenschaft? Wie lassen sich die fundamentalen Zielsetzungen rechtfertigen, durch die diese Kulturwissenschaften — wie ich sie zusammenfassend nennen möchte — erst zu sinnvollen Tätigkeiten werden? Hier ist es nun noch einmal ironischerweise so, daß diese Frage ungeheuer schwierig klingt, daß aber dann, wenn einmal das Hindernis der Naturwissenschaften beseitigt ist, die zu dem Irrtum geführt haben, Vernunft als bloß theoretisch und nicht als primär praktisch zu begreifen, daß dann nur noch übrig bleibt, die normative Kraft der Vernunft auch auf die übrigen Kulturbereiche anzuwenden. Als solche Kulturbereiche seien z. B. genannt Wirtschaft, Kunst und Politik, einschließlich aller gesellschaftlichen oder staatlichen Institutionen wie dem Rechtswesen, dem Gesundheitswesen, dem Bauwesen usw.

Wenn ein Philosoph sich nicht als Dilettant in den zugehörigen Fachwissenschaften lächerlich machen will, muß er sich hier des Urteils in allen Spezialfragen enthalten. Z. B. um gleich das aktuellste Beispiel zu nennen, kann ein Philosoph nicht »qua Philosoph« — wie man so sagt — darüber befinden, ob gegenwärtig für Westdeutschland es wünschenswert ist, das kapitalistische Wirtschaftssystem zu erhalten oder ein sozialistisches Wirtschaftssystem anzustreben. Er muß solche Urteile den Fachwissenschaften überlassen. Dies gilt selbstverständlich aber nur dann, wenn die Fachwissenschaftler ihre Wissenschaft nicht bloß in szientistischer Verkürzung betreiben. Max Weber wandte sich mit Recht gegen solche Fachwissenschaftler, die ihre bloßen Meinungen, ihre Weltanschauungen, in wissenschaftlicher Verkleidung als Ergebnisse der Fachwissenschaft lehrten. Er hielt es eben nicht für möglich, daß die praktische Vernunft so diszipliniert werden kann, daß sie methodisch, d. h. jeden ihrer Schritte rechtfertigend, bis zur Beurteilung von Normen eines Kulturbereiches gelangen kann. Immer wieder ist dies aber nur die szientistische Meinung, Vernunft könne nicht praktisch sein — und immer wieder steht ihr die philosophische Forderung entgegen, Vernunft solle aber praktisch sein.

Verzichtet man auf diese Forderung, so liefert man die Kulturbereiche, z. B. die staatlichen und wirtschaftlichen Institutionen, den Interessen aus, die — wie Habermas formulierte — »naturwüchsig aus dem Zwang zur Reproduktion des gesellschaftlichen Lebens hervorgehen«. Der Ton ist dabei auf die »Naturwüchsigkeit« zu legen. Verzichtet man auf die Anstrengung, einen Kulturbereich zu begreifen, so liefert man ihn bloß natürlichen Interessen aus, deutlicher gesagt: der Barbarei des rohen Naturzustandes. Alle Kulturinstitutionen, ob politischer, wirtschaftlicher, wissenschaftlicher oder künstlerischer Art, sind Leistungen, die der Mensch mühsam auf der Grundlage seiner natürlichen Bedürfnisse und seiner natürlichen Fähigkeiten errichtet hat. Der Mensch hat sich von einem bloßen Naturwesen zu einem Kulturwesen gebildet. Dieser Bildungsprozeß ist immer schon eine Leistung der praktischen Vernunft gewesen. Seit es Philosophie gibt, also seit Sokrates, hat der Mensch damit begonnen, seine Meinungs- und Willensbildung, die allem Handeln vorhergeht, ebenfalls aus dem Zustand bloßer Naturwüchsigkeit herauszunehmen und schon diese zu einer Kulturleistung hochzustilisieren. Es ist heute ein offenes Geheimnis, daß die Anstrengungen der Platonischen Dialektik und anschließend der Aristotelischen Logik schon darauf gerichtet waren, aus der naturwüchsigen Sprache ein Werkzeug herauszuarbeiten, das gerade diese Aufgabe erfüllen konnte: die Meinungs- und Willensbildung zu kultivieren, sie aus dem rohen Naturzustand herauszuführen. Daß die Disziplinierung des Meinens und Wollens mit einer Disziplinierung des eigenen Redens beginnen müsse, genau zu dieser Einsicht versucht der Platonische Sokrates seine Gesprächspartner immer wieder hinzulenken. Es ist zwar in der Geschichte der Philosophie nicht gelungen, diesen Sinn der Platonischen Dialektik zu bewahren, aber das beweist nichts Endgültiges gegen die Philosophie. Erst mit der neuzeitlichen Wissenschaft, popularisiert in der Aufklärung, kommt die Vernunft wieder zu sich selbst, allerdings nur in der schon beschriebenen szientistischen Verkürzung. Im deutschen Idealismus, also in der Romantik, insbesondere bei den Linksromantikern, wie Topitsch Kant und Hegel nennt, kommt die Vernunft auch als praktische Vernunft wieder zu sich. Es wird allerdings — und daran krankt m. E. auch noch die Frankfurter Dialektik — im deutschen Idealismus die Sprache, genauer gesagt: die Reflexion auf das eigene Reden, noch übersprungen. Wenn wir im Erlanger Philosophischen Seminar uns darum bemühen, die Linksromantik — unter der selbstgesetzten Bedingung des kritischen Redens — zu wiederholen, dann ergibt sich z. B. der Satz, daß Vernunft praktisch sein solle, als eine Wahrheit, die allein aus der methodischen Einführung der in diesem Satz vorkommenden Wörter: »Vernunft« »praktisch« und »Sollen« folgt. Eine methodische

Einführung dieser Wörter kann ich hier allerdings nicht skizzieren. Schon das Wort »Sollen« erfordert eine Theorie für sich: die Modallogik, die zwar schon von Aristoteles begonnen wurde, die aber bis heute (außerhalb Erlangens) kontrovers geblieben ist. Ich kann hier nur auf *Normative Logic and Ethics* (Mannheim 1969) verweisen.

Die *reine* Philosophie, die sich nur mit der vernünftigen Bestimmung der Verwendung solcher Wörter beschäftigt, die von *allen* Fachwissenschaften immer schon als bekannt vorausgesetzt werden müssen, ist ein, zwar recht abstraktes, aber dafür nur wenig umfangreiches Lehrstück (eine Enzyklopädie im Sinne Hegels, nicht Diderots). Nur Fachwissenschaftler, die ihre Wissenschaft auf einem solchen durchreflektierten System von Grundbegriffen und Grundsätzen methodisch aufbauen, haben die Möglichkeit — und auch die Pflicht — zu begründeten Urteilen über Normen in ihrem Kulturbereich, also zu Werturteilen zu kommen. Dieser letzte Satz ist jetzt keine bloß programmatische Forderung mehr — jeder, auch der Szientist, könnte sich mit der ihm (evtl. auch gegen sein Selbstverständnis) eigenen praktischen Vernunft die Redenormen zu eigen machen, aus denen dieser Satz als Resultat folgt. Die nach Picht unwiderrufliche Emanzipation der Fachwissenschaften von der Philosophie wäre dafür allerdings doch zu widerrufen. Damit steht es, wie mir scheint, 2 : 1 für die Frankfurter Dialektik gegen den Wiener Szientismus.

Mein Thema lautete: Aufklärung und Vernunft — da Sie von mir als Philosophen, wie ich hoffe, keine historische Belehrung erwartet haben, sondern eine Erörterung eines für uns aktuellen Problems, nämlich des mit der Aufklärung entstandenen Problems der szientistischen Verkürzung (oder »Eindimensionalität«) der Vernunft, so hoffe ich ferner, daß der eine oder andere, der im gegenwärtigen Betrieb der werturteilsfreien Wssenschaft wenigstens gelegentlich schon ein gewisses Unbehagen *gefühlt* hat, dem wenigstens gelegentlich schon das *Gefühl* gekommen ist, es könnte eine Unterlassung sein, sich nicht kritisch um Werturteile zu bemühen, ja ich hoffe, daß der einen zusätzlichen Anstoß erhalten hat, diese Gefühle durch eigenes Nachdenken in *Einsichten* zu verwandeln.

Konstruktivismus und Hermeneutik

I. Zur Praxis gehört als Vorbereitung unseres Handelns das praktische Argumentieren — noologisch formuliert: das *praktische Denken* — das zur Wollensbildung (dem Setzen von Zwecken) und zur Wahl von Mitteln führt.

Das praktische Denken ist stets auf unsere jeweilige Situation bezogen. Bei vernünftiger Argumentation führt es zu *einsichtigem* Wollen und zu *kluger* Mittelwahl.

Der methodischen Ausbildung des praktischen Denkens dient das *wissenschaftliche Denken.* Es soll zum Erkennen, Verstehen, und Begreifen führen.

1. Erkennen

Argumentationen darüber welche Situation jeweilig besteht, führen zu *Meinungen* über die Situation, bei vernünftiger Argumentation zum *Situationserkennen.*

Argumentationen darüber, welche Wirkungen Handlungen haben, die eine Situation verändern, führen zu *Meinungen* über die Handlungswirkungen, bei vernünftiger Argumentation zum *Kausalerkennen* (in den Naturwissenschaften und den »empirisch« betriebenen Kulturwissenschaften). Mathematik und Protophysik sind hierfür apriorische Hilfswissenschaften.

2. Verstehen

Argumentationen darüber, zu welchen Zwecken Handlungen ausgeführt sind, führen (1) zu *Deutungen* von Handlungen als Mittel zu Zwecken und (2) *Deutungen* von Zwecken als Mittel zu anderen Zwecken (Strukturierung von Zwecken durch die Unterzweck-Oberzweckbeziehung). Vernünftige Argumentation dieser Art führt zum *Verstehen* von Handlungen und Zwecken (in den verstehend betriebenen Kulturwissenschaften).

3. Begreifen

Argumentieren darüber, ob Zwecke geboten, verboten oder

freigestellt sind, führen zu *Urteilen* über Zwecke, bei vernünftiger Argumentation zum *Begreifen* von Zwecken als Anwendungen der Ethik (s. u.) in den Kulturwissenschaften.

Wissenschaftliches Denken ist theoretisches Denken. Zur *Theorie* gehört aber auch — unter solchen Termini wie »Wissenschaftstheorie« oder »Philosophie« — die Theorie des wissenschaftlichen, d. h. des erkennenden, verstehenden und begreifenden Denkens. Die Philosophie (in diesem Sinne) begründet Normen des vernünftigen Argumentierens, insbesondere Normen vernünftiger Sprachen überhaupt (*Logik* als rationale Grammatik) *und* Normen zur Argumentation über Meinungen, Deutungen und Urteile, soweit diese allgemein, d. h. für alle Situationen, insbesondere »kulturinvariant«, begründbar sind. Für diese Teile der *Wissenschaftstheorie* seien Epistemik (Theorie des Erkennens), Skopik (Theorie des Verstehens) und Ethik (Theorie des Begreifens) als Termini vorgeschlagen. Logik und Wissenschaftstheorie zusammen heißen Philosophie.

II. Logik und Wissenschaftstheorie beziehen sich auf die Dialogsituation einer *esoterischen* Gruppe, in der alle sprachlichen Mittel jederzeit begründet werden können. Sprachen solcher esoterischen Gruppen heißen *Orthosprachen.*

Für Gruppen, die auf *exoterisches* Hören und Reden, Lesen und Schreiben in den natürlichen Sprachen angewiesen sind, ist die Logik (des Argumentierens in einer Orthosprache) zu ergänzen durch Hermeneutik und Rhetorik.

Argumentationen darüber, wie exoterisch Gehörtes oder Gelesenes in die eigene Orthosprache aufgenommen werden sollte, führen zu *Interpretationen* von Reden und von Schriften, bei vernünftiger Argumentation zu *Interpretationswissen.* Die *Hermeneutik* begründet Normen zum Argumentieren über Interpretationen.

III. Die Hermeneutik untersucht also — einfacher formuliert — wie man einen Text lesen *sollte,* wenn man ihn »in wissenschaftlicher Absicht« liest. »In wissenschaftlicher Absicht« heißt dabei: in der Absicht, für das eigene Denken, das eigene Begriffssystem etwas zu lernen, das sich für unser zukünftiges Handeln zu wissen lohnt.

Es ist nicht jedermann verpflichtet, Texte in wissenschaftlicher Absicht zu lesen. Man kann Texte auch zur Unterhaltung, aus reiner Neugierde lesen. Liest man aber Texte, um sich über seine eigenen Zwecke klar zu werden, evtl. bisher verfolgte Zwecke abzuändern, also *ohne vorgegebene Zwecke* dabei festhalten zu wollen, dann liest man auch noch in wissenschaftlicher Absicht.

Ich unterscheide zunächst zwei Interpretationsmethoden, die zwar häufig praktiziert werden, die aber beide unzweckmäßig sind, wenn man in wissenschaftlicher Absicht liest.

1. Jeder, der in wissenschaftlicher Absicht liest, muß schon wenigstens einiges systematisch wissen. Er muß also mindestens eine Wissenschaft ein Stück weit systematisch beherrschen. Die systematische Beherrschung eines Wissenschaftsstückes schließt, genau genommen, eine vollständige Übersicht über die verwendete Wissenschaftssprache ein. Die Wissenschaftssprachen einschließlich der Sprache der Philosophie mögen, soweit sie in einem logisch einwandfreien Zustand sind, im folgenden kurz »Orthosprachen« heißen. Formuliert man etwa als Aufgabe einer »Textinterpretation« die Sinneinheiten (Morpheme bzw. Wörter und Sätze) des Textes »*in die eigene Sprache zu übersetzen*«, so liegt es nahe, dies so zu verstehen, als ob es die Aufgabe sei, den Text in die eigene Orthosprache zu übersetzen. Wo dies gelingt, hat der Textautor dann *auch schon* gewußt, was wir wissen. Wo dies nicht gelingt, hat der Textautor *noch nicht* gewußt, was wir wissen.

Diese Methode möge »dogmatisch« heißen. Sie stellt die eigene Orthosprache nicht in Frage. Eine dogmatische Interpretation trägt daher trotz aller Lippenbekenntnisse nicht dazu bei, unser eigenes Wissen zu verbessern.

2. Um die dogmatische Methode zu vermeiden, wird üblicherweise auf eine eigene Orthosprache verzichtet. Man begnügt sich mit der überkommenen Sprache und übersetzt den Text in diese eigene, nicht kritisch reflektierte Sprache. Man versteht den Text dann so gut wie man sein eigenes Sprechen versteht. Da hier das eigene Reden nicht kritisiert wird, möge diese Interpretationsmethode als »naiv« bezeichnet werden. Eine naive Interpretation hat gegenüber der dogmatischen den Vorteil, vom Text lernen zu können — sie hat aber den Nachteil, daß man auf diese Weise, trotz aller Lippenbekenntnisse, niemals *systematisches Wissen* erwerben kann.

Verteidigt man die naive Methode damit, daß der Textautor selber auch keine Orthosprache gesprochen habe, daß man sich also nur durch die naive Methode nicht von dem »Sprachverständnis« des Textautors entferne, so ist beides zugegeben. Es folgt daraus aber nur, daß die naive Methode zweckmäßig ist, wenn man als Zweck hat, möglichst weit sich dem Sprachverständnis des Textautors zu nähern. Es war jedoch vorausgesetzt, daß der Text in systematischer Absicht gelesen werden sollte. Es war nur behauptet, daß die naive Interpretation *hierfür* unzweckmäßig sei.

3. Wird die vorgetragene Kritik an der dogmatischen Interpretationsmethode und an der naiven Interpretationsmethode vorgenommen, so ergibt sich leicht eine dritte Methode, die die kritisierten Mängel vermeidet. Diese dritte Methode heiße »kritische« Interpretation, genauer: systematischkritische Interpretationsmethode.

Da das Lesen von Texten in wissenschaftlicher Absicht die systematische Beherrschung eines Stückes Wissenschaft schon voraussetzt, sei hier angenommen, daß der in wissenschaftlicher Absicht Lesende ein genügendes Wissen in Logik (im weiten Sinne einer rationalen Grammatik) besitzt, um zu wissen, auf welche Weise Orthosprachen — worüber sie auch immer sprechen mögen — aufgebaut sind. Zu diesem logischen Wissen gehört, in Stichworten aufgezählt: exemplarische Bestimmung von Eigenprädikatoren und Apprädikatoren, terminologische Normierung und Definition, Theorie der logischen Partikeln, Kennzeichnungstheorie und Abstraktionstheorie. Die Logik ist keine sakrosankte Lehre, jedes ihrer Lehrstücke kann jederzeit kritisch überprüft werden. Wer aber an einen Text in wissenschaftlicher Absicht herangeht, muß mit seinem derzeit besten logischen Wissen an ihn herangehen.

In einer kritischen Interpretation wird nun die eigene Orthosprache über den besonderen Gegenstand, der in dem Text vermutlich besprochen wird, *nicht* benutzt. Es wird vielmehr dem Textautor unterstellt, daß er selbst eine Orthosprache intendiert habe und daß er in dieser *Autorenorthosprache* etwas habe sagen wollen. Diese Unterstellung ist ersichtlich faktisch falsch. Viele Autoren haben vermutlich nicht im entferntesten an Orthosprachen gedacht. Andere Autoren, insbesondere Philosophen wie Plato, Aristoteles, Hobbes, Leibniz, Kant und Hegel haben ersichtlich mehr oder weniger ihre überkommene Sprache durch bessere Instrumente (die hier »Orthosprachen« heißen) ersetzen wollen.

Eine kritische Interpretation stellt sich die Aufgabe, aus dem Text eines Autors *dessen* Orthosprache zu »rekonstruieren«. Dies ist teilweise eine fiktive Rekonstruktion, weil es die Orthosprache faktisch nicht gegeben hat. Aber unabhängig davon, ob wir es eine Konstruktion oder Rekonstruktion nennen, handelt es sich z. B. darum herauszubekommen, ob die Wörter des Textes (sofern es keine Eigennamen sind) Eigenprädikatoren, Apprädikatoren oder logische Partikeln sind, welche exemplarische Bestimmungen (direkt oder indirekt) der Autor für seine Prädikatoren gebraucht hat, welche terminologischen Normierungen er verwendet hat usw. Antworten auf diese Fragen liefern noch *keine Übersetzung* in die eigene Sprache. Es sind nur vorbereitende Schritte — sie mögen Schritte der *logischen Rekonstruktion* heißen. Durch die Verwendung der logischen Termini (wie Prädikatoren, Definition) usw. wird die kritische Interpretationsmethode nicht dogmatisch, denn die logischen Termini dienen nur der *Beschreibung* des systematisch relevanten Sprachgebrauchs des Autors. Die logischen Termini setzen nicht die eigene Orthosprache, die für den im Text (vermutlich) behandelten Gegenstand verwendet wird, voraus. Eine Ausnahme sind Texte zur Logik (rationalen Grammatik) selbst — diese Sonderproblematik bleibe hier außer Betracht.

Die Verwendung einer logischen Terminologie zur Beschreibung des systematisch relevanten Sprachgebrauchs des Autors schützt die kritische Interpretationsmethode, ohne dadurch dogmatisch zu werden, vor der Naivität, man hätte schon ein Interpretationswissen, wenn man z. B. einen Autor folgendermaßen interpretiert: für ihn »gibt die Ontologie den Grund der Wahrheit der Logik an« (so z. B. über Picht). Bei solchen naiven Interpretationen wird nämlich die logische Rekonstruktion einer dem Text zugrunde liegenden Orthosprache (das ist die Tiefenstruktur im Gegensatz zur Oberflächenstruktur des Textes) vermischt mit der Aufgabe der Übersetzung in die eigene Sprache.

Die kritische Interpretationsmethode steht nach der logischen

Rekonstruktion einer dem Text zugrundeliegenden Orthosprache des Autors vor der folgenden Situation. *Erstens* können die ermittelten exemplarischen und terminologischen Bestimmungen genügend Anhalt dafür geben, ein Wort (oder einen Satz) des Autors als synonym mit gewissen Ausdrücken der eigenen Orthosprache (die man aufgrund eigener systematischer Bemühungen um den Gegenstand hat) einzusetzen. Das wäre der Fall einer *Übersetzbarkeit* in die eigene Orthosprache. *Zweitens* kann der Vergleich der Autorenorthosprache mit der eigenen ergeben, daß die erstere gewisse Termini (also begriffliche Unterscheidungen) hat, die dem eigenen systematischen Nachdenken bisher entgangen waren. Dann kann man den Text nicht in seine eigene Sprache übersetzen, man kann aber seine eigene Sprache durch die neuen Unterscheidungen des Textes erweitern. *Drittens* kann der Versuch einer Übersetzung in die eigene Orthosprache oder deren Erweiterung durch Termini des Textes zu Widersprüchen führen. Dann müssen das eigene Denken und die Resultate des Autors noch einmal systematisch überprüft werden. Entweder ändert man aufgrund dieser Überprüfung seine bisherige Orthosprache (und dann hätte man noch mehr dazu gelernt als bei einer Erweiterung) oder aber man verwirft die Resultate des Autors.

Neben diesen drei Fällen, in denen der Text genügend bestimmt ist, um sich systematisch mit dem Autor auseinandersetzen zu können, wird der weitaus häufigste Fall sein, daß die logische Rekonstruktion für eine systematische Diskussion zu unbestimmt ist. Es können etwa zu wenig Beispiele oder Gegenbeispiele aus dem Text zu entnehmen sein, es können die terminologischen Bestimmungen zu versteckt sein, um aus der Oberflächenstruktur erkennbar zu sein usw.

Ob man in solchen Fällen die Bemühung um den Text aufgeben soll, oder — unter Heranziehung aller »Verständnishilfen durch Darlegung des historischen, sozioökonomischen und kulturellen Hintergrundes« (Gatzemeier) — die logische Rekonstruktion noch weiter treiben soll, darüber läßt sich generell nichts sagen. Es bleibt jedenfalls eine Naivität, anzunehmen, den Text schon dadurch interpretiert zu haben, daß man eine Übersetzung in die unkritisch gebrauchte Umgangs- oder Bildungssprache zustande gebracht hat.

Das Problem einer theoretischen Philosophie unter dem Primat der praktischen Vernunft

Das im Titel angekündigte Problem enthält die sprachkritische Frage danach, wie wir es eigentlich mit den beiden Adjektiven »theoretisch« und »praktisch« halten wollen (vielleicht halten sollten). Diese Frage ist z. Zt. dadurch aktuell, daß die Substantive »Theorie« und »Praxis« als Modewörter grassieren.

Mit Wendungen wie »theorielose Praxis« und »praxislose Theorie« werden heutzutage politische Kämpfe ausgetragen, insbesondere selbstverständlich an den Universitäten.

Für die Philosophie ergibt sich daraus, daß man rhetorisch zwar fordern kann, daß die Philosophie »praktisch« werden solle — daß aber »praktische Philosophie« trotzdem ein Stück Theorie bleibt.

Ich möchte im folgenden versuchen zu zeigen, daß ein sprachkritischer Umgang mit den Termini solche rhetorischen Paradoxien zum Verschwinden bringt — und daß dadurch erst die sachlichen Probleme konstruktiv behandelbar werden. Es scheint mir deutlich zu sein, daß die modischen Substantive Theorie und Praxis einen anderen Unterschied intendieren, als die traditionellen Adjektive »theoretisch« und »praktisch« in ihrer Anwendung auf Philosophie und Vernunft. Seit Aristoteles gibt es die Unterscheidung einer theoretischen von einer praktischen Philosophie — und seit Platon, zumindest seit Kant, gibt es die Forderung, daß alle Vernunft praktisch sein soll.

Daraus entstehen sofort spitzfindige Syllogismen wie der folgende:

Wenn alle Vernunft praktisch wäre, und wenn alle Philosophie vernünftig wäre, dann wäre alle Philosophie praktisch.

Oder abgekürzt durch Kontraposition: Wenn alle Vernunft praktisch wäre, dann wäre alle theoretische Philosophie unvernünftig. Sprachkritisch empfiehlt sich hier die Frage, ob die Adjektive theoretisch-praktisch sinnvoll für solche Dinge wie Philosophie und Vernunft anwendbar sind. Für den modernen Sprachgebrauch von »Theorie« und »Praxis« ist ja alles: Philosophie und Vernunft und auch Wissenschaft und Denken — und in institutionalisierter Form Schule oder Universität — »Theorie«. »Praxis« ist dagegen das Leben, das Handeln, die Gesellschaft — alles das, was außerhalb der Schulen geschieht. Die Theologen haben eine analoge Unterscheidung von Kirche vs. Welt — und dazu dann eine »Wirklichkeit«, die Kirche und Welt (und sogar noch Gott) umfaßt. Profan gesprochen haben wir solche Gegensätze wie

Wissenschaft und Leben
Denken und Handeln
Schule und Gesellschaft,

mit denen man gut auskommen würde — und sogar genauer sagen könnte, was man denjenigen vorwirft, denen man theorielose Praxis vorwirft, nämlich z. B. gedankenloses Handeln. Darf ich darauf aufmerksam machen, daß in diesem modernen Sprachgebrauch das Wort »Philosophie« gänzlich fehlt. Aber es gibt in der institutionalisierten Wissenschaft, also in den Schulen, insbesondere den Hochschulen, d. h. den Schulen für die Lehrer, noch Philosophie als ein Fach unter Fächern.

Die Unklarheiten des modernen Sprachgebrauchs von Theorie und Praxis lassen sich nun leicht zurückführen auf das Faktum, daß es z. Zt. Philosophien im Plural gibt. Viele halten diesen Zustand für chronisch, so daß sie diese Krankheit schon pluralistische Gesundheit nennen. Ich nehme nur zwei Philosophien heraus, in denen ganz verschieden über Theorie und Praxis geredet wird: die dialektische Philosophie und die analytische Philosophie. Habermas schreibt z. B. über »einige Schwierigkeiten beim Versuch, Theorie und Praxis zu vermitteln«. Er behandelt dabei eine Gesellschaftstheorie — ohne Theorie von Philosophie und Wissenschaft terminologisch abzugrenzen —, die neben der Erarbeitung von Theoremen auch die Aufgabe hat, Bildungsreform und Gesellschaftsreform zu betreiben. Das führt zu der bekannten Doppelstrategie von Aufklärung und Politik.

Die Theorie heißt hier »praktisch«, weil sie Vorschläge zur Gesellschaftsreform erarbeitet. Da das Bildungswesen ein spezieller Gegenstand der Gesellschaftstheorie ist, erarbeitet sie speziell Vorschläge zur Bildungsreform. Da die Gesellschaftstheoretiker andererseits selbst zum Bildungswesen gehören, heißt die Theorie »reflexiv«.

Die »Vermittlung« von Theorie und Praxis ist nicht eine bloße Anwendung von Theorien in einer Gesellschaft, die auch ohne Theorien leben könnte, sondern die jeweilig erreichte Entwicklungsstufe der Gesellschaft, also die Praxis, ist durch Theorien bedingt – und bedingt ihrerseits neue Theorien.

In der analytischen Philosophie ist das ganz anders. Dort kennt man nur theoretische Vernunft, die Theorie – oder Wissenschaften – erarbeitet. Die Anwendungen der Theorien sind Technologien. »Praktisch« ist hier synonym mit »technisch«, während Habermas, wenn auch nicht terminologisch konsistent, gerade technisch vs. praktisch für das entscheidende Gegensatzpaar Mittel vs. Zweck benutzt. Also:

> technische Vernunft für die Mittelwahl
> praktische Vernunft für die Zwecksetzung.

»Praktische« Vernunft in genau diesem Sinne wird von der analytischen Philosophie geleugnet.

Ehe wir uns an dieser Stelle nun vorschnell für einen Sprachgebrauch entscheiden, ist es immer anregend, den Sprach- und Denktraditionen historisch nachzugehen. Immer wieder einmal hofft man, dadurch zur Klarheit zu kommen, daß man nachliest, was die Denker geschrieben haben, die historisch zuerst mit unseren Unterscheidungen gerungen haben.

Es geht um: theoretisch – technisch – praktisch
einerseits, um: theoretisch – philosophisch – wissenschaftlich
andererseits.

Nicht strittig sind dabei terminologisch die Gegensätze von

> Wissenschaft und Leben
> Denken und Handeln
> Schule und Gesellschaft,

obwohl ganze Bibliotheken darüber geschrieben werden könnten, warum gegenwärtig z. B. »Gesellschaft« statt »Staat« üblich ist, oder warum »Handeln« *nicht* durch »Verhalten« ersetzt werden sollte, wie es die Behavioristen wollen, oder schließlich warum »Denken« besser durch »Reden« ersetzt würde.

Nun, der Entschluß, historische Zwischenbetrachtungen einzuschieben, führt uns zu Platon und Aristoteles. In den platonischen und aristotelischen Schriften finden wir die ältesten Anstrengungen, Termini wie θεωρία, φιλοσοφία, σοφία, ἐπιστήμη, γνῶσις, τέχνη einerseits und πρᾶξις, ποίησις, ἐμπειρία andererseits methodisch geregelt zu verwenden.

Das Elend der Philosophie — insbesondere der Philosophiegeschichte — zeigt sich nun darin, daß diese ältesten Anstrengungen schon damals zu keinem gemeinsamen Resultat führten: Aristoteles widerspricht seinem Lehrer Platon in wichtigen Bestimmungen gerade der Grundtermini: θεωρία und πρᾶξις.

Das Lesen alter Texte ist immer ein Übersetzen der Textsprache in eine, wie ich es nennen möchte, Interpretationssprache. Der Streit zwischen Platon und Aristoteles setzt sich bis in unsere Zeit als Streit zwischen Platonikern und Aristotelikern fort. Unter dem Titel »Rehabilitierung der Praktischen Philosophie« ist zur Zeit, angeführt von Joachim Ritter in Münster, Aristotelismus modern. Einigkeit besteht darüber, daß auf Aristoteles die Trennung einer ersten Philosophie oder »Theorie« von einer praktischen Philosophie oder Ethik zurückgeht. Aristoteles sagt z. B. über die Ethik, ihr Zweck sei »οὐ γνῶσις ἀλλὰ πρᾶξις«. Bei Seneca finden wir dies später in der bekannten Formel »Non scholae sed vitae discimus«.

Zur Interpretation zitiere ich zwei Ritter-Schüler. Zunächst Günther Bien (*Philos. Jahrbuch* 68/69): »Die Trennung der beiden Vernunftformen (d. h. der theoretischen und praktischen Vernunft) wird von Aristoteles durchgehalten sowohl im Interesse der menschlichen Praxis wie im Interesse der Bewahrung der Möglichkeit reiner Theorie und des Ranges ihrer Gegenstände. (Diese Gegenstände sind bekanntlich der Kosmos bzw. der Gott.) Bien darüber an anderer Stelle kürzer: »Politik und Theologie, Praxis und Theorie müssen also in beider Interesse getrennt werden.«

Weniger theologisch, aber deutlicher antiplatonisch schreibt

Otfried Höffe (*Philos. Jahrbuch* 72): »Im Unterschied zu einem Platon und einem Fichte will Aristoteles letztlich nicht wissen, wie das Gute in sich selbst widerspruchsfrei zu denken, sondern wie das Denken dem Gutsein hilft« und an anderer Stelle: »Deshalb sucht er (Aristoteles) kein absolutes Wissen, keine Metaphysik des Guten, sondern eine praktische Philosophie.«

Jetzt brauche ich noch zwei Zitate der Gegenseite, nämlich der Platoniker, vertreten durch Hans Joachim Krämer in Tübingen. Über die Entwicklung von Platon zu Aristoteles sagt er (Zschr. f. philos. Forschg. 72): »Die entscheidende Veränderung (d. h. bei Aristoteles gegenüber Platon) liegt nicht etwa darin, daß die praktische Philosophie auf sich selbst gestellt wird, sondern umgekehrt darin, daß die theoretische Philosophie aus dem Gesamt ethisch-politischer Verbindlichkeit entlassen und autark gesetzt wird.«

In seinem Buch *Arete bei Platon und Aristoteles* hatte Krämer schon geschrieben: »Die Divergenz (d. h. bei Aristoteles) von Sein und Wert, Ontologie und Normenlehre, Theorie und Praxis ergibt sich konsequent aus einem Ansatz, der die Totalität des Seienden nicht mehr, wie bei Platon und den Früheren, radikal aus der Einheit des Ursprungs zu denken versucht.«

Zu dieser »Konzeption« Platons, »die Totalität aus der Einheit des Ursprungs zu denken«, findet sich bei Krämer noch folgende, wie mir scheint, bemerkenswerte selbstkritische Äußerung: »... die Faszination, die von der Konzeption Platons unbestreitbar auf die aktuelle Theorie-Praxis-Diskussion ausgeht, darf nicht darüber hinwegtäuschen, ... daß wir ... heute faktisch alle — was die Einheit von Theorie und Praxis und die Einheit der Philosophie angeht — notgedrungen Aristoteliker sind, denen die fehlende Vermittlung allenfalls als regulative Idee aufgegeben ist.«

Hier möchte ich Faust variieren:

> Habe nun, ach, Philosophie
> Platon und Aristoteles
> und leider auch die Kommentatoren
> durchaus studiert mit heißem Bemühen.
> Da steh ich nun, ich armer Tor,
> und bin so klug als wie zuvor.

Im Ernst gesprochen: ohne sich beim Lesen von Texten zugleich um die eigene Sprache, die Interpretationssprache, zu bemühen, ist alle hermeneutische Mühe vergeblich. Aus den Texten allein kann man nicht herausbekommen, ob eine »Trennung von theoretischer und praktischer Philosophie« oder ein Versuch, die »Totalität aus der Einheit des Ursprungs« zu denken, für uns vernünftiger ist. Was heißt das alles überhaupt für uns, abgesehen davon, daß es so oder so ähnlich in den Texten steht.

Ich beende daher jetzt den historisch-hermeneutischen Exkurs und trage Ihnen eine Reihe von Unterscheidungen in methodischer Ordnung vor. Mit welchen traditionellen Wörtern ich die Unterscheidungen terminologisch festhalte, ist jeweils eine wortpolitische Frage. Ich habe mich dabei so entschieden, daß »Theorie« als Oberbegriff von »Philosophie« und »Wissenschaften« verwendet wird, daß andererseits die Termini »praktisch« bzw. »technisch« für den Unterschied der vernünftigen Beratungen über Zwecke bzw. Mittel verwendet werden. In dieser Terminologie ist der Ausdruck »theoretische Philosophie« sinnlos — aber erst nach der methodischen Begründung der durch die Termini festgehaltenen Unterscheidungen, läßt sich die Frage stellen, ob für das, was seit Aristoteles unter dem Terminus »Erste Philosophie« in unserer Tradition lebendig ist (oder vielleicht mehr tot als lebendig ist), sich ein neuer Platz findet.

Ich gehe von einem Terminus aus, der heutzutage zur Umgangssprache gehört — also nicht wie z. B. »Praktische Philosophie« nur zur Bildungssprache — ich gehe von dem Terminus »Wissenschaft« aus. In einer kritischen Genese, d. h. einer kritischen Rekonstruktion der faktischen Genese der Dinge, die wir heute als »Wissenschaften« bezeichnen, ist zu entscheiden, was durch einen gemeinsamen Prädikator zusammengefaßt (als zusammengehörig begriffen) werden sollte. Es werde dabei im folgenden insbesondere darauf geachtet, wo sich (wenn überhaupt) kritisch eine Unterscheidung von Philosophie und Wissenschaft begründen läßt. Beide mögen als »Theorie« — im Unterschied zum »Leben« — zusammengefaßt werden.

Wir beginnen eine kritische Genese mit dem, was den Menschen aller Kulturstufen gemeinsam ist: dem gewöhnlichen

Leben einschließlich dem gewöhnlichen Reden (noologisch formuliert: dem gewöhnlichen Denken).

Schon im gewöhnlichen Leben müssen wir reden, argumentieren, denken. Wir müssen über Zwecke entscheiden und Mittel zur Realisierung unserer Zwecke wählen.

Um »besser« argumentieren zu können, versuchen wir in Schulen und Hochschulen das Entscheiden über Zwecke und die Wahl von Mitteln *methodisch* einzuüben. *Wissenschaftliches* Denken ist methodisch geübtes gewöhnliches Denken.

Das der wissenschaftlichen Erziehung zugrundeliegende Programm für ein methodisches Üben in der Wahl von Mitteln bei gegebenen Zwecken führt zunächst zu dem *technischen* Wissen im modernen, weiten Sinn dieses Wortes (Aristoteles hätte hier von τέχνη ποιητική gesprochen). Die am weitesten entwickelten Disziplinen sind die Naturwissenschaften; aber auch die empirischen Sozialwissenschaften unter Einschluß der empirischen Psychologie gehören in diesem Sinn zu dem technischen Wissen.

In einem zweiten Schritt führt das Programm einer methodischen Einübung des Entscheidens über Zwecke zu dem *praktischen* Wissen. Hierzu lernen wir, darüber zu urteilen, ob vorgebrachte (gewünschte) Zwecke menschlichen *Bedürfnissen* dienen — oder ob sie bloße Phantasieprodukte sind.

In der Entwicklung des wissenschaftlichen Denkens als einer methodischen Stilisierung des gewöhnlichen Denkens bleibt für eine »Philosophie« nirgends eine Aufgabe; für alles Nötige scheint die technische und praktische Wissenschaft Sorge zu tragen.

Das wäre in der Tat richtig — und für »Philosophie« bestände keinerlei Bedürfnis — wenn das Programm einer methodischen Übung unseres technischen und praktischen Denkens in den Einzelwissenschaften durchgeführt würde. Aber schon ein Blick auf die »Grundlagen« der Naturwissenschaften zeigt ein ganz anderes Bild. In der Logik haben wir die — freilich in der Regel ignorierte — Unsicherheit über die Zulässigkeit des tertium non datur, in der Mathematik haben wir die besser bekannten Schwierigkeiten mit der Zulässigkeit von imprädikativen Komprehensionen in der Mengenlehre, usw.

Wir sehen hier eine erste, von den in den Einzelwissenschaften behandelten verschiedene Aufgabe, nämlich, die *ersten Schritte* methodisch durchzuführen, die erforderlich sind, *ehe* die eigentlichen Wissenschaften beginnen können. Das Treiben von *Logik* als methodischer Einführung der »logischen« Partikeln (Negator, Junktoren, Quantoren und Modalitäten) gehört offensichtlich hierzu. Eine konstruktive Untermauerung der »axiomatischen« mathematischen oder der grundlegenden physikalischen Theorien (wie Mengenlehre oder Geometrie) wäre ein weiterer Punkt. In der praktischen Wissenschaft ist die Situation noch entschieden umstrittener.

Auch hier taucht die Aufgabe auf, ein Grundvokabular (die Logik darf jetzt als schon zur Verfügung stehend unterstellt werden) bereitzustellen, um die »praktische« Wissenschaft in Gang zu bringen. »Ethik« wäre ein passendes Wort für das Programm, ein *Grundvokabular* für alle praktische Wissenschaft konstruktiv zu erstellen.

Logik, Ethik und »Wissenschaftstheorie«, d. h. die grundlegenden Schritte, durch die die Wissenschaften in Gang kommen, das sind die Aufgaben, die ich »*philosophisch« zu nennen vorschlage: also Philosophie als Protowissenschaft, nicht Metawissenschaft.

Die Frage nach dem Zweck von Philosophie, genauer, nach dem Zweck des Philosophierens, ist damit zugleich beantwortet: es ist die Konstruktion einer Wissenschaftssprache, die als gemeinsamer Teil der Sprachen aller Disziplinen der technischen *und* der praktischen Wissenschaft dienen kann. Anstelle von »Wissenschaftssprache« könnte man auch sagen »Begriffsrahmen«, aber dieser sollte dann elementare syntaktische Hilfsmittel für die Sprachen der einzelnen Wissenschaften enthalten (und der Ausdruck »Begriff« anstelle von »Wort« müßte erst eingeführt werden).

Wie kann eine solche Konstruktion nun durchgeführt werden? Die allgemeine Antwort ist einfach: *methodisch*. Das soll heißen: die Konstruktion muß *schrittweise und zirkelfrei* erfolgen. Wir beginnen — wie die Kinder auch — wortlos. Aber wir haben schon — wie die Kinder auch — Bedürfnisse (eventuell unterschiedliche, aber jedenfalls einige). *Erste Wörter* werden durch Beispiele und Gegenbeispiele im Kontext unserer Bedürfnisse eingeführt. Sie entsprechen den Prädikaten der gewöhnlichen Sprache und heißen daher *Prädikatoren*. Sie werden zunächst in Ein-Wort-Imperativen benutzt, im Deutschen etwa »Apfel!« oder »essen!«. Zusammen mit Eigennamen (wie »Eva« und »Adam«) erhalten wir Elementarsätze: »Adam! Apfel essen« und im Indikativ »Adam ißt Apfel«. Hier kann irgendeine passende Syntax (z. B. eine Kopula) eingeführt werden, um die deutsche Morphologie des Verbs (Handlungsprädikators) vernünftig zu rekonstruieren.

Es wird nicht vorgeschlagen, nur die Syntax (die Form) von Sprachen zu konstruieren, sondern auch ihre Semantik (Inhalt). Schon die logischen Partikeln müssen im Kontext materialer Sätze eingeführt werden. Die Methode besteht in der Benutzung von Dialogen: jede Partikel wird eingeführt durch die Aufstellung von *Normen* für den Angriff und die Verteidigung von mit dieser logischen Partikel zusammengesetzten Aussagen. Und schon diese Normen müssen als »vernünftig« gezeigt werden. Obwohl alles von den Einzelheiten der methodischen Konstruktion abhängt (das gilt auch von allen späteren Konstruktionsschritten), kann doch einiges »Allgemeine« über die schrittweise Einführung *linguistischer* Normen gesagt werden. Das soll in den folgenden Abschnitten geschehen am Beispiel des Wortes »vernünftig«.

Das Wort »vernünftig« gehört keiner speziellen Einzelwissenschaft an, es gehört zu jeder technischen oder praktischen Wissenschaft, insofern sie nämlich zu Urteilen kommen muß, daß bestimmte Mittel »vernünftig« gewählt oder bestimmte Zwecke aufgrund »vernünftiger« Entscheidungen ausgezeichnet sind. Das Wort gehört somit zur *Philosophie, zu dem Vokabular, das grundlegender Bestandteil aller Sprachen von Einzelwissenschaften ist. Doch dies Vokabular — das zusammen mit einer »vernünftigen« Syntax der Kürze halber die *grundlegende »Orthosprache«* genannt werde — ist keine vorfindliche Sprache. Das übliche Deutsch ist keineswegs für diesen Zweck geeignet. Insbesondere sollte das Wort »vernünftig« nicht aus dem üblichen Deutsch übernommen werden, sondern durch eine methodische Einführung ins »Ortho« gelangen. Nichtsdestoweniger muß jeder philosophische Text, jeder Vortrag — dieser eingeschlossen — mit gewöhnlichem Deutsch beginnen, eventuell angereichert um einige aus der Bildungssprache übernommene außergewöhnliche Wendungen. Die Antwort auf die Frage, wie die Philosophie ihr Ziel erreichen kann, eine Orthosprache zu konstruieren, ist folgende: Verwende, wenn du mit Menschen sprichst, die Deutsch als Muttersprache sprechen, diese Sprache als Mittel, um sie dazu zu veranlassen, an deinen Bemühungen zur Konstruktion einer grundlegenden »philosophischen« Sprache teilzunehmen. Aristoteles hätte gesagt: die natürlichen Sprachen sollen für *protreptische* Zwecke verwendet werden: als Mittel, um zu philosophischen Studien hinzuwenden, d. h. zur methodischen Konstruktion einer für alle Wissenschaften grundlegenden Sprache. Im protreptischen Gespräch wird nichts ernsthaft behauptet und keine Terminologie im Ernst vorgeschlagen — alles bleibt provisorisch. Das einzige Ziel ist, den Partner dahin zu bringen, daß er bereit ist, seine üblichen Sprechweisen aufzugeben und an der Bemühung teilzunehmen, die einzelnen Wissenschaften methodisch zu rekonstruieren und dabei mit der methodischen Konstruktion einer allen Wissenschaften gemeinsamen Grundsprache zu beginnen.

Ist dieser Punkt einmal erreicht, so kann die Einführung der ersten Wörter, in Elementarsätzen, beginnen — im Kontext von speziellen Lebenssituationen. Aber beim *Schreiben oder Reden* über Philosophie können diese Situationen nicht durchlebt, sondern nur allgemein *beschrieben* werden. Erneut benutzen wir die übliche Sprache, um Situationen zu beschreiben, in denen ein »vernünftiger« Gebrauch eines Orthoterminus oder einer Orthosyntax vorgeschlagen und anerkannt werden könnte. Ich möchte sagen, daß die natürliche Sprache jetzt als *Parasprache* zur Konstruktion einer Orthosprache verwendet wird. In der protreptischen Sprache ist alles erlaubt, sofern es nur deren Zweck dient: den Partner zum Aufgeben seiner gewohnten Redeweisen und zur Teilnahme am Versuch einer methodischen Konstruktion einer Orthosprache zu bewegen. Aber bei der Parasprache haben wir sorgfältig darauf zu achten, daß wir die Verwirrungen der natürlichen Sprache nicht in die Orthosprache übertragen. Die parasprachlichen Beschreibungen dürfen lediglich Anweisungen dafür geben, wie irgendeine Lebenssituation hergestellt werden kann. Der Partner ist zugleich Schüler und sein eigener Lehrer. Die parasprachlichen Anweisungen sind nur Hilfsmittel des Lehrers.

Damit ist die Frage, wie man *Philosophie treiben solle, beantwortet: nach der erforderlichen protreptischen Vorbereitung konstruieren wir eine Orthosprache mit der natürlichen Sprache als Parasprache.

Zu einem Orthoterminus, der als methodische Rekonstruktion des deutschen Worts »vernünftig« dient, führt nur ein langer Weg. Wir wollen »*vernünftig« als diesen Orthoterminus benutzen. Erst nachdem wir uns durch die Logik und durch die Rekonstruktion eines Grundvokabulars zum Sprechen über Handlungen hindurchgearbeitet haben (eine Orthoterminologie wäre: *Zweck, *Mittel, *Norm, *Dialog, *Argument, . . .,vgl. Normative Logic and Ethics, Kap. 7, wo die Sterne weggelassen wurden), können wir ein Kriterium für die in *Dialogen zugelassenen *Argumente formulieren. Es ist ein negativer Imperativ: »Keine *subjektiven *Argumente!« (zu deutsch: es ist nicht erlaubt, bloß subjektive Argumente zu benutzen, wobei Subjektivität definiert wird als der Anspruch von Personen oder Personengruppen auf *Ausnahme* von Gesetzen oder Normen anstelle einer allgemeinen Modifikation dieser Gesetze oder Normen).

Wird diese »*Transsubjektivität« von *Argumenten »*vernünftig« genannt, so ist darauf zu achten, daß es zwar im üblichen Deutsch möglich ist zu fragen »Warum soll man vernünftig argumentieren?«, aber in die Orthosprache wird der Terminus »*vernünftig« erst eingeführt, *nachdem* die methodische Konstruktion der Orthosprache schon ein ganzes Stück betrieben ist. Und diese Tätigkeit war von Anfang an *vernünftig (*transsubjektiv). *Argumente zu benutzen, die innerhalb von *Dialogen nicht *vernünftig sind, heißt aufhören, *Philosophie zu treiben. Wir müssen dann erneut mit dem protreptischen Gespräch beginnen — oder aufgeben. Erst nachdem wir Vernunft eingeübt haben, sind wir in der Lage, einen Terminus »*vernünftig« in die Orthosprache einzuführen.

Die kritische Rekonstruktion der Wissenschaftssprachen mit Hilfe einer Analyse der faktisch befolgten *linguistischen Normen* liefert uns überdies einen paradigmatischen Fall für eine allgemeine Methode, über Systeme von Kulturnormen, z. B. in Wirtschaft, Rechtsprechung und Politik, zu argumentieren.

Die kritische Rekonstruktion einer Sprache ist nämlich nichts anderes, als die Konstruktion einer *kritischen Genese* eines Systems von Kulturnormen. Die allgemeine Methode dazu besteht in einer Spiralbewegung von der Analyse der *faktischen Genese* (von Normen) zur Konstruktion einer *kritischen Genese (von Normen), zurück zur *faktischen Genese, wieder zur *kritischen Genese — theoretisch ohne Ende. Das Prinzip der Kritik ist dabei *allein* das Prinzip der Transsubjektivität.

Ob wir für diese Methode einen eigenen Namen (etwa: *dialektisch) einführen oder nicht — jedenfalls kann die *historische Dimension* der Wissenschaften auf *keine* andere Weise in die Einheit des philosophisch fundierten Zugangs zum Leben eingebracht werden. Und umgekehrt fordert die *dialektische Methode, daß Kulturnormen nur durch immer wiederholtes Zurückgreifen auf die Geschichte gerechtfertigt werden dürfen.

Aufgabe und Methode der *Philosophie sind damit bestimmt. Sie beginnt im Kontext unserer (menschlichen) *Bedürfnisse, und die *technische und *praktische *Wissenschaft wird zu nichts anderem betrieben, als zur methodischen Einübung des *Entscheidens über *Zwecke und der *Wahl von *Mitteln. Die *Philosophie liefert mit Logik und Ethik eine grundlegende *Orthosprache für alle *Wissenschaften. Obwohl sie nicht unmittelbar menschliche *Bedürfnisse *befriedigen kann, tut sie dies auf dem Weg über die Einzelwissenschaften. In Bildern gesprochen:

Die *Philosophie ist wie ein Lahmer, der ohne seine Stützen, die *Wissenschaften, nichts bewegen kann. Und die *Wissenschaften sind wie Arbeiter im Dunkeln, wenn sie nicht das Licht der *Philosophie benutzen, um die Wege zu sehen, die sie mit dem Leben verbinden.

Auf dem hier skizzierten Wege hat sich zugleich ergeben, daß sich nach Logik und Ethik die Hauptdisziplinen der technischen und praktischen Wissenschaften mit Mathematik und Geschichte als Hilfsdisziplinen aus dem menschlichen Leben heraus begründen lassen. Traditionell spricht man statt dessen von naturwissenschaftlichen und kultur- (oder geistes-) wissenschaftlichen Fächern. Die Termini Natur-Kultur lassen dann aber historisch-naturwissenschaftliche Untersuchungen ebenso wie mathematisch-kulturwissenschaftliche (z. B. die mathematische Spieltheorie) aus dem Blickfeld verschwinden.

Erst mit diesem Resultat kann ich zum Schluß auf die Ausgangsfrage zurückkommen, was wir mit dem von Aristoteles stammenden Traditionsstück »theoretische Philosophie« machen können bzw. machen sollen. In der vorgeschlagenen Terminologie gibt es nur einen Platz, an dem sie unterzubringen wäre. Das ist die Geschichte der Natur. Die alten Ausdrücke: Kosmologie und Kosmogonie sind ja auch heute noch in der Physik gebräuchlich. Es wäre allerdings wohl absurd, wenn man solche science-fiction-Produkte wie die Geschichte vom big bang, vom Urknall vor ca. 13 Milliarden Jahren, als Ersatz für die Erste Philosophie ausgeben wollte. Nicht die Fachwissenschaften der Entstehung der Sterne, speziell der Erde — oder auch der Entstehung des Lebens mit der Abstammungslehre des Menschen — nicht solche Fachwissenschaften, sondern nur die *Wissenschaftstheorie der Naturgeschichte* kann beanspruchen, der rationale Kern zu sein, der in den Antworten auf die alten Fragen nach der ersten Bewegung (oder gar nach dem Anfang der Zeit), nach der Entstehung des Lebens, der Seele und des Geistes, versteckt ist. Die Konstruktion eines begrifflichen Rahmens, in dem solche Fragen allererst sinnvoll gestellt werden können, so daß man weiß, wonach man fragt — und wozu man danach fragt — diese Wissenschaftstheorie der Weltentstehungslehren, die jeder empirischen Kosmologie, Geologie, Biologie und Anthropologie vorausgeht, das wäre die Erbin der Aristotelischen Ersten Philosophie und Theologie unter dem Primat der praktischen Vernunft.

Auf die Einzelheiten einer konstruktiven Theorie der Naturgeschichte möchte ich nicht mehr eingehen, ich möchte dazu nur noch sagen, daß die heutige Theologie schlecht beraten ist, für dieses Gebiet immer noch Besitzansprüche zu stellen. Sie ist besser beraten, wenn sie sich darauf beschränkt, ihre Erfahrungen in den konstruktiven Aufbau und Ausbau der Ethik mit einzubringen. Wie immer die Theologen sich hier entscheiden werden, der Philosophie als Logik, Ethik und Wissenschaftstheorie bleibt die Aufgabe, in methodischer Konstruktion Begriffsgerüste zu erarbeiten, die im Leben zu verantworten sind.

Interdisziplinäre Forschung
und infradisziplinäres Wissen

Die Zersplitterung der Wissenschaften läßt immer wieder in
den einzelnen Fächern den Wunsch entstehen, mit anderen
Fächern zusammenzuarbeiten. Finden sich auf diese Weise
mindestens zwei Fächer, die z. B. in ihrer Ahnenreihe einen
berühmten Mann gemeinsam haben, etwa Schiller als Ästhe-
tiker und Historiker, so hat man schon ein Thema »interdisziplinärer Forschung«. Systematisch erzeugt man Inter-
disziplinarität durch adjektivische Kopplungen wie »Politische Psychologie«, »Soziologische Jurisprudenz«, »Mathematische Linguistik« oder durch schlichte Konjunktionen wie
»Sprache und Recht«, »Literatur und Erziehung«, »Kunst
und Moral«.
Da jeder Blick über das eigene Fach hinaus lobenswert ist,
sind solche Themen auch fördernswert. Aber daß der Aufwand eigener interdisziplinärer Institute allein dadurch gerechtfertigt wäre, scheint mir sehr zweifelhaft – mit den
üblichen Forschungsmitteln von Universitätsinstituten lassen
sich auch schon Vertreter eines anderen Faches zu »interdisziplinären« Gesprächen einladen.
Die Verhältnisse von Aufwand und vermutlichem Nutzen
liegen anders bei Projektforschungen, für die nicht nur zwei,
sondern viele Disziplinen erforderlich sind. Das Paradigma
liefert hier die Konfliktforschung, wenn es sich um die
wissenschaftliche Erarbeitung von Plänen zur Lösung konkreter Konflikte handelt. Ein konkreter Konflikt, der gegenwärtig eine bestimmte Menschengruppe mit unmenschlichem
Leben oder gar Tod bedroht, liefert allemal den gerechtfertigten Gegenstand eines Forschungsprojektes. Der Konflikt selbst erfordert hier von jedem Wissenschaftler, dessen
Verantwortungsbewußtsein noch einigermaßen intakt ist,
sein Wissen zur Lösung des Konfliktes bereitzustellen.

Die Konfliktforschung ist aus einem einfachen Grunde paradigmatisch für interdisziplinäre Forschung: es gibt keine Disziplin, deren Wissen nicht relevant sein könnte für die Lösung
von konkreten Konflikten. Selbstverständlich sind nicht alle
Disziplinen für jeden Konflikt relevant, aber jede Disziplin
kann in einem Konflikt relevant werden. Diese Möglichkeits-
behauptung (daß nämlich jede Disziplin möglicherweise kon-
fliktrelevant ist) stelle ich nicht etwa aufgrund von Erfahrungen mit der Konfliktforschung auf, sondern aufgrund
eines Definitionsvorschlages für »Wissenschaft«: eine geistige
Tätigkeit, die sich nicht, wenn auch nur in vermittelter Form,
auf die Lösung von Konflikten bezieht, die also weder etwas
beiträgt zur Beratung von Menschen, die im Konflikt leben,
weil sie sich miteinander unverträgliche Zwecke gesetzt haben, noch zur Beratung von Menschen, die nicht wissen, mit
welchen Mitteln sie miteinander verträgliche Zwecke erreichen können, eine solche geistige Tätigkeit möchte ich lieber ein »Spiel« als eine »Wissenschaft« nennen. Das Paradigma der Konfliktforschung liefert also von selbst eine Einteilung allen Wissens in ein *praktisches* Wissen, das der ge-
rechten Zwecksetzung dient, und in ein *technisches* Wissen,
das der klugen Mittelfindung bei schon gesetzten Zwecken
dient.
Das Ziel eines Projektes der Konfliktforschung ist es allemal
herauszuarbeiten, was im konkreten Fall gerechte Zwecke
und kluge Mittel sind.
Es dürfte Übereinstimmung darüber bestehen, daß die gegenwärtige Forschung an den Fachinstituten der Universitäten
ungeeignet ist, erfolgreiche Konfliktforschung zu treiben:
die Universität bildet vielmehr die Fachwissenschaftler heran,
die — nach ihrer Ausbildung — im öffentlichen Dienst und
neuerdings in Max-Planck-Instituten ihr Fachwissen in die
Bemühung um die Lösung von Konflikten einbringen.
Eine forschungsintensive Universität mit einem dazugehöri-
gen Forschungszentrum, das insbesondere Konfliktforschung
betreiben kann — das wäre eine Formulierung des Zweckes
der Gründung von Reformuniversitäten —, scheint den Aufwand zu rechtfertigen. Es wird allerdings niemals ein Aufwand allein durch einen Zweck gerechtfertigt: es muß stets
nachgewiesen werden, daß der Zweck auch mit den aufge-

wendeten Mitteln erreichbar ist, genauer: daß eine gute Chance besteht, den Zweck zu erreichen.

Darüber, ob eine solche gute Chance besteht oder nicht, ist nun leider mit begrifflichem Denken allein nichts mehr herauszubringen. Wenn die Fachwissenschaften so wären, wie sie sein sollten, bestünde keinerlei Grund zu der Vermutung, daß die Fachwissenschaftler nicht ihr jeweiliges Fachwissen in eine gemeinsame Beratung von Plänen zur Lösung eines konkreten Konfliktes einbringen könnten. Aber die gegenwärtige Situation der Wissenschaften ist ersichtlich nicht so, wie sie sein sollte: in der Gegenwart steht die Kooperation verschiedener Fachwissenschaften meist vor scheinbar unüberwindlichen Schwierigkeiten. Das ist eine Behauptung zur sog. Zeitgeschichte, die ich gleich näher begründen werde. Ich möchte nur vorher einfügen, daß ich mit dieser Behauptung über die Gegenwart nicht zugleich behaupten möchte, früher — also etwa im 17. Jahrhundert oder im 12. Jahrhundert an der Sorbonne, oder im 3. Jahrhundert ante in Alexandrien — sei es anders gewesen. Es mag früher gewesen sein, wie es will. Von mir aus möchte der unglückliche Zustand der Inkooperativität der Fachwissenschaften schon auf die Schwierigkeiten zurückgehen, die Aristoteles hatte, seinen Lehrer Platon zu verstehen — seit damals haben wir ja faktisch die Existenz von »Schulen«, die gegeneinander statt miteinander arbeiten.

Wir haben es in der Konfliktforschung mit Plänen für die Gegenwart zu tun — alles Historische kann nur Hilfsmittel sein.

Zum Beleg der Schwierigkeiten gegenwärtiger Kooperation der Fachwissenschaften zitiere ich die Erfahrungen, die Prof. Weinrich am Bielefelder ZiF (Zentrum für interdisziplinäre Forschung) gemacht hat.

Er sagt z. B.: »Wir wissen leider aus vielen Begegnungen mit . . . Wissenschaftlern (verschiedener) Fachbereiche, daß zwischen diesen Fächern . . . mehr oder weniger scharfe Kommunikationsgrenzen verlaufen.« Gegenüber dem Versuch, die Differenzierung der Fachwissenschaften wieder rückgängig zu machen, stellt Herr Weinrich m. E. mit Recht fest, daß das nichts als Romantik sei. Wir stehen aber vor der Tatsache, daß die zunehmende Differenzierung die Fächer gegeneinander »verhärtet und verkrustet« hat. Wörtlich: »Als Kruste dient. . . das Gehäuse der Terminologien und Nomenklaturen, die . . . mit großer Befriedigung rezipiert und reproduziert werden, weil sie so schön leicht lehrbar und lernbar sind.«

Seine Erfahrungen am ZiF faßt er dann so zusammen: »Typisch für echte interdisziplinäre Diskussionen ist . . ., daß dabei sogleich Verständigungsschwierigkeiten auftreten. . . . Wenn nun alles gut geht, werden die anfänglichen Verständnisschwierigkeiten . . . meistens nach einer Krise überwunden . . . Es kann jedoch auch geschehen, daß ein Colloquium aus den interdisziplinären Verständigungsschwierigkeiten nicht herausfindet . . .

Der interdisziplinäre Gesprächspartner macht sich häufig ein . . . Vergnügen daraus, die Kritik gerade bei den sonst (innerhalb des Faches) niemals angezweifelten *Grundlagen* anzusetzen. Das ist häufig die Ebene der Primärterminologie. . .

Mit dem Zwang also, sich im interdisziplinären Gespräch zumindest in anderer Terminologie, vielleicht sogar ohne eine Terminologie, das heißt in der Umgangssprache auszudrücken, wird . . . im *Glücksfall* die Routine aufgebrochen.«

Noch eine Erfahrung von Herrn Weinrich über die bestehende Verkrustung der Disziplinen in Terminologien hinaus, die erfahrungsgemäß nur »in Glücksfällen« — also durch eine *zufällig* gelingende umgangssprachliche Verständigung — überwunden wird, scheint mir festhaltenswert: »Es mag . . . im Einzelfall geschehen, daß sich eine . . . interdisziplinäre Runde durch den frech vorgetragenen Jargon einer Prestige-Wissenschaft blenden läßt. . . . Wenn die Gesprächspartner sich aber nicht einschüchtern lassen durch das Imponiergehabe, mit dem sich jede Disziplin . . . gern spreizend zur Schau stellt, dann *kann* es dazu kommen, daß . . . die Terminologie als Nomenklatur und die Nomenklatur als Makulatur entlarvt wird.«

Herr Weinrich ist um diese Erfahrungen nicht zu beneiden. Für einen Wissenschaftstheoretiker, der sein »Fach« nicht als Fach *neben* den Fachwissenschaften, sondern als Grundwissenschaft *unter* allen Fachwissenschaften auffaßt, sind diese Erfahrungen zudem auch leicht außerhalb des ZiF zu machen. Ich fürchte nur, daß wenn ich nur meine eigenen sehr ähnlichen Erfahrungen aus der jahrzehntelangen Bemühung, die verschiedensten Fächer zur Besinnung auf ein gemeinsames Fundament zu bringen, geschildert hätte, daß dies dann als »philosophische« Interpretation — und damit als für Fachwissenschaftler »unverbindliche« Interpretation abgetan würde. Es ist aber eine Tatsache unserer gegenwärtigen geistigen Situation, daß die Verkrustung in Fachsprachen eine interdisziplinäre Kooperation schon aus sprachlichen Gründen nur in »Glücksfällen« gelingen läßt. Das hat noch gar nichts mit Wissenschaftstheorie zu tun — das kostet aber in Form von interdisziplinären Instituten sehr viel Geld. Solange die interdisziplinäre Forschung darauf angewiesen ist, daß die interdisziplinäre Verständigung (»Kommunikation« sagt man heute dazu) nur *zufällig* über die unkritisch verwendete Umgangssprache gelingt, so lange läßt sich der Aufwand für interdisziplinäre Forschung nicht durch die bloße Behauptung einer guten Chance für die Erreichung des Zwecks interdisziplinärer Forschung, insbesondere der Konfliktforschung, rechtfertigen.

Der Rückgriff auf die Umgangssprache als dem letzten Grund der Verständigung zwischen Wissenschaftlern, die sich daran gewöhnt haben, ihre Fachsprache unkritisch wie eine natürliche Sprache zu sprechen, ist ein Dogma, das vor etwa 30 Jahren in Oxford als »ordinary language philosophy« in die Welt gesetzt wurde. Als Reaktion auf die vergeblichen Bemühungen des Neopositivismus, eine Formalisierung aller Fachsprachen in einer symbolischen Einheitssprache zu erreichen, war die Analyse der Umgangssprache sicherlich ein wichtiger Schritt in der richtigen Richtung. Die Verabsolutierung der Umgangssprache (entgegen der Warnung Austins, daß sie »not the last word, but the first word« sei) hat dagegen der Überwindung der interdisziplinären Verständigungsschwierigkeiten keine bessere Chance gegeben. Man ist jetzt auf die zufällig gelingende Verständigung angewiesen. Solange man innerhalb des Themenbereichs der Umgangssprache bleibt, ist eine umgangssprachliche Verständigung allerdings keine Schwierigkeit. Diese Basis ist aber zu schmal, wenn man sich über Methoden und Ziele von Wissenschaften verständigen will.

Es ist zwar faktisch so, daß gegenwärtig die Umgangssprache

im alltäglichen Leben gelernt wird und daß auf der Schule, und auch auf der Hochschule, der *Übergang* von der Umgangssprache zu einer Fachsprache in einer unkontrollierten, oft meist auch dem Lehrenden nicht bewußten Weise geschieht. Aber gerade daran scheitert dann, daß die eigene Fachsprache für ein interdisziplinäres Gespräch schrittweise eingeführt werden kann.

Um die Chance interdisziplinärer Verständigung zu verbessern — und damit die Chance, die Ziele interdisziplinärer Forschung überhaupt erreichen zu können — ist es erforderlich, die ersten Schritte, die über das alltägliche Reden hinausführen, methodisch, d. h. in wohlgeordneter Reihenfolge, ohne Zirkel und ohne Sprünge, durchzuführen. Die Auffassung, daß die Umgangssprache die Basis aller Fachsprachen sei, ist für die interdisziplinäre Forschung unzureichend. Vielmehr muß sich jede interdisziplinäre Forschung als erstes explizit um die *Konstruktion* einer sprachlichen Basis bemühen, auf der dann die Fachsprachen schrittweise zu errichten sind.

Es ist auch noch richtig zu sagen, daß eine solche Basis in unmethodischer Weise »immer schon« von den natürlichen Sprachen konstruiert sei. Aber für die interdisziplinäre Forschung muß man dann hinzufügen, daß eine methodische Rekonstruktion dieser Basis erforderlich sei. Es ist eine Grundsprache, die *unter* allen Fachsprachen liegt, also eine infradisziplinäre Sprache, erst zu erarbeiten, ehe die weitere interdisziplinäre Forschung überhaupt eine Chance hat.

Für die ordinary language philosophy scheint zu sprechen, daß einander fremde Personen, wenn sie wenigstens aus demselben Lande stammen, zunächst keine andere Sprache als die natürliche Sprache des Landes gemeinsam haben. Das ist unbestritten.

Es folgt daraus aber gar nicht, daß diese zufällige Gemeinsamkeit darum auch gemeinsamer Bestandteil aller Fachsprachen bleiben müßte.

Wenn die analytische Philosophie dies behauptet — und diese ihre Behauptung wird z. Zt. mehr oder weniger bewußt von den Fachwissenschaften übernommen — dann wird damit zugleich auf eine methodisch kontrollierbare Grundlage aller Wissenschaft verzichtet.

Dieser Verzicht, der die wissenschaftliche Verständigung dem zufallsbedingten Wandel der Umgangssprache ausliefert, leugnet die Möglichkeit internationaler — genauer: interlingualer — Wissenschaft von Anfang an.

Wir sind dadurch — wissenschaftsgeschichtlich gesehen — tatsächlich wieder auf den Anfang aller kritischen Wissenschaft zurückverwiesen, nämlich auf den sokratischen, von Platon und Aristoteles weitergeführten Versuch, eine in allen Schritten kontrollierbare Wissenschaft aufzubauen.

Dieser Versuch hat bei Aristoteles zu dem Lehrgebäude der assertorischen und modalen Syllogistik geführt — und ist dann dort steckengeblieben, bis Ende vorigen Jahrhunderts das Fundierungsproblem aller Wissenschaften durch die Logik von Frege (im Anschluß an Leibniz) wiederaufgenommen worden ist. Frege beschränkte sich zunächst darauf, die für die Mathematik und Naturwissenschaften erforderlichen sprachlichen Mittel zu konstruieren. Schon das stellte sich als eine fast unlösbare Aufgabe heraus. Es ist bis heute über dieses Problem noch zu keinem allgemeinen Konsensus gekommen — aber ich darf wohl behaupten, daß die »konstruktive« Logik, wie sie in Erlangen gelehrt wird, gute Fortschritte macht.

Das führe ich darauf zurück, daß die konstruktive Logik nicht als Selbstzweck (oder als Beschäftigungstherapie für Mathematiker) betrieben wird, sondern bewußt nur als eine gemeinsame Grundlage aller Fachwissenschaften. Sie reicht für die Mathematik und Naturwissenschaften aus, wenn man die Rechtfertigung der Zwecke, für deren technische Verwirklichung diese Wissenschaften gebraucht werden, aus der wissenschaftlichen Diskussion ausschließt.

Gerade dieser Ausschluß der »praktischen« Fragen (praktisch im Sinne einer »praktischen« Philosophie, die die Grundlagen der moralisch-politischen Wissenschaften liefern soll), gerade der Ausschluß der Fragen nach den Zwecken aus der wissenschaftlichen Diskussion, ist es aber, der die interdisziplinäre Verständigung nur dann — zufällig — gelingen läßt, wenn die Gesprächsteilnehmer keine unverträglichen Zwecke verfolgen. Das kommt in der Tat gegenwärtig immer wieder bei Wissenschaftlern vor, die — wie sie sagen —Wissenschaft als Selbstzweck betreiben. Aber damit läßt sich eben keine Konfliktforschung betreiben, weil dort über Zwecke, nicht nur über Mittel, vernünftig entschieden werden muß. Meine Konklusion aus dieser unserer Situation ist, daß die Logik um eine Ethik als gemeinsame Grundlage aller praktischen Wissenschaften erweitert werden muß.

Im Rahmen dieses Vortrages kann ich die schrittweise Konstruktion einer die Ethik einschließenden wissenschaftlichen Grundsprache, die dann — anstelle der Umgangssprache — als gemeinsamer Grundlage aller Fachsprachen der interdisziplinären Verständigung eine gute Chance garantieren kann, nur als Programm andeuten: das Programm einer »kritischen Genese« von Wissenschaften.

Im Erlanger Philosophischen Seminar haben wir gut zehn Jahre an der Ausarbeitung des Programms gearbeitet. Ein erstes Ergebnis war die *Logische Propädeutik* mit dem leider etwas arrogant klingenden Untertitel *Vorschule des vernünftigen Redens*. Gemeint war, daß die Logische Propädeutik eine »Grundschule« des vernünftigen Redens über technische und praktische Probleme nur vorbereiten sollte. Diese »Grundschule« ist vor kurzem als »Konstruktive Logik, Ethik und Wissenschaftstheorie« erschienen.

Unter dem Titel *Konstruktive Wissenschaftstheorie* wird darin ein methodisch strenger Aufbau von Wissenschaften an den Beispielen von Mathematik, Physik, Geschichte und (normativer) Kulturwissenschaft ein Stück weit vorgeführt. Jeder Fachwissenschaftler, z. B. der Historiker, sollte dem Aufbau z. B. der Physik, soweit er dort vorgetragen wird, folgen können.

Interdisziplinäre Verständigungsschwierigkeiten sind dadurch ausgeschaltet, daß den konstruktiven Theorien der Fachwissenschaften ein allen Disziplinen zugrundeliegender, also infradisziplinärer, Aufbau von Logik und Ethik vorangeht. Versteht man Logik im engen Sinne einer Lehre von der Zusammensetzung von Sätzen mit Hilfe eines eigens zu begründenden Systems von Partikeln (die dann »logische« Partikeln genannt werden), so muß der Logik eine Lehre der nicht logisch-zusammengesetzten Sätze vorangehen. Das ist das Problem einer rationalen Grammatik. Schon hier hat man sich evtl. gegen die Syntax der eigenen Landessprache eine für Wissenschaftssprachen geeignete Syntax zu erarbei-

ten. Die »Eignung« hat sich von Anfang an daran zu erweisen, daß das wissenschaftliche Reden zur Lösung von
technischen oder praktischen Problemen (bzw. Konflikten)
beitragen soll. Das wissenschaftliche Reden ist so von Anfang an einer Kontrolle durch zugehörige Handlungen unterworfen. An die Stelle der Umgangssprache tritt ein *emprag-
matisch* kontrollierbarer Gebrauch von Termini, einschließlich
geeigneter syntaktischer Mittel, die die Termini zu Sätzen zu-
sammenfügen.
Schon im gewöhnlichen Leben müssen wir im Medium der
Umgangsprache sprechen, argumentieren, denken. Wir müssen über Zwecke entscheiden und Mittel zur Verwirklichung
unserer Zwecke wählen.
Dieses gewöhnliche Denken bezieht sich stets auf unsere je
besonderen Lebenssituationen — es hängt von diesem Denken ab, ob unsere Entscheidungen über Zwecke und unsere
Wahl von Mitteln »vernünftig« sind, d. h. ob sie »gerecht«
und »klug« sind.
Der Ausdruck »vernünftig« weist dabei auf die Möglichkeit hin, daß unser gewöhnliches Reden, Argumentieren, Denken mehr oder weniger »gut« sein kann.
Um »besser«, also gerechter und klüger argumentieren zu
können, versuchen wir in Schulen und Hochschulen, das
Entscheiden über Zwecke und die Wahl von Mitteln *methodisch* einzuüben. *Wissenschaftliches Denken* ist methodisch
geübtes gewöhnliches Denken. Es bezieht sich nicht mehr auf
unsere besonderen Lebenssituationen. In den Schulen sprechen
und argumentieren wir nur über Situationen »im allgemeinen«
und — zur Übung — über besondere historische Situationen.
Der wissenschaftlich Gebildete hat das hier Gelernte auf seine
besonderen Lebenssituationen anzuwenden. Diese Anwendungen können nicht vorweg gelernt werden, aber wissenschaftliche Erziehung ist die beste Vorbereitung auf die
Entscheidungen und Wahlen unseres Lebens.
Das der wissenschaftlichen Erziehung zugrundeliegende Programm für ein methodisches Training in der Wahl von Mitteln bei gegebenen Zwecken führt zunächst zu dem *technischen*
Wissen im modernen, weiten Sinn dieses Wortes. Die am
weitesten entwickelten Disziplinen sind die Naturwissenschaften; aber auch die empirischen Sozialwissenschaften

und die empirische Psychologie gehören in diesem Sinn zu dem technischen Wissen.

Für sie sind die Zwecke vorgegeben. Eine Situation wird allgemein beschrieben, und die Aufgabe besteht darin, sie in eine neue mit gewünschten Eigenschaften zu überführen. Wir müssen also zuerst lernen, wie eine gegebene Situation zu beschreiben ist. Wir müssen uns *Kenntnis* der relevanten *Tatsachen* verschaffen. Wir müssen dann hypothetisch *Gesetze* einführen, gemäß welchen sich Situationen verändern. Mit solchen Gesetzen *erklären* wir Veränderungen — worauf es hier aber ankommt, ist, daß wir nur mit solchen Gesetzen die Wirkungen unserer Handlungen *vorhersagen* können. Nur mit technischem Wissen können wir vernünftig Mittel für unsere Zwecke wählen.

Als Hilfsdisziplinen für diese »technische« Wissenschaft entwickeln wir die Mathematik und den grundlegenden Teil der Physik, die allgemeine Mechanik, als Theorie der *Messungen,* wie sie von Physikern zur Beschreibung von Situationen verwendet werden.

In einem zweiten Schritt führt das Programm eines methodischen Trainings des Entscheidens über Zwecke zu dem »praktischen« Wissen. Hier lernen wir, darüber zu urteilen, ob vorgebrachte (gewünschte) Zwecke menschlichen Bedürfnissen dienen — oder ob sie bloße Phantasieprodukte sind. Im gewöhnlichen Leben verfolgen wir ständig nicht-willkürliche Zwecke. Aber der Bereich unserer Zwecke ist zunächst sehr beschränkt. Wir haben zur Erweiterung dieses Bereichs die Handlungen anderer als Mittel für Zwecke *deuten* zu lernen. Und Zwecke können Mittel für andere Zwecke, also Unterzwecke von Oberzwecken, sein. Wir müssen hypothetisch *Normen* einführen, um deuten zu können: eine Handlung wird gedeutet durch die Annahme, daß der Handelnde gemäß einer Norm handelt, also so, *als ob* er einen allgemeinen Imperativ anerkannt hätte von der Form »Wenn du dich in der Situation S befindest, dann verwirkliche den Zweck A!«. Nur mit solchen Normen können wir Menschen, uns selbst eingeschlossen, *verstehen.* Ohne solche Normen und Normensysteme können wir insbesondere nicht unsere Kultur-Institutionen verstehen und begeben uns der Chance, über Zwecke vernünftig zu entscheiden.

Aber selbst mit einem hinreichend gebildeten *Verständnis* unserer Kultur-Institutionen, etwa in der Wirtschaft, der Rechtsprechung, der Politik und all der kultivierten Formen von Arbeit und Müßiggang, bleibt das Problem, über die dann verfügbare Vielfalt von Normen »vernünftig«, also gerecht zu entscheiden. Das Programm eines methodischen Trainings im Entscheiden über Zwecke verlangt, die *Rechtfertigung* von Normen zu erlernen. Wir müssen lernen, über die Frage zu *argumentieren*, ob angegebene Normen menschlichen Bedürfnissen gerecht werden oder nicht.

Das Bisherige ist eine Darstellung der Entwicklung des wissenschaftlichen Denkens als einer methodischen Stilisierung des gewöhnlichen Denkens. In ihr bleibt für eine »Wissenschaftstheorie« nirgends eine Aufgabe; für alles Nötige scheinen die »technischen« und »praktischen« Wissenschaften Sorge zu tragen. Das wäre in der Tat richtig — und für eine Wissenschaftstheorie bestünde keinerlei Bedürfnis — wenn das Programm eines methodischen Trainings unseres technischen und praktischen Denkens in den Einzelwissenschaften tatsächlich durchgeführt würde. Aber gerade dieser Punkt ist strittig.

Für Wittgenstein (und viele andere Vertreter der »analytischen« Philosophie) ist zumindest die »technische« Wissenschaft »in Ordnung«. In Übereinstimmung mit dem generellen Trend unserer Zeit, vom Erfolg der modernen Technologie fasziniert zu sein, wird es als erwiesen betrachtet, daß die technische Wissenschaft, allen voran die moderne Physik, paradigmatische Fälle methodisch aufgebauter Wissenschaft darstellt.

Aber schon ein Blick auf die »Grundlagen« der Naturwissenschaften zeigt ein ganz anderes Bild. In der Logik haben wir die — freilich in der Regel ignorierte — Unsicherheit über die Zulässigkeit des tertium non datur, in der Mathematik haben wir die besser bekannten Schwierigkeiten mit der Zulässigkeit von imprädikativen Komprehensionsprinzipien der Mengenlehre. Gehen wir zur allgemeinen Mechanik über (mit Geometrie und Kinematik als ersten Teilen, aber ohne die empirischen Gravitationstheorien), so geraten wir, methodisch gesehen, in eine Art Chaos. Doch wird es als Häresie betrachtet, daran zu zweifeln, daß die Relativitätstheorie eine »empirische« Begründung für diesen grundlegenden Teil der Physik geliefert hätte.

Wir sehen hier eine erste, von den in den Einzelwissenschaften behandelten verschiedene Aufgabe, nämlich, die *ersten Schritte* methodisch durchzuführen, die erforderlich sind, *ehe* die eigentlichen Wissenschaften beginnen können. Das Treiben von *Logik* als methodische Einführung der »logischen« Partikeln (Negator, Junktoren, Quantoren und Modalitäten) gehört offensichtlich hierzu. Eine konstruktive Untermauerung der »axiomatischen« mathematischen oder der grundlegenden physikalischen Theorien (wie Mengenlehre oder Geometrie) wäre ein weiterer Punkt. Wir sollten das faktische Treiben von Wissenschaftlern »analysieren«, wenn sie etwa aus Prämissen »logisch« Schlüsse ziehen, um anschließend zu (re-)konstruieren, also die erhaltenen »Teile« in einer kritischen schrittweisen Konstruktion zusammenzusetzen und so zum logischen und mathematisch-physikalischen Vokabular für Wissenschaftssprachen zu gelangen.

In der »praktischen« Wissenschaft ist die Situation noch entschieden umstrittener. Im Anschluß an Max Weber (und in der englischen Tradition an den Empirismus von Hume) wird schlechterdings geleugnet, daß es vernünftige Argumentationen über letzte Zwecke geben könne (»letzter« Zweck soll hier nur heißen: nicht mehr als Mittel auf einen Oberzweck bezogen — so, wie wir z. B. im gewöhnlichen Leben zuweilen nicht deshalb essen, um uns für die Arbeit des nächsten Tages zu stärken, sondern einfach um des Essens willen, als »letztem« Zweck). Natürlich können Normensysteme, die unter gewissen Bedingungen letzte Zwecke vorschreiben, im Hinblick auf ihre Realisierbarkeit untersucht werden — aber das sind »technische« Probleme. Es kann auch untersucht werden, ob sie *faktisch* anerkannt werden, aber das führt bestenfalls zu einem *Verständnis* sozialer Phänomene, nicht zu vernünftigen Urteilen über Fragen der *Gerechtfertigtheit.*

Der Schritt vom bloßen Verstehen zu Werturteilen, vom *Verstehen* zum *Begreifen* in der Hegelschen Terminologie, wird von der überwältigenden Mehrzahl der »praktischen« (Sozial-, Kultur-) Wissenschaftler nicht vollzogen. Und wird er es doch einmal, so entsteht sofort der Verdacht, daß der methodische Pfad der Wissenschaft verlassen wurde, daß Wunschdenken, Ideologie anstelle von Vernunft, am Werke sei.

Auch hier taucht die Aufgabe auf, ein Grundvokabular (die Logik darf jetzt als schon zur Verfügung stehend unterstellt werden) bereitzustellen, um die praktischen Wissenschaften in Gang zu bringen. Ersichtlich genügt es nicht zu analysieren, was in den Sozialwissenschaften faktisch getan wird: es gibt keine allgemein anerkannten Normen darüber, welche Argumente über Normen diese als gerechtfertigt erweisen oder als ungerechtfertigt. Doch schließt dies nicht aus, daß man bei einer *kritischen Rekonstruktion* der Sprache der praktischen Wissenschaft (paradigmatisch etwa Ökonomie, Jurisprudenz oder Politikwissenschaft) zu vernünftigen Regeln für solche Argumente kommen kann. *»Ethik«* wäre ein passendes Wort für das Programm, ein Grundvokabular für alle praktische Wissenschaft konstruktiv zu erstellen. Eine Analyse von deutschen Wörtern, beginnend mit deontischen Modalitäten wie »sollen« und »dürfen«, über Wörter wie »Zweck«, »Mittel«, »Handlung«, bis hin zu den Wörtern »begehren«, »meinen«, »entscheiden«, »wählen« und den wertenden Ausdrücken »Bedürfnis« und »gerechtfertigt« (ich verwende »Bedürfnis« für »gerechtfertigte Begehrung«) genügt natürlich nicht. Nach dieser Analyse müssen wir eine methodische Rekonstruktion des Grundvokabulars vorschlagen, das für die in der Analyse ermittelten Zwecke ausreicht.

Logik, Ethik und *Wissenschaftstheorie,* d. h. die grundlegenden Schritte, durch die die Wissenschaften in Gang kommen, das sind die Teile, die zusammen ein »infradisziplinäres Wissen« bilden. Daß ein solches infradisziplinäres Wissen, das durch eine gemeinsam verstandene logische und ethische Terminologie formulierbar wird, nicht dem Zufall des Gelingens umgangssprachlicher Verständigung überlassen werden muß, sondern daß ein solches *Grundwissen* methodisch erarbeitet werden kann, ohne dabei schon Resultate gewisser Fachwissenschaften vorwegzunehmen, das ist das Programm der Konstruktiven Logik, Ethik und Wissenschaftstheorie. An der Verwirklichung dieses Programms wird im Rahmen des Erlanger Philosophischen Seminars gearbeitet, auch an einigen anderen Seminaren, z. B. in Konstanz, Hamburg,

Aachen und in den USA in Austin und Boston.

Für jede interdisziplinäre Forschung möchte ich den Vorschlag machen, die Erarbeitung eines infradisziplinären Wissens als einen vorbereitenden Schritt immer dann in Erwägung zu ziehen, wenn die interdisziplinäre Forschung an Verständigungsschwierigkeiten zu scheitern droht.

Zur Begründung trage ich — um es noch einmal zusammenzufassen — vor, daß die Zwecke interdisziplinärer Forschung, insbesondere der Konfliktforschung, nur dann eine begründbare Chance haben, erreicht zu werden, wenn die gegenwärtig immer wieder auftretenden Schwierigkeiten, sich interdisziplinär überhaupt zu verständigen, als Gegenstand eines eigenen Projektes methodisch in Angriff genommen werden. Die konstruktive Wissenschaftstheorie stellt einen ausgearbeiteten Vorschlag eines schrittweise lehrbaren infradisziplinären Wissens zur Diskussion. Der Vorschlag konstruiert ein Begriffsgerüst durch die Definition von z. Zt. 456 Termini. Aber auch evtl. Erweiterungen können nicht mehr als eine Grundschule des Wissens sein. Die *Hauptschule* des Wissens sind und bleiben die Fachwissenschaften selber. Und interdisziplinäre Forschung ist nicht für Wissenschaftstheoretiker, sondern für die *Fachwissenschaften* da, weil nur diese konkrete Konflikte lösen können, wenn sie zusammenarbeiten. *Wenn* sie zusammenarbeiten! Die Wissenschaftstheorie ist nur so weit vorrangig, als diese Bedingung nicht erfüllt ist. Um diese Bedingung zu erfüllen, um eine Zusammenarbeit nicht schon an Verständigungsschwierigkeiten scheitern zu lassen, ist es erforderlich, *erst* ein infradisziplinäres Wissen lehrbar zu machen.

II
Wissenschaftstheorie der Mathematik und Wahrscheinlichkeitsrechnung

Wie ist Philosophie der Mathematik möglich?

Das Thema enthält die beiden Wörter »Philosophie« und »Mathematik«. Es ist zunächst zu erläutern, welche Bedeutung diese Wörter in unserer Untersuchung haben sollen. Von der Bedeutung, die wir den Wörtern geben, wird auch die Schwierigkeit unseres Problems abhängen. Wir könnten uns das Problem erleichtern, wenn wir z. B. die Mathematik von vornherein nur unter einem ganz bestimmten Aspekt betrachten würden. Wenn wir also etwa mit der modernen französischen Enzyklopädie der Mathematik, die unter dem Pseudonym »Bourbaki« erscheint, als Mathematik nur gewisse axiomatische Theorien gelten lassen würden. Für mich wäre es selbstverständlich noch bequemer, nur die operative Mathematik als eigentliche Mathematik anzusehen. Aber dieser Versuchung will ich widerstehen und will vielmehr — damit unser Thema nicht unnötig an Inhalt verliert — die Mathematik nur als ein historisches Phänomen eingrenzen. Da unsere Frage auf die Gegenwart bezogen ist, sei die Untersuchung auf die Mathematik der Gegenwart beschränkt, sagen wir also auf die Mathematik der letzten hundert Jahre. Das ist ein mehr oder weniger zusammenhängender Komplex wissenschaftlicher Aktivität. Dieser Komplex hat — so verschwommen auch seine äußeren Grenzen sein mögen — einen deutlichen Kern in der Arithmetik und Analysis, also in der Theorie der Zahlen und ihrer Funktionen. Angelagert an diesen Kern finden sich axiomatische Theorien, die ihre Modelle in diesem Kern haben. Das sind vor allem Algebra und Topologie — aber auch die theoretische Geometrie läßt sich hierunter subsumieren und kann so ihre Zugehörigkeit zur Mathematik behaupten gegenüber allen Stimmen, die sie zu einer physikalischen Theorie erniedrigen wollen.

Wie ist Philosophie dieser Mathematik möglich? Die Frage

hängt jetzt noch von der Bedeutung ab, die dem Wort »Philosophie« gegeben wird. Die eben befolgte Methode der historischen Eingrenzung läßt sich hier ersichtlich nicht mehr anwenden. Das, was etwa in den letzten 100 Jahren unter dem Titel »Philosophie« aufgetreten ist, zeigt sich uns — auch bei wohlwollendster Betrachtung — durchaus nicht als ein zusammenhängender Komplex, und nirgendwo ist ohne eigene Stellungnahme des Betrachters ein Kern zu entdecken. Die erforderliche Entscheidung, was aus dem Konglomerat der gesamten Philosophiegeschichte — die Beschränkung auf hundert Jahre wäre hier völlig willkürlich — als die eigentliche Philosophie auszuwählen ist, bietet nochmals eine Chance, unserer Frage eine Wendung ins Triviale zu geben. Seit der Antike gehört z. B. die Logik zur Philosophie, wenn auch häufig unter anderem Namen, etwa als Dialektik bei Platon, Analytik bei Aristoteles und als Vernunftlehre in der deutschen Schulphilosophie. Was läge also näher, als unter Philosophie der Mathematik die Lehre von den logischen Prinzipien der Mathematik zu verstehen? Die Möglichkeit einer solchen Philosophie der Mathematik wäre kein Problem. Schon hieran zeigt sich, daß diese Lösung keine gute Antwort wäre. Diese »Philosophie« wäre eine Einzelwissenschaft; denn es läßt sich nicht leugnen, daß sich die Logik in der Gegenwart zu einer Einzelwissenschaft verselbständigt hat. Die Philosophie als Mutter aller Wissenschaften hat schon viele ihrer Töchter aus dem Hause gehen sehen. Die Logik hat den Vorzug, noch in der anregenden Atmosphäre des mütterlichen Hauses wohnen zu dürfen. Ihre Selbständigkeit innerhalb dieses Hauses ist aber durchaus nicht neu. Schon seit ihrer Geburt sozusagen, nämlich schon bei Aristoteles nimmt sie eine besondere Stellung ein, insofern ja logisches Denken Voraussetzung jeder Wissenschaft ist. Da alles philosophische Denken sich ebenfalls an die Regeln der Logik halten muß, ist sie auch in der Philosophie voranzustellen. Die Werke des Aristoteles sind uns dementsprechend so überliefert, daß die Logik als Werkzeug, als Organon, für alles weiteres vorangestellt ist.

Wenn man von einer Philosophie der Mathematik sprechen will, so ist es vom modernen Standpunkt aus gerechtfertigt, die Logik dabei, sofern sie in der Mathematik gebraucht wird, einfach zur Mathematik selbst mit hinzunehmen. Im Selbstverständnis der modernen Einzelwissenschaft sieht das Problem einer Philosophie der Mathematik dann etwa so aus: Die Mathematik — jetzt einschließlich der Logik, — geht ihren sicheren Gang, sie schreitet fort — aber gelegentlich stößt dieser Fortschritt auf gewisse Schwierigkeiten, wo die gewohnten Methoden nicht mehr anwendbar sind, ja, wo sich diese Schwierigkeiten schon gar nicht mehr präzise fassen lassen wollen. Man stößt auf »prinzipielle« Schwierigkeiten — und das müssen dann philosophische Schwierigkeiten sein. Die Philosophie bekommt so die ehrenvolle Aufgabe, gewissermaßen als Kuriositätenkabinett der Einzelwissenschaften dienen zu dürfen. Das mag ja gut gemeint sein, indem man vielleicht befürchtet, die Philosophie wäre sonst arbeitslos, wenn sie nicht auf diese Weise beschäftigt würde.

Dem gegenüber möchte ich hier die Bitte aussprechen, die Einzelwissenschaften möchten sich um ihre Kuriositäten, und seien sie noch so prinzipiell, selbst kümmern. Wenn z. B. die Mathematiker wissen wollen, was die sog. natürlichen Zahlen sind, etwa inwiefern sie denn »natürlich« sind, oder ob die für sie üblichen Axiome ganz bestimmt gelten — woher soll das denn der Philosoph wissen, wenn es die Mathematiker, die sich dauernd mit den Zahlen beschäftigen, nicht selber wissen?

Gut, wenn wir so die Grenz- und Grundlagenfragen ebensowenig wie die Logik als Philosophie der Mathematik gelten lassen wollen, dann bekommt unsere Frage nach der Möglichkeit der Philosophie der Mathematik eine neue Dringlichkeit. Nicht wie solche Philosophie möglich ist, sondern ob so etwas möglich ist, ob es so etwas denn überhaupt gibt — das müßte jetzt erst gefragt werden. Bisher haben wir uns nur negativ festgelegt:

1. Die Logik soll keine Philosophie der Mathematik heißen und

2. soll die Philosophie keine Fragen der Einzelwissenschaft behandeln.

Wollen wir jetzt nicht völlig willkürlich irgendetwas aus der unübersehbaren Fülle der noch verbleibenden Möglichkeiten herausgreifen, um es dann »Philosophie« zu nennen, so bleibt nur der Weg der historischen Besinnung. Wie ist es denn gekommen, daß eine Wortzusammenstellung wie »Philosophie der Mathematik« nicht als absurd empfunden wird, sondern doch irgendwelche, wenn wohl auch sehr undeutliche Vorstellungen einer sinnvollen Richtung unseres Denkens hervorruft?

Gehen wir auch hier auf Aristoteles zurück! Nach der Überlieferung folgen auf die Analytiken die einzelwissenschaftlichen Schriften, zusammengefaßt als Physik. Danach beginnt der »Königsweg der Philosophie« von der πρώτη φιλοσοφία ausgehend zur Ethik und Politik. Die πρώτη φιλοσοφία, die erste Philosophie — wegen ihrer Stellung μετὰ τα φυσικά, nach der Physik, auch »Metaphysik« genannt —, fragt nach den ersten Ursachen und Gründen, nach den Prinzipien des Seienden. Unsere Welt ist aber nicht mehr die Welt der Griechen. Wir können daher Philosophie nicht mehr mit Metaphysik im aristotelischen Sinne identifizieren. Die geistesgeschichtlichen Vorgänge, die die griechische Einheit von Denken und Sein zerstört haben und schließlich nach dem Durchgang durch die mittelalterliche Theologie zu unserem von den empirischen Naturwissenschaften geprägten Weltverständnis geführt haben, brauchen hier nicht analysiert zu werden. Kant hat als erster gesehen, daß dadurch Metaphysik im aristotelischen Sinne unmöglich geworden ist. An die Stelle der metaphysischen Frage nach den Prinzipien des Seienden tritt bei ihm die Frage nach den Prinzipien der Erkenntnis des Seienden. An die Stelle der Metaphysik tritt die Transzendentallogik.

Unsere historische Besinnung auf die Bedeutung von »Philosophie« führt uns so zur Kantischen Philosophie der Mathematik, d. h. zu der transzendentalen Frage: Wie ist reine Mathematik möglich? Da wir uns hier auf den Kern der gegenwärtigen Mathematik, auf Arithmetik und Analysis beschränken wollen, brauchen wir nur die Kantische Philosophie der Arithmetik zu betrachten. Bezüglich der Analysis, deren Grundlagen zu seiner Zeit noch erheblich verworrener als heute waren, scheint sich Kant an die vorhin formulierte Maxime gehalten zu haben, die Philosophie nicht als Kuriositätenkabinett anzusehen. Er hat es den Mathematikern überlassen, sich damit abzuquälen. Bezüglich der Arithmetik hat er die aus dem Hellenismus stammende Lehre, die auch von Leibniz aufgenommen worden war, die Zahlen seien als Ideen Gedanken Gottes, zerstört. Seit Kant ist Gott kein Mathematiker mehr. Die Mathematik wird vielmehr — wie schon im spätmittelalterlichen Nominalismus — zu einem Instrument des endlichen Menschen. Es scheint mir deutlich zu sein, daß sich diese Auffassung gegenwärtig weitgehend durchgesetzt hat. Sie ist selbstverständlich geworden. Gegenüber Gauß, der noch den — sprachlich allerdings unklassischen — Satz »ὁ θεὸς ἀριθμητίζει« vertritt, bemerkt Husserl: »Ich würde höchstens sagen: ὁ ἄνθρωπος ἀριθμητίζει«.

Dies bedeutet nun aber nicht im geringsten, daß die transzendentallogischen Erörterungen Kants über die Arithmetik heute anerkannter Bestandteil einer von uns gesuchten Philosophie der Mathematik sind. Im Gegenteil, schon die Kantische Lehre, daß die Sätze der Arithmetik synthetische Urteile a priori seien, wird nur von wenigen getreuen Kantianern noch verteidigt. Der groß angelegte Angriff Freges und Russells, der das Ziel hatte, mit den eigens dazu entwickelten Methoden der modernen Logik die Arithmetik als analytisch nachzuweisen, ist zwar im Kreuzfeuer des Brouwerschen Intuitionismus und des Hilbertschen Formalismus zum Stehen gebracht worden — aber weder Brouwer noch Hilbert sind strenge Kantianer. Die Grenzen zwischen Logik und Mathematik haben sich in diesen Diskussionen so verwischt, daß es gar nicht mehr sinnvoll erscheint, innerhalb des Logiko-Mathematischen einen Bereich des Analytischen abzugrenzen. Die Kantische Lehre von der Beziehung der Zahlen zur Zeit ist zudem für die moderne Grundlagenforschung der Mathematik gar nicht von Bedeutung geworden. Sie bekommt auch bei Kant selbst erst ihre Bedeutung, wenn man sie in die Gesamtaufgabe der Transzendentallogik hineinstellt. Diese besteht nämlich nicht in der Frage, wie Mathematik möglich sei, sondern wie apriorisches Wissen in den Naturwissenschaften möglich sei. Diese Frage liegt außerhalb unseres Themas. Ich referiere daher nur kurz das historische Schicksal der Kantischen Philosophie. Durch Kant wurden die Formalwissenschaften, Logik und Mathematik, von den empirischen Einzelwissenschaften, den Realwissenschaften, getrennt. Die Verbindung zwischen ihnen wird durch die Kantische Transzendentallogik hergestellt. Schon zu Lebzeiten Kants begann es jedoch, daß diese Transzendentallogik einerseits im deutschen Idealismus zu einer Wiederbelebung der alten Metaphysik mißbraucht wurde, andererseits zu einer psychologistischen Erkenntnistheorie verzerrt wurde. So ist die Transzendentallogik bisher um ihre Wirkung gekommen. Der moderne Positivismus behauptet sogar, es gäbe gar keine Lücke zwischen den Formal- und Realwissenschaften. In häufig geradezu grotesker Unkenntnis der geistesgeschichtlichen Vorgänge, die das Phänomen der modernen Naturwissenschaften — dieses besteht ja gerade in einer einmaligen Verschmelzung von Mathematik und Experiment — heraufgeführt haben, wird dogmatisch behauptet, jeder Satz sei mathematisch oder empirisch, so etwas wie ein synthetisches Apriori könne es nicht geben. Wir können hier die Frage offen lassen, wie die Berge von Mißverständnissen, die den Weg zur Philosophie als der Lehre der synthetisch-apriorischen Sätze versperren, beseitigt werden können. Für uns ist nur das historische Faktum wichtig, das auf Grund der Wirksamkeit des positivistischen Denkens etwa seit hundert Jahren das Wort »Philosophie« meist etwas Pseudowissenschaftliches bedeutet, etwa eine Mischung von Wissenschaft, Dichtung und Religion. Auch Husserls Versuch einer Philosophie als strenger Wissenschaft hat sich nicht durchsetzen können. So ist es dazu gekommen, daß der wissenschaftlichen Philosophie nur ihre eigene Geschichte als legitimer Gegenstand zugebilligt wird. Das 19. Jahrhundert als das Jahrhundert des historischen Bewußtseins hat auch die wissenschaftliche Philosophiegeschichte hervorgebracht. Das scheint das Ende aller Philosophie zu sein.

Um die Möglichkeit einer Philosophie der Mathematik, nach der wir fragen, scheint es also sehr schlecht zu stehen. Unsere historische Besinnung hat uns bis zu der nachkantischen Reduktion der Philosophie auf ihre eigene Geschichte geführt. Gerade diese Historisierung enthält aber zugleich eine neue Möglichkeit des Philosophierens in sich. Zunächst nur aus der Aufgabe, die philosophischen Systeme von Platon bis Hegel historisch zu verstehen, beginnt sie unter dem inzwischen verbrauchten Terminus »Weltanschauung« über die Meinungen nachzudenken, die sich die Menschen von der

Welt und von sich selbst machen und die all ihr Tun, insbesondere ihr Denken bestimmen. Schon aus dem Fichteschen Wort: »Was für eine Philosophie man wähle, hängt davon ab, was für ein Mensch man sei«, ergibt sich aber, daß die Möglichkeiten des Menschen, sich von seinem In-der-Welt-Sein ein Bild zu machen, nicht nur ein Gegenstand historischer Betrachtung sind. Dilthey spricht von der »Unhintergehbarkeit« des Lebens. Durch keine noch so detaillierte Geschichtskenntnis wird das Faktum aufgehoben, daß wir unser eigenes In-der-Welt-Sein nur auf genau eine Weise auffassen und verstehen können. Wir können nicht leben, ohne ein solches vorgängiges Verständnis von Menschen und Welt. Dieses Verständnis formuliert sich nicht in Sätzen, die Bestandteil einer Wissenschaft sein können. Sofern es sich nicht nur in praktischen Entscheidungen äußert, läßt es sich nur fassen als ein Komplex von Meinungen, die den Wissenschaften voraufgehen und diese erst in das Lebensganze einordnen. Ich möchte diese Meinungen daher hier genauer »Vormeinungen« nennen. Nach dem scheinbaren Ende aller Philosophie können wir die Aufgabe der Philosophie also neu bestimmen als das Nachdenken über diese Vormeinungen. Die Philosophie hat keine Vormeinungen zu vertreten, sondern sie hat die Vormeinungen als ihren Gegenstand. Diese Formulierung erinnert natürlich an Dilthey, aber sie soll nicht bedeuten, daß die Philosophie alle Vormeinungen relativistisch als gleichberechtigt anzusehen hätte.

Der Terminus »Vormeinungen« soll davor schützen, nicht etwa diejenigen Meinungen als Gegenstand zu nehmen, die, statt den Wissenschaften vorauszugehen, ihnen als angebliche philosophische Konsequenzen folgen. Nach dem sog. Zusammenbruch der Hegelschen Philosophie hatte Wundt vorgeschlagen, Philosophie als weltanschauliche Synthese der wissenschaftlichen Ergebnisse zu begreifen. So entstand eine Metaphysik aus »Nachmeinungen«. Geschmeidig versucht man seitdem, die Nachmeinungen immer dem jeweiligen Stand der Wissenschaft anzupassen. Dies hat mit den ernsten Bemühungen um begründete Erkenntnis, die von Platon bis Hegel unter dem Namen »Philosophie« aufgetreten sind, so wenig gemeinsam, daß ich diese Metaphysik nur als eine mißglückte Karikatur der Philosophie ansehen kann.

Mit dem damit — wie ich hoffe, deutlich genug — formulierten Vorschlag, aus der bisherigen Geschichte der Philosophie als ihren eigentlichen Kern die Kritik der Vormeinungen herauszugreifen, präzisiert sich unsere Frage nach der Möglichkeit einer Philosophie der Mathematik als die Frage nach den Vormeinungen, die der Mathematik der Gegenwart zugrundeliegen. Mit der Präzisierung ist die Frage durchaus noch nicht beantwortet. Könnte man sich nicht denken, daß ein Mathematiker schon die Fragestellung entrüstet von sich wiese? Was sollen die unkontrollierbaren Wandlungen von Vormeinungen mit den objektiven und beweisbaren Theoremen der Mathematik zu tun haben? Soll etwa, nach dem glücklicherweise die deutsche Mathematik nur 12 Jahre existiert hat, jetzt auch nur die Möglichkeit von z. B. westlicher Mathematik oder ähnlichem erwogen werden? Dies wäre ein völliges Mißverständnis. Wenn im folgenden der Versuch gemacht wird, die Bedingtheit der gegenwärtigen Mathematik durch Vormeinungen aufzuweisen, so soll dies vielmehr in der Absicht geschehen, diese Bedingtheiten aufzuheben. Der Philosophie der Mathematik wird also die Aufgabe zugewiesen, die Vorentscheidungen, die schon im Ansatz mathematischer Theorienbildung verborgen liegen, dadurch ans Licht zu ziehen, daß sie in den größeren Zusammenhang der Geschichte unserer vorwissenschaftlichen Meinungen hineingestellt werden. Erst von daher können sie bewußt gemacht werden, erst von daher kann also der Wille entstehen, evtl. Änderungen durchzuführen.

Ich möchte hier jedoch kein Programm anpreisen, sondern nur einige konkrete Fälle besprechen, an denen die philosophische Bedingtheit der Mathematik deutlich wird. Ich beschränke mich auf drei Fälle:

1. Die Verwendung des tertium non datur in der Arithmetik
2. Die Verwendung des Begriffs der Potenzmenge
3. Die Verwendung von Axiomensystemen, deren Widerspruchsfreiheit nicht bewiesen ist.

Es handelt sich hier um je einen Satz, einen Begriff und eine Methode, die tagtäglich überall, wo es Mathematiker gibt verwendet werden. Diese Verwendung ist einfach ein Faktum. Wir müssen zusehen, ob sich das Faktum verstehen läßt.

Wer die Dinge nicht kennt, wird jetzt sicherlich etwa so denken: Wenn die Mathematiker diese Sätze usw. verwenden, dann wird es schon stimmen. Wir leben eben in einem wissenschaftsgläubigen Zeitalter. Wenn es nun aber doch nicht so ganz stimmt? Wir wollen uns die Dinge dazu genauer ansehen. Zunächst das tertium non datur in der Arithmetik! Die Arithmetik ist die Lehre von den Zahlen. Die Grundzahlen 1, 2, 3, ... und das Rechnen mit ihnen bildeten den Ausgangspunkt aller Mathematik. Diese Zahlen hat nach Kronecker »der liebe Gott gemacht«. Dieser freundlich-harmlose Ausspruch wird sehr häufig in den Einleitungen der Jahrbücher zitiert. Warum wohl? Er soll den Leser dazu bewegen, über die Herkunft der Grundzahlen nicht nachzudenken, er soll sie hinnehmen wie Sonne, Mond und Sterne. Sie sind eben einfach da. Ist n eine solche Zahl > 2, so hat Fermat behauptet, daß die Gleichung $x^n + y^n = z^n$ durch kein Tripel x, y, z von Grundzahlen erfüllbar sei. In Formeln:

$$\wedge_{x, y, z} \; x^n + y^n \neq z^n.$$

Es gibt unendliche viele Zahlen n, für die bis heute noch niemand diese Fermatsche Behauptung beweisen kann. Ebenso kann sie aber auch niemand widerlegen, d. h. niemand kennt ein erfüllendes Tripel der Gleichung. Wenn der liebe Gott die Zahlen wie die Sterne gemacht hat, wird er es aber wissen, ob es solche Tripel gibt. Wir wissen dagegen nur, daß

$$\wedge_{x, y, z} \; x^n + y^n \neq z^n \; \smile \; \vee_{x, y, z} \; x^n + y^n = z^n \quad \text{*)}$$

Es sieht so aus, als ob wir diese Formel beweisen könnten, auch ohne den lieben Gott zu bemühen. Diese Formel hat — etwas vereinfacht — die Gestalt

(1) $$\qquad\qquad \wedge_x \; \neg \, a(x) \smile \vee_x \, a(x)$$

Die moderne Mathematik erkennt alle Formeln dieser Gestalt als logisch gültig an. Daher wird auch der Schluß

---

*) $\wedge_x$: für alle x, $\smallfrown$: und, $\neg$: nicht, $\rightarrow$: wenn . . . dann, $\vee_x$: für ein x, $\smile$: oder

als eine logische Implikation stets zugelassen. Hieran zeigt sich, wie der Schließende sich und sein Denken versteht. Er stellt sich nämlich hier die Gesamtheit der Zahlen wie einen Korb mit Äpfeln vor. Wenn man weiß, daß nicht alle Äpfel in einem Korb unreif sind, so kann man selbstverständlich schließen, daß mindestens ein Apfel im Korb reif ist. Man brauchte die Äpfel ja nur nacheinander auf ihre Reife zu prüfen. Würde man keinen reifen Apfel dabei finden, so wären alle unreif gewesen — im Widerspruch zur Voraussetzung. Überträgt man diese Schlußweise von den Äpfeln auf die Zahlen, so vergißt man dabei, daß es unendlich viele Zahlen gibt. Die Äpfel in einem Korb kann man alle auf eine Eigenschaft prüfen, weil es nur endlich viele sind. Alle Zahlen kann niemand so prüfen. Wer alle prüfen will, kommt zu keinem Ende. Die Zahlenreihe hat kein Ende — genau dieses ist ja ihre Unendlichkeit. Aristoteles drückt diesen Sachverhalt im dritten Buch der Physik so aus: »Überhaupt existiert das Unendliche nur in dem Sinne, daß immer ein anderes und wieder ein anderes genommen wird, das eben Genommene aber immer ein Endliches, jedoch immer ein Verschiedenes und wieder ein Verschiedenes ist.« Das Unendliche ist hier nur δυνάμει »in potentia« denkbar, nicht ἐνέργεια »in actu«. Natürlich war es vorhin nicht korrekt zu sagen, daß die moderne Mathematik vergessen habe, daß es unendlich viele Zahlen gäbe. Das weiß man ganz genau. Aber man versteht das menschliche Denken als befähigt, mit dem Unendlichen weitgehend wie mit dem Endlichen umzugehen. Hier haben wir einen Fall, wo systematische Diskussion zunächst keinen Ansatz findet, erst die historische Betrachtung erhellt die Situation. Die Antike, zumindest die nach-aristotelische Antike, hat das Aktuale auf das Endliche beschränkt. Erst im Mittelalter verbindet sich die jüdisch-hellenistische Vorstellung von der Unendlichkeit Gottes mit der von Aristoteles gelehrten reinen Aktualität Gottes. Erst von da ab wird uns die Rede von aktualer Unendlichkeit gewohnt. Diese aktuale Unendlichkeit wird in der Renaissance vom Jenseits aufs Diesseits übertragen. In der modernen Physik sind wir allerdings schon wieder bei endlichen Weltmodellen angelangt. In der Mathematik dagegen erlebt das Aktual-Unendliche trotz der schon im 17. Jahrhundert beginnenden Infinitesimalrechnung erst in unserem Jahrhundert als Mengenlehre seine eigentliche Blüte. Ich kann nicht leugnen, daß mir das nach Kant als ein Anachronismus vorkommt. Es ist insbesondere nur schwer mit der sonst grundsätzlich anerkannten instrumentalen Auffassung allen wissenschaftlichen Denkens zu vereinen. Geschichtlich läßt es sich wohl nur durch die philosophische Indifferenz erklären, in die die Mathematik zusammen mit den Naturwissenschaften seit dem vorigen Jahrhundert geraten ist. Daher ist die Wirkung Kants nicht durchgreifender gewesen. Der philosophische Hintergrund z. B. von Russell erinnert viel mehr an Leibniz als an Kant. Bei Bolzano und Cantor läßt sich sogar scholastischer Einfluß nachweisen. Ich will die Gültigkeit der obigen Formel (1) hier nicht systematisch diskutieren. Das soll der Mathematik überlassen bleiben, ebenso ihre Ableitung aus dem logischen Prinzip »A oder nicht A, ein Drittes gibt es nicht«, in Formeln:

$$A \lor \lnot A.$$

Brouwer, der erstmalig 1907 diese Zusammenhänge erkannte, hat nicht gezögert, das tertium non datur $A \lor \lnot A$ daher für die Arithmetik zu verwerfen. Daß man ihm nicht gefolgt ist, läßt sich nicht mit der oft hervorgehobenen Komplizierung erklären, die der Verzicht auf das tertium non datur bewirkt, sondern nur aus dem überlieferten Verständnis des menschlichen Denkens als eines Nachvollzugs eines göttlichen Denkens. Die ganze neuzeitliche Mathematik lebt aus diesem Verständnis — hier ist die Abhängigkeit der Mathematik von einer Vormeinung ganz deutlich. Befreit man sich von dieser Abhängigkeit — und hierzu dürfte unerläßlich sein, sich ihrer Herkunft bewußt zu werden — so findet man innerhalb der üblichen, sog. klassischen Logik einen vom Unterschiede »endlich — unendlich« unabhängigen Kern. Es hat sich herausgestellt, daß dieser Kern ausreicht, um die Verwendung der klassischen Logik als widerspruchsfrei nachzuweisen. Insofern kann man sagen, daß eine Kritik am tertium non datur die moderne Mathematik nicht entscheidend trifft.

Eine wesentlich kritischere Stelle bildet unser zweiter Fall, die Verwendung der Potenzmenge. Hier handelt es sich um folgendes: Gehen wir wieder von den Grundzahlen aus! Diese bilden eine Gesamtheit, eine Menge — wie der Terminus lautet. Die Quadratzahlen bilden auch eine Menge, ebenso die geraden Zahlen, die Primzahlen, die Zahlen, die größer sind als 5, usw. Diese Mengen werden definiert mit Hilfe von Eigenschaften. Die Menge der Primzahlen z. B. wird definiert mit Hilfe der Eigenschaft »prim«. x heißt prim, wenn gilt:

$$(3) \qquad \bigwedge_{m,\,n} \cdot x = mn \rightarrow m = 1 \vee n = 1.$$

Der Übergang von einer Formel, wie (3), der Gestalt A(x) zu der Menge der x, für die A(x) gilt, ist unproblematisch. Dieser Übergang ist nur erforderlich, weil verschiedene Formeln dieselbe Menge darstellen können, z. B. wenn statt (3) die Formel

$$\neg \bigvee_{m,\,n} \cdot m > 1 \wedge n > 1 \wedge x = mn.$$

genommen wird. Die Mengen werden durch Abstraktion von diesen Verschiedenheiten aus den Formeln gewonnen. Alle betrachteten Mengen enthalten als Elemente nur Zahlen, sie sind also als ein Teil in der Menge aller Grundzahlen enthalten. Ersichtlich gibt es unendlich viele solche Teilmengen. Die moderne Mathematik redet darüber hinaus auch von der Gesamtheit oder Menge *aller* Teilmengen. Das ist eine Potenzmenge. Wir wollen uns nun nicht um die Sätze kümmern, die über diese Potenzmenge aufgestellt werden, sondern wollen nur die Bildung des Begriffs »Potenzmenge« kritisch betrachten. Eine ordnungsgemäße Definition dieses Begriffs liegt nicht vor, es sind ja nur einige Beispiele von Teilmengen gegeben, keineswegs irgendeine Vorschrift darüber, wie man alle Teilmengen erhalten könnte. Trotzdem wird der Begriff verwendet.
Das meistgelesene Lehrbuch der höheren Mathematik, der Mangoldt-Knopp, sagt in seiner neuesten Auflage von 1955 dazu: »Es ist nicht möglich, den Begriff einer Menge im eigentlichen Sinne zu erklären, d. h. auf noch einfachere Begriffe zurückzuführen. Die Fähigkeit unseres Geistes, bestimmte ...

Dinge zu einer Einheit, der Menge dieser Dinge, gedanklich zusammenzufassen . . ., muß vielmehr als eine der ursprünglichsten Fähigkeiten des Geistes angesehen werden.« Die Mengen sind hiernach zwar nicht — wie die Zahlen — vom lieben Gott gemacht, sondern vom Geist. Praktisch ist das jedoch kein Unterschied, auch hier soll es sich ja um eine unbegreifliche Schöpfung aus dem Nichts handeln. Ein Studium der — gewissermaßen naiven — mathematischen Literatur, als deren Prototyp eben der Mangoldt-Knopp diente, zeigt sofort, daß zweierlei zusammengeworfen wird. Die Abstraktion, die gestattet, von einer Formel A(x) zu der Menge der x, für die A(x) gilt — symbolisch ε_x A(x) — überzugehen, läßt sich bei kritischer Betrachtung leicht als eine unbedenkliche façon de parler erkennen. Aber die Grundfähigkeit des Geistes, Mengen bilden zu können, wird nicht nur zur Rechtfertigung dieser Abstraktion in Anspruch genommen, sondern auch dazu, um *alle* Teilmengen einer Menge zu bilden. Das ist etwas ganz anderes, denn das läuft darauf hinaus, daß man behauptet, *alle* Formeln A(x) bilden zu können. Die Verwendung des Begriffs der Potenzmenge bedeutet die Verwendung des Begriffs der »beliebigen Formel«. Hierzu nützt die angebliche Grundfähigkeit der Abstraktion gar nichts. Woran man denkt, wenn man von einer »beliebigen« Formel A(x) spricht, dürfte etwa dieses sein: Eine Formel A(x) ist eine mit den sprachlichen Mitteln der Mathematik zusammengesetzte Vorschrift, in der die Variable x vorkommt. In diesen »sprachlichen Mitteln« liegt der Kern der Schwierigkeit. Mangoldt-Knopp sagt an einer Stelle ausdrücklich, es sei nicht erforderlich, daß diese Vorschrift eine mathematische Formel sei, es genüge vollkommen, wenn sie »nur in Worten gegeben ist«.
Ich bitte, die Abschweifung zu entschuldigen. Das, was bisher über die Potenzmenge gesagt ist, war natürlich keine Philosophie der Mathematik, sondern nur eine innermathematische Erläuterung zur Vorbereitung. Die Philosophie, die nach den Vormeinungen fragt, aus denen heraus die einzelwissenschaftlichen Ansätze zu verstehen sind, beginnt erst, wenn wir fragen, wie dies zu erklären ist, daß die Mathematik die Gesamtheit ihrer sprachlichen Mittel als von vornherein gegeben, jedenfalls als unabhängig von uns eindeutig abgegrenzt, betrachtet. Dies ist ja die Meinung, die der Ver-

wendung der Potenzmenge, wie wir gesehen haben, zugrunde liegt. Die moderne positivistische Literatur, die an logischen Dingen sehr interessiert ist, pflegt hier mit einem Hinweis auf Platon zu argumentieren. So, wie nach Platon erst die Hinwendung zu den Ideen den Menschen zum wahren Menschen macht, so soll wohl die Verwendung aller Mengen den Mathematiker erst zum wahren Mathematiker machen. Ich muß gestehen, daß ich zu sehr die undogmatische Art der Dialoge bewundere, um Platon als Parteigänger moderner Dogmatik sehen zu können. Die philosophiegeschichtliche Verbindung der Potenzmengenproblematik mit Platon ist sehr vage, historisch genauer ist schon die Entsprechung zum Universalienproblem der Scholastik. Die Anhänger der Potenzmenge sind dabei mit den Realisten zu vergleichen, die Leugner mit den Nominalisten. Die genaueren Unterscheidungen der Scholastik sowohl innerhalb des Realismus als auch innterhalb des Nominalismus gehen dabei allerdings zumeist verloren. Da hier keine Wiederbelebung der alten Metaphysik versucht werden soll, muß der Ursprung des Meinungsstreites, sein »Sitz im Leben«, gesucht werden. Dieser liegt m. E. in dem zugrunde liegenden S p r a c h verständnis. Der Mensch kann schon sprechen, ehe er beginnt, wissenschaftlich zu denken. Von daher liegt es nahe, auch seine wissenschaftlichen Aussagen als solche zu verstehen, die sich im vorgegebenen Rahmen der Sprache halten müssen. Die Sprache ist nicht vom Menschen gemacht, sie ermöglicht ihm vielmehr erst, sich seine Welt zu schaffen. Die Sprache wird so — in dichterischer Formulierung — zum »Haus des Seins«. Versteht man nun immer noch, wie in der Zeit von Galilei bis Kant, die Mathematik auf pythagoreische Weise als Sprache Gottes oder der Natur, und überträgt man daher dieses Sprachverständnis auf die Mathematik, so ist die Anerkennung einer vorgegebenen Gesamtheit aller Aussagen über die Zahlen, woraus durch Abstraktion ja die Potenzmenge entsteht, nicht mehr verwunderlich. Der geschilderten »realistischen« Auffassung der Sprache als Haus des Seins steht die »nominalistische« Auffassung gegenüber, die die Sprache als menschliches Werkzeug versteht, als ein Instrument, das zudem erst selber angefertigt werden muß. Über diesen Gegensatz läßt sich schwer diskutieren, weil eine Diskussion schon etwas Sprachliches ist. Jeder Teilnehmer spricht schon aus einem vorweggenommenen Sprachverständnis heraus. Im logischen Positivismus werden die Sprachen als Kalküle aufgefaßt. Das ist eine sehr extreme Spielart des Nominalismus, wie man sie in der Neuzeit sonst nur bei Hobbes findet. Aber auch hier behauptet der Realismus insofern sein Daseinsrecht, als die Sprache, in der über die Kalküle gesprochen wird, die Metasprache, immer als eine Sprache hingenommen wird, die — wie das Leben selbst — unhintergehbar sei. In Untersuchungen über eine operative Begründung der Mathematik habe ich zu zeigen versucht, daß für die Mathematik eine Möglichkeit besteht, Sprachen zu konstruieren, ohne auf vorgegebene Metasprachen zurückzugreifen. Aus welchen philosophischen Ursprüngen diesem Versuch aber Widerstand geleistet werden wird, wird man jetzt einsehen können. Da mit Sprachkonstruktionen zudem die Potenzmenge in ihrer sog. Überabzählbarkeit hinfällig wird, hat dieser Versuch natürlich auch noch den Trägheitswiderstand der bisherigen Mathematik gegen sich.

Nach der Begriffsbestimmung, die ich hier von »Philosophie der Mathematik« gegeben habe, sollen alle Erörterungen zu einer sachlichen Entscheidung dieser Fragen der Mathematik selbst zugerechnet werden. Ich wende mich daher unserem dritten Gegenstand der intendierten Philosophie der Mathematik zu, also den Vormeinungen, die der Verwendung der axiomatischen Methode zugrunde liegen. Die Verwendung dieser Methode erklärt zunächst die Tatsache der unerschütterten Einstimmigkeit mathematischen Denkens — trotz der aufgewiesenen Abhängigkeit von philosophischen Meinungen. Die Mathematik hat ja eine durchaus berechtigte Abneigung gegen alle Philosopheme. Ihr Hilfsmittel, sich dagegen abzuschirmen, ist gerade die axiomatische Methode. Der älteste Teil der mathematischen Wissenschaft, die theoretische Geometrie, ist von ihren Anfängen an axiomatisch aufgebaut. D. h. sie geht von einigen Sätzen aus, die sie — wie Platon spöttisch sagt — »als wäre man sich darüber völlig im klaren, einfach zur Grundlage ihrer Beweise macht, ohne sich irgend verpflichtet zu fühlen, sich selbst oder anderen Rechenschaft darüber zu geben, da sie ja von selbst einem jeden einleuchtend seien«. Die moderne Mathematik verwendet diese Methode etwa seit 1900 überall. In ihrem Anspruch, die alleinseligmachende Methode zu sein, ist diese totale Axiomatik auch durch spätere Ergebnisse, die die Grenzen dieser Methode deutlich machten, bisher nicht erschüttert worden — weder durch den Gödelschen Unvollständigkeitssatz, nach dem keine konsistente Axiomatisierung der Arithmetik alle arithmetischen Sätze liefern kann, noch durch den Skolemschen Relativitätssatz, nach dem ein Axiomensystem der Mengenlehre, wenn es überhaupt erfüllbar ist, stets schon im Abzählbaren erfüllbar ist. Hilbert hat versucht, die totale Axiomatik durch metamathematische Widerspruchsfreiheitsbeweise zu stützen. Dieses Programm hat sich bisher nicht durchführen lassen. Wenn in Zukunft noch ein Beweis der Widerspruchsfreiheit gelingen sollte, wird er zudem — das läßt sich jetzt schon voraussagen — den Hilbertschen Zweck nicht mehr erfüllen.

Für die Philosophie der Mathematik stellt sich uns so noch einmal die Frage nach den der totalen Axiomatik zugrunde liegenden Vormeinungen. Wer gewohnt ist, alles Mathematische immer schon vom axiomatischen Standpunkt aus zu betrachten, wird die Fragestellung für sinnlos halten. Die Verwendung der axiomatischen Methode scheint ihm unabhängig von aller philosophischen Meinung zu sein, sie erscheint als das einzig Mögliche. Denn um Sätze zu beweisen, muß man schon Sätze haben, von denen aus man schließen kann. Also muß man als Anfang unbeweisbare Sätze haben. Diese Überlegung, die schon von Aristoteles stammt, übersieht aber, daß man statt von Sätzen auch von Konstruktionen ausgehen kann. Werden z. B. die Ziffern konstruiert als diejenigen Figuren, die sich aus einem Strich / durch wiederholtes Anfügen weiterer Striche / herstellen lassen, dann ist etwa der Satz, daß es zu jeder Ziffer n eine Ziffer n/ gibt, kein unbeweisbares Axiom, sondern eine logische Folge aus der Definition der Ziffern, d. h. aus ihrer Konstruktion.

Das hartnäckige Festhalten an der Axiomatik muß andere Gründe haben. Es entspringt m. E. der Gesamtauffassung, die in der Gegenwart vom menschlichen Wissen vorherrschend ist. Ich möchte diese Auffassung den »Mythos von der Mitte« nennen. Nach ihm ist die Wahrheit mit einem Baum zu vergleichen. Der Mensch, der sich um die Wahrheit bemüht, ergreift diesen Baum zunächst an seinem Stamm. Da ist alles einfach und gesichert. Der Wissenschaftler ist dann derjenige Mensch, der anschließend den Baum erklettert, um seinen Ästen, soweit sie tragen, bis in alle Verzweigungen zu folgen. Nur der Philosoph bleibt unten am Stamme stehen, um dann auf die — vom Einzelwissenschaftler aus gesehen — absurde Idee zu kommen, den Wurzeln des Baumes nachzugraben. Der Baum des Mythos unterscheidet sich dabei von den wirklichen Bäumen, indem sich seine Äste, ebenso wie seine Wurzeln, ins Unendliche erstrecken. Die Wahrheit ist hiernach also nicht wie ein menschliches Bauwerk, das zwar einen Keller haben mag, aber jedenfalls unter dem Keller ein unterstes, sicheres Fundament hat, auf dem alles ruht — es gibt vielmehr kein Fundament, es gibt nur die rastlose Mühe, dem Unendlichen nach oben wie nach unten ein endliches Stück weit nachzugehen. Dieser Mythos ist erst neuzeitlich, besonders deutlich bei Pascal, der in den Pensées sagt: »Denn was ist nun der Mensch in der Welt? . . . eine Mitte zwischen Nichts und All. Was wird man tun, wenn wir nichts anderes erkennen, als. . . den Anschein von der Mitte der Dinge, in der ewigen Verzweiflung weder ihr Ende noch ihren Grund zu kennen? Alle Dinge entwachsen dem Nichts und ragen bis in das Unendliche.« Diese zweifache Unendlichkeit war für Pascal ein Grund, die Wissenschaften als nichtig zu verwerfen. Für die Gegenwart entspricht dagegen die Axiomatik, die sich mit dem Anschein von der Mitte der Dinge trotzig begnügt, dem Grundgefühl des heroischen Nihilismus. Es ist nämlich folgendes hinzugekommen. Galten die Axiome von der Antike bis zum vorigen Jahrhundert — wie wir von Platon gehört haben — »als von selbst einem jeden einleuchtend«, so hat die Entwicklung der nichteuklidischen Geometrien diese Evidenz erschüttert. Die Axiome gelten seitdem — also erst seit 100 Jahren — als Hypothesen, die evtl. im Zuge des Ausbaues oder der Anwendung der Theorie durch andere ersetzt werden müssen.

Durch diese Auffassung tritt die Axiomatik außerdem in eine enge Verbindung zu den Naturwissenschaften. Sogar von Hilbert wurde die theoretische Physik gelegentlich als Rechtfertigung der Mathematik herangezogen. Die Physik hat sich bewährt, also muß die in ihr benutzte Mathematik, u. d. h. ihre Axiomatik, richtig sein. Es ist ungefähr so, daß der Mathematiker an die Axiome glaubt, weil sie physikalisch unentbehrlich seien, während der Physiker an diese Axiome glaubt, weil sie mathematisch gesichert seien. Wollte man also an der Axiomatik rütteln, so müßte man die Philosophie der Mathematik zu einer Philosophie der Physik erweitern.

Ich will hier nicht mehr den Versuch dazu machen. Es dürfte aber klar sein, daß die hier am Beispiel der Mathematik vorgeschlagene Bestimmung der Philosophie, Kritik der Vormeinungen zu sein, im Falle der Physik noch mehr Ähnlichkeit mit der Urform allen abendländischen Philosophierens zeigen wird, nämlich mit der sokratischen Elenktik, die schon damals sehr zum Ärger der Bürger alles vermeintliche Wissen als Meinung entlarvte. Ich möchte dies als ein Anzeichen für die historische Legitimität der Inanspruchnahme des Wortes »Philosophie« ansehen. Ebenso ein zweites: Es zeigte sich nämlich an unseren Beispielen, daß die Analysen gegenwärtiger Vormeinungen nicht durchzuführen sind ohne dauernde Rückgriffe auf die Begriffswelt der totgeglaubten Metaphysik von Aristoteles oder Kant. Es sei daher — einer schönen Sitte deutscher Festreden folgend — erlaubt, mit einem Wort Goethes zu schließen: »Man kann in den Naturwissenschaften über manche Probleme nicht gehörig sprechen, wenn man die Metaphysik nicht zu Hilfe ruft; aber nicht jene Schul- und Wortweisheit: Es ist dasjenige, was vor, mit und nach der Physik war, ist und sein wird.«

Pascals Kritik
an der axiomatischen Methode

Die drei Jahrhunderte, die seit dem Tode Pascals verstrichen sind, stellen sich uns gewöhnlich dar als beherrscht von der neuen Methode des naturwissenschaftlichen Denkens, d. h. von dem neuartigen Ineinandergreifen des Experiments und der mathematischen Deduktion.

Pascal gebührt in der Geschichte der neuzeitlichen Wissenschaft ein Ehrenplatz, allein schon wegen seiner einheitlichen Begründung der Aero- und Hydrodynamik. Aber auch für das logisch-mathematische Denken allein, jetzt einmal isoliert vom Experiment betrachtet, kommt Pascal — abgesehen von den Rechenmaschinen — das Verdienst zu, die methodologischen Einsichten der antiken Philosophie gegenüber dem traditionalistischen und mystischen Denken des Mittelalters und *auch noch* der Renaissance-Zeit für die Neuzeit gesichert zu haben.

Natürlich ist Pascal hierbei abhängig von Descartes, aber viele Formulierungen Pascals sind viel klarer als die cartesischen. Insbesondere hat Pascal die Rolle der Definitionen in den axiomatischen Theorien deutlich gemacht. Hier ist jede Definition — ich möchte sie genauer »analytische Definition« nennen — nur eine Ersetzung eines zusammengesetzten Ausdrucks durch einen anderen und muß daher grundsätzlich eliminierbar sein. Descartes und die, die ihm wie Pascal folgten, waren Kämpfer für die neue Wissenschaft, die Mechanik Galileis. Das bedeutete zugleich, daß sie Kämpfer gegen die alte Wissenschaft, die Logik und Physik des Aristoteles waren.

Wir können heute Aristoteles mehr Gerechtigkeit widerfahren lassen. Die axiomatische Methode, die im 17. Jahrhundert auf die Mechanik ausgedehnt wurde, war nämlich zum ersten

Male gerade von Aristoteles klar formuliert worden:

1. Unser Wissen baut auf gewissen undefinierten Grundbegriffen auf, alle weiteren Begriffe sind mit ihrer Hilfe zu definieren.

2. Für die Grundbegriffe gelten gewisse unbewiesene Grundsätze, die Axiome, alle weiteren Sätze sind mit ihrer Hilfe zu beweisen.

Bei Descartes finden wir bezüglich der Methode im allgemeinen nichts anderes als bei Aristoteles. Die axiomatische Methode ist bei Descartes das einzige Mittel, um zur Gewißheit, zu unbezweifelbaren Wahrheiten zu gelangen.

Die bewundernswerte Größe Pascals liegt nun meines Erachtens darin, daß er dieses Selbstvertrauen der neuzeitlichen Wissenschaft, im Besitz einer sicheren Methode zu sein, schon ganz am Anfang der Neuzeit als eine Illusion und Anmaßung erkennt. Hierin ist Pascal verblüffend modern. Natürlich ist aber Pascal kein moderner Empirist, für den alle Axiome nur hypothetisch, als vorläufig bewährt, gelten. Pascals Kritik kommt von anderen Quellen her. Pascal ist — wie man weiß — sehr von Montaigne beeindruckt gewesen, und d. h. also von der antiken Skepsis. Aber Pascal ist auch kein Skeptiker, seine Kritik an der cartesischen Selbstgewißheit gründet sich vielmehr auf eine neue Einsicht in die Endlichkeit des Menschen. Und gerade darin liegt das Moderne Pascals. Die Endlichkeit des Menschen ist ja das Hauptthema der modernen Existenzphilosophie.

Bei Pascal wird die Endlichkeit dadurch ausgedrückt, daß der Mensch ein Wesen zwischen zwei Unendlichkeiten ist. Im Fragment 72 der *Pensées* schreibt Pascal:

»Car enfin qu'est-ce que l'homme dans la nature? Un néant à l'égard de l'infini, un tout à l'égard du néant, un milieu entre rien et tout. Infiniment éloigné de comprendre les extrêmes, la fin des choses et leur principe sont pour lui invinciblement cachés dans un secret impénétrable, également incapable de voir le néant d'où il est tiré, et l'infini où il est englouti.

Que fera-t-il donc, sinon d'apercevoir (quelque) apparence du milieu des choses, dans un désespoir éternel de connaître ni leur principe ni leur fin? Toutes choses sont sorties du néant et portées jusqu'à l'infini.

Quand on est instruit, on comprend que la nature ayant gravé son image et celle de son auteur dans toutes choses, elles tiennent presque toutes de *sa double infinité*. C'est ainsi que nous voyons que toutes les sciences sont infinies en l'étendue de leurs recherches, car qui doute que la géométrie, par exemple, a une infinité d'infinités de propositions à exposer? Elles sont *aussi infinies* dans la multitude et la délicatesse de leurs principes; car qui ne voit que ceux qu'on propose pour les derniers ne se soutiennent pas d'eux-mêmes, et qu'ils sont appuyés sur d'autres qui, en ayant d'autres pour appui, ne souffrent jamais de dernier?«

Diese tiefe Einsicht Pascals in die *zweifache* Unendlichkeit des axiomatischen Denkens hat sich allerdings in der Neuzeit praktisch nicht ausgewirkt. Die *Pensées* Pascals galten als ein theologisches Buch, das für die Wissenschaft irrelevant sei. Voltaire z. B. hielt Pascal in dessen letzten Lebensjahren, in denen die *Pensées* entstanden, für geistesgestört.

Erst von einer ganz anderen Seite her ist uns die Endlichkeit des Menschen wieder bewußt gemacht worden, so daß wir jetzt Pascal besser verstehen können. Die moderne Einsicht in die Endlichkeit des Menschen entstammt aus der Reflexion auf die Methode unseres geschichtlichen Verstehens, also aus den in Deutschland sog. Geisteswissenschaften.

Die Reflexion auf die Hermeneutik, d. h. auf die Lehre vom Verstehen menschlicher Handlungen, insbesondere gesprochener und geschriebener Sätze, hat von Schleiermacher bis Dilthey bei diesem zu dem folgenden bemerkenswerten Satz geführt:

»Hinter das Leben kann die Erkenntnis nicht zurückgehen.« Im Anschluß an Dilthey und Husserl, haben Misch einerseits und Heidegger andererseits deutlich gemacht, was das heißt, daß das Denken vom Leben, von der praktischen Lebenssituation des Menschen auszugehen hat. Alles Denken ist eine Hochstilisierung dessen, was man im praktischen Leben immer schon tut. Pascal formulierte diese Situation des Menschen folgendermaßen (Fragment 72):

»Nous voguons sur un milieu vaste, toujours incertains et flottants, poussés d'un bout vers l'autre. Quelque terme où nous pensions nous attacher et nous affermir, il branle et nous quitte.«

»Cela étant bien compris, je crois qu'on se tiendra en repos, chacun dans l'état où la nature l'a placé.«

Der Philosoph, der diese von Pascal vorweggenommene moderne Einsicht in die Unhintergehbarkeit des Lebens besitzt, mißversteht sich nicht mehr — wie es in der ganzen Neuzeit seit Descartes und Locke üblich war, — als ein Bewußtsein, das erst durch Empfindungen, Anschauungen und Verstandesschlüsse Kenntnis von der Welt nehmen muß. Die Welt ist ihm vielmehr das unmittelbar Zuhandene. Ich möchte das so ausdrücken: Die Philosophie hat eine neue Unmittelbarkeit gewonnen.

Das klingt sehr hoffnungsvoll, aber es wäre wohl verfrüht, diesem Neuansatz, der von den Geisteswissenschaften ausgeht, schon große Chancen zuzusprechen. Das an den Naturwissenschaften orientierte Denken übt gegenwärtig — gerade auch in den Wissenschaften, die sich mit den Menschen beschäftigen — einen starken, vielleicht sogar noch wachsenden Einfluß aus.

Und von dort wird man skeptisch fragen, wie denn nun die Philosophie von ihrer angeblichen Neuen Unmittelbarkeit aus vorgehen wolle, nach welcher Methode sie endlich einmal zu sicheren Resultaten gelangen wolle.

Es muß zugegeben werden, daß auch keine Hermeneutik als eine mitteilbare Lehre möglich ist, die nicht schon von logischem, allgemeiner von methodisch-geordnetem Denken Gebrauch macht. Bei Geisteswissenschaftlern ist es üblich, sich an dieser Stelle der Erörterung auf den hermeneutischen Zirkel, d. h. auf die notwendige Zirkelhaftigkeit unseres Verstehens zurückzuziehen. Die Suche nach einem methodischen Anfang unseres Denkens wird als eine rationalistische Illusion dargestellt, in der nur die — so betrachtet — naiven Positivisten mit ihrem Fortschrittsglauben wohl noch befangen seien.

Merkwürdigerweise ist dies letztere gar nicht der Fall. Der logische Positivismus hat sich seit den 30er Jahren, vor allem durch Tarski — aber auch Carnap und Quine haben diese Wendung mitgemacht — eine Auffassung unseres Denkens und Sprechens zu eigen gemacht, die ebenfalls auf eine unausweichliche Zirkelhaftigkeit hinausläuft.

Für die logistische Philosophie stellt sich das Problem in der

Form, daß nach einer Begründung der Wissenschaftssprache gefragt wurde. Speziell die Regeln der Logik werden dabei als syntaktische Regeln dieser Sprache aufgefaßt. Die Antwort wird am deutlichsten in einem Bilde gegeben, nach dem die Sprache mit ihren syntaktischen Regeln ein Schiff sei, auf dem wir uns befinden — unter der Bedingung, daß wir nie einen Hafen anlaufen können. Alle Reparaturen oder Umbauten des Schiffes sind auf hoher See auszuführen.

Natürlich trifft dieses Bild manches richtig, aber es wird von der logistischen Philosophie explizit dazu gebraucht, die Suche nach einem methodischen Anfang des Denkens zu unterbinden. Zu einer Wissenschaftssprache, die — um auch wirklich wissenschaftlich zu sein — als ein Kalkül darstellbar sein müsse, gehöre zwar eine Semantik, d. h. eine Interpretation der Kalkülsymbole, aber für diese Semantik müsse immer schon eine Sprache, genannt die Metasprache, zur Verfügung stehen. Praktisch fungiert als Metasprache dann eine der natürlichen Sprachen — aus diesem Boot könne eben niemand aussteigen.

Hier zeigt sich eine Koinzidenz zwischen Hermeneutik und Logistik. Beide Schulen verzichten darauf, unser Denken methodisch aufzubauen. Aus dieser Koinzidenz zu schließen, daß der Verzicht daher wohl auch notwendig sei, hieße aus einem bloßen Faktum zu schließen. Es erscheint mir hier vielmehr erforderlich, angesichts dieser Koinzidenz doppelt vorsichtig zu sein.

Der vorhin zitierte Diltheysche Satz, daß die Erkenntnis nicht hinter das Leben zurückgehen könne, darf jedenfalls — das möchte ich als erstes bemerken — nicht als Beweis für die Notwendigkeit des Verzichts auf einen methodischen Anfang unseres Denkens (oder Erkennens) in Anspruch genommen werden. Es wird ja nur gesagt, daß dieser Anfang nicht hinter dem Leben gesucht werden dürfe.

Man wird jedoch einwenden, daß das Leben, also die praktische Lebenssituation, in der wir uns immer schon befinden, ehe wir beginnen, Wissenschaft zu treiben oder zu philosophieren, auch einschließt, daß wir schon eine natürliche Sprache mit all ihrer Syntax benutzen. Das ist zuzugeben, aber es bedeutet nicht, daß wir gezwungen wären, diese natürliche Sprache mit ihren Regeln an den Anfang eines *geplanten* methodischen Aufbaus zu setzen.

Betrachten wir die natürliche Sprache als ein auf See befindliches Schiff, so können wir unsere Situation vielmehr folgendermaßen darstellen:

Wenn es kein erreichbares Festland gibt, muß das Schiff schon auf hoher See gebaut sein; nicht von uns, aber von unseren Vorfahren. Diese konnten also schwimmen und haben sich — irgendwie aus etwa herumtreibendem Holz — wohl zunächst ein Floß gezimmert, dieses dann immer weiter verbessert, bis es heute ein so komfortables Schiff geworden ist, daß wir gar nicht mehr den Mut haben, ins Wasser zu springen und noch einmal von vorn anzufangen.

Für das Problem der Methode unseres Denkens müssen wir uns aber in einen Zustand ohne Schiff, d. h. ohne Sprache versetzen, und müssen versuchen, die Handlungen nachzuvollziehen, mit denen wir — mitten im Meer des Lebens schwimmend — uns ein Floß oder gar ein Schiff erbauen können. Da dieser Versuch weder in die hermeneutische noch in die logistische Philosophie hineinpaßt, kann ich mich im Folgenden auf keine Autorität mehr stützen, leider auch nicht auf Pascal. Es bleibt mir gar nichts anderes mehr übrig, als den Aufbau selbst hier und jetzt vorzuführen. Da dieses ein mathematisches Kolloquium ist, möchte ich hier den Weg zur Logik und Arithmetik skizzieren. Da ich keinerlei Kenntnis der logischen Partikeln oder der Zahlen voraussetzen will, muß ich dazu etwas weiter als üblich ausholen. Wir müssen zu den allerersten Möglichkeiten des Denkens und Sprechens zurückgehen.

Eine letzte Vorbemerkung wird aber noch nötig sein. Es könnte nämlich jemand vermuten, ich wolle jetzt gleich aufhören, deutsch zu sprechen, weil ich für den methodischen Aufbau ja keine Metasprache voraussetzen wolle. So ist es nicht gemeint. Aber ich werde die deutsche Sprache im Folgenden nur dazu verwenden, zu beschreiben, was man zu tun hätte, wenn man eine Sprache methodisch konstruieren wollte. Diese Beschreibung ließe sich ersetzen durch einen praktischen Unterricht, wie ihn etwa Kinder bekommen, die noch nicht sprechen können. Umgekehrt kann hier das, was ich sage, einen praktischen Unterricht ersetzen.

Wenn ich dazu gelegentlich an Allbekanntes über natürliche

Sprachen erinnere, dient das nur dazu, Sie, die ja solche Sprachen schon kennen, schneller ins Bild zu setzen.

Ausgehen möchte ich von der Feststellung, daß alle natürlichen Sprachen, etwa Chinesisch, Hopi, Ewe oder wovon immer die Linguisten uns berichten, die Möglichkeit bieten, Sätze syntaktisch zusammenzusetzen. Ich nehme diese Feststellung nur zum Anlaß, als erstes nach Sätzen zu fragen, die nicht syntaktisch zusammengesetzt sind. Diese Fragestellung ist — streng genommen — nur sinnvoll, wenn sie auf eine bestimmte Sprache bezogen ist, aber in jeder Sprache gibt es ein Äquivalent für die im Deutschen syntaktisch einfachsten Sätze der Form »dies ist so« bzw. »dies ist nicht so«. Sätze dieser Form mögen Grundaussagen heißen. Schon solche Grundaussagen sind aus Subjekt und Prädikat zusammengesetzt. Methodisch gehen ihnen daher noch voran Einwortsätze, in denen das Subjekt durch die Situation, eine hinweisende Geste, oder ähnliches ersetzt ist, so daß also nur das Prädikat auszusprechen ist. Eine Neueinführung von Prädikaten ist jederzeit möglich durch hinreichend viele Beispiele und Gegenbeispiele. Ich möchte das die exemplarische Einführung von Prädikaten nennen. Welche Dinge »Stuhl« genannt werden, welche nicht, wann etwas »sauber« genannt wird, wann nicht, das haben wir alle durch exemplarische Einführung gelernt. Ich rekurriere nicht auf eine kinderpsychologische Tatsache (— weder auf eine wissenschaftliche Feststellung der Ontogenese noch gar der Phylogenese des Sprechens kommt es hier an —), nur daß wir selbst die Möglichkeit haben, Prädikate exemplarisch einzuführen, möchte ich in Erinnerung bringen.

Daß der Gebrauch von Prädikaten auf Grund bloßer exemplarischer Einführung noch sehr unbestimmt ist, ist selbstverständlich. Trotzdem ist dies ein möglicher Anfang des Sprechens.

Wird ein Prädikat gebraucht, so ist immer schon ein Einzelnes intendiert, dem dieses Prädikat zu- oder abgesprochen wird. Dieses Einzelne braucht deshalb noch keinen Eigennamen zu haben. Ein Kind lernt z. B. normalerweise erst das Prädikat »Puppe«, ehe es seinen Puppen Eigennamen gibt.

Haben wir Eigennamen *und* Prädikate zur Verfügung, so

können wir Grundaussagen zusammensetzen. Subjekte sind die Eigennamen für Einzelnes und das Prädikat wird dem Einzelnen durch die Kopula — im Deutschen sind das die Wörter »ist« bzw. »ist nicht« — zu- bzw. abgesprochen.

Nur Aussagen über Einzelnes, die zudem nur ein Prädikat haben, sollen Grundaussagen heißen. Es werde allerdings zugelassen, daß mehrere Subjekte vorkommen wie z. B. in dem Satz »Max und Moritz sind verwandt«.

Die Formen der Grundaussagen sind also folgende:

$$\text{affirmativ} \qquad s_1, \ldots, s_n \; \varepsilon \; P$$
$$\text{negativ} \qquad s_1, \ldots, s_n \; \varepsilon' \; P$$

Jede natürliche Sprache enthält Möglichkeiten, auf diese Weise Einzelnes zu prädizieren. Ob das — wie im Deutschen — mit einer Kopula geschieht oder ohne, spielt für das methodische Denken keine Rolle. Mit jedem Prädikat der Sprache wird eine Unterscheidung getroffen: Das Einzelne, dem das Prädikat zugesprochen wird, wird unterschieden von dem Einzelnen, dem das Prädikat abgesprochen wird. Die exemplarisch eingeführten Prädikate liefern ein System von Unterscheidungen, das jetzt als eine Basis für das Weitere dienen kann. Für diese Basen möchte ich den Terminus »Distinktionsbasen« verwenden.

Es entsteht so die Aufgabe, zu untersuchen, wie man von einer Distinktionsbasis aus, also mit Grundaussagen als einzigem sprachlichen Mittel, das Denken ausbauen kann. Die natürliche Sprache hält dafür eine reiche Syntax, z. B. die logischen Partikeln, Präfixe, Infixe und Suffixe zur Wortbildung u. ä. bereit.

Wollen wir methodisch vorgehen, so müssen wir uns auch solche Hilfsmittel erst selbst erwerben. Wir müssen eine rationale Syntax konstruieren. Die Berufung auf eine natürliche Syntax soll dabei ausgeschlossen sein. Dadurch unterscheidet sich unser Vorhaben von der Semantik der Logistik, da diese letztlich auf die Syntax der natürlichen Sprachen zurückgreift.

Als ein erster Schritt, der über die Grundaussagen hinausführt, ist eine Einengung der Unbestimmtheit möglich, die den Prädikaten der Distinktionsbasis aufgrund ihrer bloß exemplarischen Einführung anhaftet.

Für diesen Schritt, der uns zu Begriffen führen wird, muß ich — der hier vorgeschlagenen Methode getreu — zunächst Beispiele geben. Nehmen wir also an, gewisse Prädikate, die im Deutschen etwa durch

Lebewesen, Mensch, Tier, Pflanze, Rabe

wiederzugeben wären, seien bisher nur exemplarisch eingeführt. Der Gebrauch dieser Prädikate kann nun durch Regeln näher bestimmt werden. Sie werden ohne weiteres verstehen, welche Regeln gemeint sind, wenn ich die folgende Figur anzeichne.

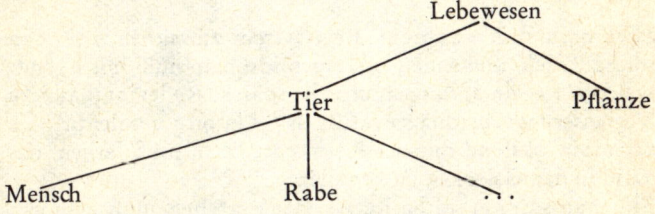

Explizit lassen sich die Regeln für die Prädikate: Lebewesen, Tier und Pflanze so anschreiben:

$$x \; \varepsilon \; \text{Tier} \quad\;\; \Rightarrow \; x \; \varepsilon \; \text{Lebewesen}$$
$$x \; \varepsilon \; \text{Pflanze} \Rightarrow \; x \; \varepsilon \; \text{Lebewesen}$$
$$x \; \varepsilon \; \text{Tier} \quad\;\; \Rightarrow \; x \; \varepsilon' \, \text{Pflanze}$$
$$x \; \varepsilon \; \text{Pflanze} \Rightarrow \; x \; \varepsilon' \, \text{Tier}$$
$$x \; \varepsilon \; \text{Lebewesen} \; , \; , \; x \; \varepsilon' \, \text{Tier} \quad\;\; \Rightarrow \; x \; \varepsilon \; \text{Pflanze}$$
$$x \; \varepsilon \; \text{Lebewesen} \; , \; , \; x \; \varepsilon' \, \text{Pflanze} \Rightarrow \; x \; \varepsilon \; \text{Tier}$$

Solche Regeln sind keine allgemeinen Sätze, deren Verständnis hier noch unerklärlich bleiben müßte. Es sind vielmehr praktische Anweisungen, die vorschreiben, von gewissen Sätzen zu anderen überzugehen. Das Zeichen $\Rightarrow$ (Pfeil) wird *exemplarisch* eingeführt zur Mitteilung solcher Übergänge. Das Handeln nach diesen Regeln kann *praktisch* eingeübt werden. Die Regeln sind keine Befehle oder Erlaubnisse, genau so wenig, wie es die Regeln eines Spieles sind. Diese Regeln sind vielmehr Bestandteile der zu erlernenden Sprache, des Sprachspiels, wie Wittgenstein sagt.

Man kann den Gebrauch der obigen Prädikate auch anders regeln, z. B. so, wie es die folgende Figur andeutet:

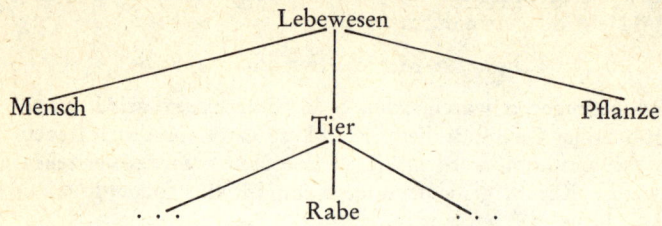

Hier nach dem »wahren« Regelsystem zu suchen, *ehe* man solche Regeln anwendet, ist vergeblich: man muß mit irgendwelchen Regeln anfangen, erst die spätere Reflexion kann zu Verbesserungsvorschlägen führen. Platon vergleicht die Situation treffend mit der Kochkunst: man muß lernen, das Wild in den Gelenken zu zerteilen.

Ehe man sich um solche Regelsysteme streitet, muß man erst einmal zur Kenntnis nehmen, daß es sich überhaupt um Regeln handelt.

Um solche Regeln wie etwa im einfachsten Falle:

$$x \; \varepsilon \; \text{Mensch} \Rightarrow x \; \varepsilon' \; \text{Tier}$$

zu verstehen, genügt es, die gemeinte Handlung, nämlich die Bildung z. B. der Aussagen »Hans ε' Tier« *nach* der Aussage »Hans ε Mensch« an Beispielen wie diesem eingeübt zu haben. Die Regeln sind bedingte Handlungsanweisungen, genauso wie etwa die folgende: »Wenn Sie Herrn X. sehen, dann grüßen Sie ihn bitte von mir«. Das hier auftretende »wenn — dann«, das dem obigen Symbol $\Rightarrow$ entspricht, ist keine logische Partikel. Ich greife hier nicht auf die in der natürlichen Sprache enthaltene Logik zurück, sondern nur auf unsere praktische Fähigkeit zum Handeln unter Bedingungen. Ich nenne dieses »wenn — dann« also dieses $\Rightarrow$, daher kurz das praktische Wenn — Dann. Es gehört zu einer *praktischen* Sprache, die vor aller Theorie zu lernen ist. Durch Regeln wird der Gebrauch von exemplarisch eingeführten Prädikaten näher bestimmt. Die Regeln betreffen immer mehrere Prädikate, die sich auf diese Weise gegenseitig näher bestimmen: sie bilden dann ein System von Prädikaten. Es bleibt aber jederzeit die Möglichkeit, auf Grund neuer Exempel das gebrauchte Regelsystem abzuändern.

Auf welche Weise nun aber auch immer Prädikate durch die Wahl von Regeln zu einem System verbunden werden, immer bekommt jedes Prädikat dadurch außer seiner exemplarischen Einführung zusätzlich einen Stellenwert im System. Was dies bedeutet, muß ich methodisch sagen. In einem System ist es auf Grund der Regeln möglich, sog. Ableitungen durchzuführen. Z. B. ist im oben angedeuteten System aus der Aussage »dies ist ein Rabe« die Aussage »dies ist ein Lebewesen« ableitbar:

1) s ε Rabe
2) s ε Tier
3) s ε Lebewesen

Ist in einem System aus s ε P die Aussage s ε Q ableitbar, so heiße Q aus P ableitbar. Dies hängt nur von den Regeln des Systems ab, nicht von der exemplarischen Einführung der Prädikate. Von dem exemplarischen Gebrauch wird jetzt abstrahiert. In komplizierteren Systemen kann es vorkommen, daß Q sich als ableitbar aus P ergibt und auch umgekehrt P als ableitbar aus Q. P und Q heißen dann im System gleichwertig. Wir sagen dann auch, daß die Prädikate P und Q »denselben Begriff darstellen«. Dadurch wird die Rede von Begriffen methodisch eingeführt. Man nennt das eine Abstraktion. Häufig werden die Begriffe als Bedeutungen der Prädikate eingeführt, wobei man die Bedeutung in Analogie zur Bedeutung von Eigennamen auffaßt. Ein Eigenname bezeichnet oder bedeutet einen Gegenstand, hierin liegt nichts Problematisches, weil das gerade die Funktion der Eigennamen ist. Ob aber auch die Prädikate eine Bedeutung haben, wird in der Gegenwart noch viel diskutiert; man hat sogar den alten Universalienstreit zwischen Realismus und Nominalismus dazu wieder ausgegraben. In der hier vorgetragenen methodischen Ordnung ist die Rede von Begriffen kein Problem. Wir haben bisher gesagt, was es heißen soll, daß zwei Prädikate denselben Begriff darstellen.

Wir haben uns nun zu überlegen, wie wir von den Begriffen
selber sinnvoll reden können. Dazu müssen wir festlegen,
wie wir zu Prädikaten über Begriffe gelangen.
Das geschieht dadurch, daß wir zunächst Prädikate über
Prädikate, also Prädikatenprädikate, einführen. Die Einteilung der Prädikate in kurze und lange z. B. erfolgt exemplarisch. Wir setzen das Prädikat, über das gesprochen
werden soll, wie üblich, in Anführungsstriche und erhalten
so etwa:

$$›lang‹ \; ε \; kurz$$
$$›Prädikatenprädikat‹ \; ε \; lang$$
$$›kurz‹ \; ε' \; lang$$

Wir betrachten nun Prädikatenprädikate, die dann, wenn sie
für ein Prädikat P gelten, auch für jedes gleichwertige Prädikat Q gelten. Solche Prädikatenprädikate mögen »invariant«
heißen. Ein Beispiel eines invarianten Prädikatenprädikats
ist das zweistellige »ist ableitbar aus«.
Von Begriffen zu sprechen, heißt nun, von allem zu abstrahieren, wodurch sich gleichwertige Prädikate unterscheiden,
und das heißt also, sich auf invariante Prädikatenprädikate
zu beschränken. Ist R ein invariantes Prädikatenprädikat,
so schreiben wir statt ›P‹ ε R jetzt |P| ε R und lesen
dieses:

$$Der \; Begriff \; P \; ist \; R.$$

Das Wort »Begriff« deutet hier an, daß von P ein invariantes Prädikatenprädikat ausgesagt wird.
In dieser Beschränkung auf invariante Aussagen liegt das
Wesen der Abstraktion.
Durch die Abstrakion wird das System von Prädikaten zu
einem Begriffssystem. Die konstituierenden Regeln des Begriffssystems mögen daher »Begriffsbestimmungen« heißen.
Der Unterschied dieser Begriffslehre zur platonisch-aristo-
telischen Auffassung besteht hauptsächlich in zweierlei. Erstens handelt es sich bei den Begriffen nicht um eine Lehre
vom Seienden, um eine Ontologie, sondern die Begriffe werden als etwas zu unserem Handeln Zugehöriges eingeführt:
Sie werden nicht ontologisch, sondern operativ interpretiert.

Zweitens ist die hier vorgetragene Begriffslehre nicht wie bei Aristoteles mit der Logik verschmolzen: Die Logik als Lehre von den logischen Partikeln ist vielmehr ein neuer Schritt, der jetzt erst noch zu vollziehen ist.

Wie können logische Partikeln methodisch in die bisher aufgebaute Sprache eingeführt werden? Ausgangspunkt ist wieder ein Rückgriff auf die praktische Situation, in der wir sprechen. Wir denken uns zwei Personen, die beide dasselbe Begriffssystem, etwa das obige, verwenden und die einen Dialog miteinander führen. Was bedeutet es, wenn der eine z. B. behauptet: »Alle Raben sind Lebewesen«? Eine solche Behauptung ist jedenfalls ganz etwas anderes als eine zum Begriffssystem gehörige Regel.

In der natürlichen Sprache läßt sich der Unterschied allerdings nur schwer ausdrücken, solange man sich eben nicht bewußt geworden ist, was die logischen Partikeln der natürlichen Sprache sind. In der aristotelischen Logik wird unsere Behauptung: »alle Raben sind Lebewesen« als eine logische Beziehung zwischen den Begriffen Rabe und Lebewesen aufgefaßt. So merkwürdig es klingt, ist es erst in der modernen Logik — und hier vor allem Dank der Untersuchungen von Frege in seiner »Begriffsschrift« von 1879 — deutlich geworden, daß eine solche Behauptung mit Hilfe von logischen Partikeln aus Grundaussagen zusammenzusetzen ist, und zwar auf eine Weise, die man im Deutschen etwa so formulieren kann:

Für alle x: Wenn x ε Rabe, dann x ε Lebewesen
$\wedge_x$. x ε Rabe → x ε Lebewesen.

Die Zusammensetzung geschieht hier mit zwei logischen Partikeln, dem Junktor »wenn — dann« und dem Quantifikator (oder Quantor) »für alle«. Der Sinn dieser Partikeln muß aber noch festgelegt werden und dazu müssen wir eben die Verwendung solcher zusammengesetzten Behauptungen in Dialogen festlegen. Eine Aussage zu behaupten, heißt sich anheischig zu machen, sie gegen den Dialogpartner, den Opponenten, zu verteidigen. Damit solches Behaupten und Verteidigen überhaupt möglich ist, müssen wir festlegen, wie die logischen Partikeln dafür zu verwenden sind.

Der Gebrauch des Wortes »alle« im Deutschen legt nahe, für den Allquantor $\wedge$ die folgende Verwendung festzulegen: Der Opponent darf ein x wählen, etwa »Hans«, und dann ist vom ersten Dialogpartner, dem Proponenten der Aussage, die neue Aussage.

$$\text{Hans } \varepsilon \text{ Rabe} \rightarrow \text{Hans } \varepsilon \text{ Lebewesen}$$

zu verteidigen. Hierfür muß jetzt die Verwendung des logischen Junktors $\rightarrow$ festgelegt werden. Dies geschieht mit Hilfe des praktischen Wenn — Dann folgendermaßen:
Wenn der Opponent die Wenn-Aussage »Hans ε Rabe« behauptet — und diese Behauptung verteidigen kann —, dann hat der Proponent die Dann-Aussage »Hans ε Lebewesen« zu behaupten.
Dadurch, daß wir es einmal mit dem logischen Wenn — Dann und das andere Mal mit dem praktischen Wenn — Dann zu tun haben, wird hier ein Zirkel oder ein unendlicher Regreß von Metasprache zu Metasprache vermieden.
Bei der Behauptung von primitiven Aussagen, wie den hier vorkommenden »Hans ε Rabe«, »Hans ε Lebewesen«, dürfen wir annehmen, daß die Dialogpartner sich darüber einigen werden, ob die Behauptung zu Recht gemacht ist oder nicht, ob sie wahr ist oder nicht, wie man sagt.
In unserem Falle wird sogar der Proponent den Dialog gewinnen, also Recht behalten, ganz unabhängig davon, wer dieser Hans ist, d. h. unabhängig davon, welche Behauptungen über Hans zu Recht bestehen. Denn, wenn der Opponent behauptet hat, »Hans ε Rabe« dann kann der Proponent seine Behauptung »Hans ε Lebewesen« durch eine bloße Berufung auf die Begriffsbestimmungen verteidigen. Nach diesen Begriffsbestimmungen ist ja die Aussage »Hans ε Lebewesen« aus der Aussage »Hans ε Rabe« ableitbar. Diese Ableitung ist, so wollen wir sagen, ein Beweis der Behauptung. Der Beweis benutzt nur die Begriffsbestimmungen, dagegen keinerlei Kenntnisse von einzelnen Gegenständen wie Hans.
Manche Aussagen können sogar so verteidigt werden, daß man noch nicht einmal auf Begriffsbestimmungen zurückgreifen muß. Ein triviales Beispiel ist »alle Raben sind Raben« allgemeiner jede Aussage der Form:

$$\wedge_x \, . \, x \, \varepsilon \, P \rightarrow x \, \varepsilon \, P.$$

Der Dialog spielt sich so ab:

Opponent	Proponent
	$\wedge_x \, . \, x \, \varepsilon \, P \rightarrow x \, \varepsilon \, P.$
? s	$s \, \varepsilon \, P \rightarrow s \, \varepsilon \, P$
$s \, \varepsilon \, P$	$s \, \varepsilon \, P$

Eine Aussage, die auf Grund ihrer Form allein verteidigt werden kann, heißt eine logisch-wahre Aussage. Unter der Form einer Aussage wird dabei die Art und Weise ihrer Zusammensetzung mit den logischen Partikeln verstanden. Ich möchte noch ein weiteres Beispiel geben, in dem gleichzeitig weitere logische Junktoren vorkommen. Jede Aussage der Form $a \vee b \wedge \neg\, a \rightarrow b$ ist logisch-wahr. Diese logische Wahrheit ergibt sich nicht daraus, daß Aussagen dieser Form jedem, der Deutsch versteht, so selbstverständlich klingen, sondern ergibt sich daraus, daß diese Aussagen im Dialog in der Tat stets zu gewinnen sind. Der Dialog verläuft so:

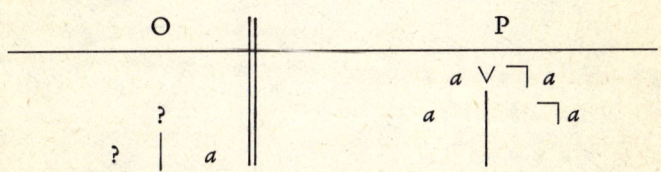

Aussagen der Form $a \vee \neg a$ lassen sich nicht aufgrund ihrer Form allein gewinnen:

Natürlich hängt dieses Ergebnis daran, daß die Verwendung von $\lor$ so festgelegt wurde, daß man im Dialog effektiv eine Entscheidung, hier zwischen a und $\lnot a$ zu treffen hat. Wer das tertium non datur für eine logische Wahrheit hält, muß dem $\lor$ einen anderen Sinn geben, aber auch dieser muß in einer dialogischen Verwendung bestehen — oder jeder Dialog wird sinnlos werden.

Die logische Wahrheit beliebiger Aussagen ist bekanntlich nicht rekursiv entscheidbar. Aber die Klasse der logisch-wahren Aussageformen ist aufzählbar. Das ergibt sich leicht aus der Definition. Eine Aussageform heißt logisch-wahr, wenn es im Dialogspiel eine Gewinnstrategie für sie gibt. Man kann die Gewinnstrategien in geeigneter Notation aufschreiben. Liest man die Strategien dann in umgekehrter Reihenfolge, von den Endpositionen des Dialogs angefangen, so erhält man einen Logikkalkül — und zwar im wesentlichen den von Gentzen aufgestellten intuitionistischen Sequenzenkalkül ohne die Schnittregel.

Der Stand eines Dialogs läßt sich jederzeit dadurch fixieren, daß man alle vom Opponenten behaupteten Formeln aufschreibt, etwa in ihrer zeitlichen Reihenfolge, und dazu die letzte zu behauptende Formel des Proponenten. Man erhält so die Sequenzen:

$$A_1, \ldots, A_n \parallel B$$

Für das obige Beispiel des Dialogs um $a \lor b \land \lnot a \overset{\cdot}{\rightarrow} b$ sehen die Sequenzen folgendermaßen aus:

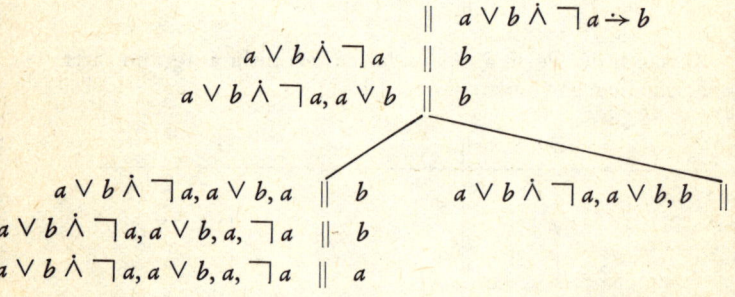

In beiden Teildialogen haben wir Endpositionen der folgenden Form erreicht:

$$F(c) \parallel c$$

Aus diesen »Grundsequenzen« ergeben sich die darüberstehenden Sequenzen schrittweise nach gewissen Regeln. Die Begründung dieser Regeln liegt in der dialogischen Verwendung der logischen Partikeln.
Für den Dialogstand:

$$F \parallel A \wedge B$$

ist z. B. festgelegt, daß der Opponent nach beiden Gliedern der Konjunktion fragen darf. Der Proponent muß also:

$$F \parallel A \quad \text{und} \quad F \parallel B$$

gewinnen können, um $F \parallel A \wedge B$ gewinnen zu können, d. h. wir erhalten die Regel:

$$F \parallel A, , \quad F \parallel B \Rightarrow F \parallel A \wedge B$$

Für den Dialogstand $F(A \wedge B) \parallel C$ kann der Proponent nach beiden Gliedern fragen. Zum Gewinn genügt es also für ihn, eine der beiden Positionen:

$$F(A \wedge B), \quad A \parallel C \quad \text{oder} \quad F(A \wedge B), \quad B \parallel C$$

zu gewinnen. Das ergibt die folgenden Regeln

$$F(A \wedge B), \quad A \parallel C \Rightarrow F(A \wedge B) \parallel C$$
$$F(A \wedge B), \quad A \parallel C \Rightarrow F(A \wedge B) \parallel C$$

Entsprechend erhält man drei Regeln für die Adjunktion $\vee$ und je zwei Regeln — immer eine Regel für den Proponenten und eine für den Opponenten — für die weiteren logischen Partikeln $\rightarrow$ und $\neg$.
Für die Quantoren ergeben sich die folgenden Regeln:

$$F \parallel A(y) \Rightarrow F \parallel \wedge_x A(x),$$

y nicht frei in der Konklusion.

$$F(\wedge_x A(x)), A(t) \;\|\; B \Rightarrow F(\wedge_x A(x)) \;\|\; B$$

$$F \;\|\; A(t) \quad \Rightarrow \quad F \;\|\; \vee_x A(x) \qquad (t \text{ Term})$$

$$F(\vee_x A(\dot{x})), A(y) \;\|\; B \Rightarrow F(\vee_x (A(x)) \;\|\; B,$$

y nicht frei in der Konklusion.

Man kann gewiß versuchen, andere Partikeln mit anderer dialogischer Verwendung zu benutzen, aber diese sechs Partikeln $\wedge, \vee, \rightarrow, \neg, \wedge, \vee$ mit der hier angegebenen dialogischen Verwendung, die man eine synthetische Definition dieser Partikeln nennen könnte, sind jedenfalls wichtig und brauchbar. Mir scheint die Situation vergleichbar mit der Verwendung der Addition und Multiplikation als elementarer Rechenoperationen. Auch hier gibt es andere, z. B. das Quadrieren oder die Fakultät — aber Addition und Multiplikation sind jedenfalls brauchbar und wichtig. Mehr läßt sich darüber, ohne auf die Anwendungen einzugehen, nicht sagen.

Aus der Festlegung der dialogischen Verwendung der logischen Partikeln entsteht — wie wir gesehen haben — ein Sequenzenkalkül, der per definitionem alle logisch-gültigen Sequenzen aufzählt. Dieser Kalkül enthält *nicht* die Schnittregel:

$$F_1 \;\|\; A,, \; F_2, A \;\|\; B \Rightarrow F_1, F_2 \;\|\; B$$

also auch nicht den Spezialfall des modus ponens

$$\|\; A,, \quad A \;\|\; B \Rightarrow \;\|\; B$$

obwohl man diesem immer eine solche Natürlichkeit zuschreibt. Um die Rolle dieser Regel zu verstehen, möchte ich noch auf die Anwendung der Logik in mathematischen Theorien eingehen. Das wichtigste Beispiel liefert die Arithmetik.

Wie kommt man methodisch zu den Zahlen? Man kann leicht einzelne Zahlwörter exemplarisch einführen und anschließend also auch das Prädikat »Zahlwort« Man kann auch Begriffsbestimmungen hinzufügen, die dann die Rolle einer sich zu bewährenden Hypothese spielen. Speziell zu der Unendlichkeit der Zahlen kann man so immer nur hypothetisch gelangen.

Das ändert sich erst, wenn wir Zahlzeichen durch Konstruktion erzeugen, in der einfachsten Form nach den Regeln:

$$\Rightarrow \;\vert$$
$$n \Rightarrow n\,\vert$$

Es ist zwar nicht möglich, nach diesen Regeln beliebig viele Zeichen, etwa 10^{100} praktisch herzustellen, aber nur deshalb nicht, weil unser Leben zu kurz ist, der Kreidevorrat zu klein, oder ähnliches — nach den Regeln allein sind beliebig viele Zeichen theoretisch möglich, wie man sagt. Den Sinn des Terminus »theoretisch möglich« muß man, falls man ihn noch nicht kennt, gerade an solchen Beispielen wie diesem lernen.

Die Konstruktionsvorschrift:

$$\Rightarrow \;\vert$$
$$n \Rightarrow n\,\vert$$

liefert, wie ich in freiem Anschluß an Kant sagen möchte, eine synthetische Definition des Zahlbegriffs. Hinzukommt allerdings noch eine Abstraktion, die von den Zahlzeichen zu den Zahlen selbst führt, aber das möchte ich hier übergehen, weil die Abstraktion genau wie bei den Begriffen durchzuführen ist. Durch synthetische Definitionen werden auch die Rechenoperationen eingeführt. Es wird definiert, wie man z. B. Additionen und Multiplikationen auszuführen hat, nämlich so:

$$\Rightarrow \frac{m + \vert}{m\,\vert} \qquad\qquad \Rightarrow \frac{\vert\,.\,n}{n}$$

$$\frac{m\,\vert\,n}{p} \Rightarrow \frac{m + n\,\vert}{p\,\vert} \qquad \frac{m\,.\,n}{p}\,,\,\frac{p + n}{q} \Rightarrow \frac{m\,\vert\,.\,n}{q}$$

Die Sätze der Arithmetik werden anschließend definiert als die logischen Folgerungen aus diesen Definitionen, d. h. als solche Aussagen, die sich aufgrund dieser Regeln — und aufgrund der festgelegten dialogischen Verwendung der logischen Partikeln — im Dialog gegen jedermann verteidigen lassen. Diese Aussagen mögen arithmetisch-wahr heißen, und zwar im Unterschied zu der später zu betrachtenden klassischen Arithmetik genauer »konstruktiv« arithmetisch-wahr.

Die Sätze der konstruktiven Arithmetik sind noch nicht einmal mehr aufzählbar. Die konstruktive arithmetische Wahrheit ist zwar wieder durch die Existenz einer Gewinnstrategie definiert, aber wegen des Auftretens des Allquantors:

$$\left\| \begin{array}{l} \wedge_x A(x) \\ \\ \end{array} \right.$$
$$? \ n \quad \left\| \quad A(n) \right.$$

bei dem der Opponent nach jedem beliebigen n (von unendlich vielen) fragen kann, tritt für die Gewinnbarkeit einer Formel die folgende unendliche Induktionsregel auf:

$$A(|), \ A(||), \ldots \Rightarrow A(x)$$

d. h. eine Formel $A(x)$ mit einer freien Variablen x ist arithmetisch-wahr, wenn $A(n)$ für jedes n arithmetisch-wahr ist. Man erhält keinen Vollformalismus zur Ableitung der arithmetisch wahren Aussagen, sondern nur einen Halbformalismus.

Für Sequenzen sieht der Halbformalismus der konstruktiven Arithmetik folgendermaßen aus:

Grundsequenzen sind:

$$F(p) \ \| \ q$$

wobei p und q Primaussagen sind, für die p falsch oder q wahr ist.

Logische Regeln, wie bisher im intuitionistischen Sequenzenkalkül ohne die Schnittregel.

Dazu kommt die unendliche Induktion:

$$S(n) \text{ für alle } n \ \Rightarrow \ S(x)$$

für beliebige Sequenzen.

Eine Aussage A, für die ∥ A nach diesen Regeln ableitbar ist, ist im Dialog gewinnbar — und umgekehrt.

Man muß allerdings fragen, was die Behauptung einer Ableitbarkeit in einem Halbformalismus bedeutet. Man kann die Ableitungen im allgemeinen ja nicht voll aufschreiben. Nun, die Behauptung einer Ableitbarkeit hat wieder einen dialogischen Sinn. Wer die Ableitbarkeit einer Sequenz behauptet, muß — auf Verlangen des Opponenten — eine Regel angeben, nach der sie ableitbar ist. Der Opponent darf dann eine der Prämissen dieser Regel wählen (das können unendlich viele sein), der Proponent hat diese Prämisse zu verteidigen, usw. bis er schließlich bei einer Grundsequenz anlangt.

Die Formalisierung, die man auf diese Weise für die konstruktive Arithmetik erhält, unterscheidet sich wesentlich von den Formalisierungen der intuitionistischen Arithmetik, wie sie aufgrund der Arbeiten von Heyting üblich geworden sind.

Dort geht man zunächst von den Peano-Axiomen aus. Das sind konstruktiv arithmetisch-wahre Formeln. Ich will das hier nur am Beispiel des Induktionsschemas zeigen. Die Gewinnstrategie sieht folgendermaßen aus:

	$A(|) \wedge \wedge_x \cdot A(x) \to A(x|). \to \wedge_y A(y)$	
$A(|) \wedge \wedge_x \cdot A(x) \to A(x|).$	$\wedge_y A(y)$	
? n		L ?
$A(|)$		R ?
$\wedge_x \cdot A(x) \to A(x|).$		? $|$
$A(|) \to A(||)$	$A(|)$	
$A(||)$		? $\|$
$A(||) \to A(|||)$	$A(||)$	
$A(|||)$	⋮	
⋮		
$A(n)$	$A(n)$	

Auch für die übrigen Axiome sind die Gewinnstrategien leicht anzugeben. Anschließend werden als Sätze der formalisierten intuitionistischen Arithmetik die logischen Implikate der Axiome definiert, d. h. diejenigen Aussagen B, für die eine Sequenz:

$$A_1, \ldots, A_n \parallel B$$

logisch-gültig ist, wenn darin $A_1, \ldots, A_n$ arithmetische Axiome sind. Beim Vergleich mit der konstruktiven Arithmetik stehen wir also vor der folgenden Frage:
Ist die Regel:

$$\parallel_{ar} A_1, , \ldots, , \parallel_{ar} A_n, , A_1, \ldots, A_n \parallel_{log} B \Rightarrow \parallel_{ar} B$$

für den Halbformalismus der konstruktiven Arithmetik *zulässig?* Da jede Sequenz, die logisch-gültig ist, auch arithmetisch-gültig ist, wird diese Frage affirmativ beantwortet durch die Zulässigkeit der Schnittregel für den konstruktiv arithmetischen Halbformalismus. Das ist eine Erweiterung des Gentzenschen Hauptsatzes, der hierdurch in neuer Beleuchtung erscheint.
Er rechtfertigt erst die Axiomatisierung der Arithmetik. Wichtig ist mir daran, daß dabei deutlich wird, daß die Schnittelimination auch für den intuitionistischen Sequenzenkalkül bewiesen werden muß. Es genügt nicht, sich für diesen Logikkalkül auf Intuition zu berufen.
Für den klassischen Sequenzenkalkül (oder für einen gleichwertigen klassischen Logikkalkül) liegen die Probleme anders. hier gibt es mehrere Möglichkeiten. Man kann z. B. die Widerspruchsfreiheit der intuitionistischen Arithmetik jetzt dazu benutzen, die Widerspruchsfreiheit der klassischen Arithmetik auf sie zurückzuführen.
Man kann aber auch den klassischen Sequenzenkalkül ohne Schnittregel dazu benutzen, um allererst zu definieren, was man unter einer klassisch arithmetisch-wahren Formel verstehen wolle und dann die Widerspruchsfreiheit direkt durch den Gentzenschen Hauptsatz für einen klassischen arithmetischen Halbformalismus beweisen.
Auch in diesem Falle — und sogar dann, wenn man eine Interpretation der klassischen arithmetischen Wahrheit etwa

durch semantische Bestimmungen oder durch eine abgeänderte dialogische Verwendung der logischen Partikeln noch hinzufügt — bleibt für die klassische Logik die zusätzliche Aufgabe, das Verhältnis zur intuitionistischen Logik, die ja jedenfalls interpretierbar ist, genau zu bestimmen.

Ein Resultat in dieser Richtung ist der bekannte Satz, daß jede klassisch arithmetisch-wahre Formel, die weder ∨, ⋁ noch → enthält, auch konstruktiv arithmetisch wahr ist.

Ich habe damit, wie ich hoffe, einen Weg aufgezeigt, auf dem man schrittweise bis zu den arithmetischen Formalismen und den Logikkalkülen kommt, ohne — wie es die axiomatische Methode macht — gewisse Setzungen unverstanden an den Anfang zu stellen. Dazu war es notwendig, der Logik und Arithmetik allgemeinere Betrachtungen über das Denken, speziell über Prädikate, Regeln und Begriffe, vorauszuschicken, weil die synthetischen Definitionen der logischen Partikeln und der arithmetischen Grundbegriffe zu ihrer Formulierung schon Begriffe einer praktischen Sprache benutzen.

In einer praktischen Sprache hat die Wissenschaft ihren absoluten Anfang — und dies ist, im Unterschied zur axiomatischen Methode, durchaus in Einklang mit der wirklichen Situation des Menschen, wie sie schon von Pascal gesehen wurde: »Nous voguons sur un milieu vaste, toujours incertains et flottants, poussés d'un bout vers l'autre«.

Gleichheit und Abstraktion

Die folgenden Bemerkungen sollen den Versuch machen, die Frage nach der »Existenz« abstrakter Objekte dadurch zu klären, daß untersucht wird, auf welche Weise wir dazu kommen, überhaupt sinnvoll von abstrakten Objekten zu reden. Es werden sich dabei »realistische« Aussagen wie z. B. »Ziffern sind Figuren, die Zahlen bedeuten. Die Zahlen sind keine Figuren« als wahr ergeben. Andererseits werden aber keine »realistischen« Voraussetzungen gemacht, so daß der »Nominalist« diese Ergebnisse als eine bloße façon de parler erklären kann.

Da es sich nun gerade darum handelt, auf welche Weise (façon) sinnvoll von abstrakten Objekten zu reden (parler) ist, wird dem der »Realist« durchaus zustimmen können.

1. Logische Gleichheit

In der logischen Theorie der Gleichheit geht man davon aus, daß schon eine Sprache vorhanden ist. Zu einer solchen Sprache S gehören:

> Konstante $\xi, \eta, \ldots$
> Variable $x, y, \ldots$
> Formeln $A, B, \ldots$

In den Formeln können Variable vorkommen. Ist $A(x)$ eine Formel von S, in der x (frei) vorkommt, und evtl. noch andere Variable, so ist das durch Ersetzung von x durch ξ entstehende $A(\xi)$ auch stets eine Formel von S. Formeln ohne (freie) Variable heißen Aussagen.

Die Gleichheit wird definiert durch

$$(1.1) \qquad x = y \leftharpoondown [A(x) \leftrightarrow A(y) \quad \text{für alle Formeln von S}]$$

Hierin bedeutet ⇌ die definitorische Äquivalenz und ↔ die logische Partikel »wenn und nur wenn«.

Für die Gleichheit ist aufgrund dieser Definition (und der formalen Logik) leicht folgendes zu beweisen:

(1.2) $x = x$ (Reflexivität)

(1.3)   wenn $x = z$ und $y = z$, dann $x = y$ (Komparativität)

Jede 2stellige Religion, die diesen Bedingungen genügt (d. h. reflexiv und komparativ ist), heißt eine Äquivalenzrelation. Die logische Gleichheit ist also eine Äquivalenzrelation.

2. Bezeichnungsgleichheit

Die einfachste Möglichkeit, zu solchen Sprachen zu kommen, wie sie die Logik voraussetzt, ist die folgende:

Man führt für gewisse Objekte, z. B. für Personen, Eigennamen ein. Wird für ein Objekt ξ der Eigenname x eingeführt, so bezeichnet der Eigenname x das Objekt ξ. Wir schreiben kurz: $x\,\beta_0\,\xi$.

Aussagen über das Objekt ξ werden dann so gemacht, daß ein Eigenname x von ξ genannt wird und daß zu dem Eigennamen ein Prädikat hinzugesetzt wird, z. B. wird aus dem Eigennamen »Sokrates« die Aussage »Sokrates ist Philosoph«. Für die Bezeichnungsrelation β_0 wird gefordert (die Forderung richtet sich natürlich, genaugenommen, an die Einführung von Eigennamen), daß es für jeden Eigennamen genau ein Objekt gibt, d. h. eins und nicht zwei.

Die Forderung, daß es (mindestens) ein Objekt gibt, liefert

(2.1) $x\,\beta_0\,\xi$ für ein ξ

Wir machen nun die Voraussetzung, daß wir die Objekte, für die wir Eigennamen einführen wollen, unterscheiden können. Die Unterscheidbarkeit $\not\equiv$ wird als ein zur Verfügung stehendes 2stelliges Prädikat angenommen. Sie ist nicht an eine Sprache gebunden, sondern dadurch bestimmt, daß für jede Aussage jeder Sprache gelten soll:

wenn $A\,(\xi)$ und nicht $A\,(\eta)$, dann $\xi \not\equiv \eta$

Für die Ununterscheidbarkeit benutzen wir das Zeichen $\equiv$, d. h.

$$\xi \equiv \eta \leftrightharpoons \text{nicht } \xi \not\equiv \eta$$

Die Forderung, daß ein Eigenname nicht zwei Objekte bezeichnet, ist dann so zu formulieren:

(2.2) wenn $x \,\beta_0\, \xi$ und $x \,\beta_0\, \eta$, dann $\xi \equiv \eta$

Für jede Sprache S und ihre nach § 1 definierte logische Gleichheit folgt aus der Ungleichheit die Unterscheidbarkeit:

wenn nicht $\xi = \eta$, dann $\xi \not\equiv \eta$

denn aus »nicht $\xi = \eta$« folgt

nicht $[A\,(\xi) \leftrightarrow A\,(\eta)]$ für ein A

also

$B\,(\xi)$ und nicht $B\,(\eta)$ für ein B

und damit $\xi \not\equiv \eta$.

Aus der Ununterscheidbarkeit folgt daher die Gleichheit, und die Forderung nach genau einem ξ für $x \,\beta_0\, \xi$ liefert auch:

(2.3) wenn $x \,\beta_0\, \xi$ und $x \,\beta_0\, \eta$, dann $\xi = \eta$

Definieren wir die Bezeichnungsgleichheit $\approx$ für Eigennamen folgendermaßen:

(2.4) $x \approx y \leftrightharpoons [x \,\beta_0\, \zeta$ und $y \,\beta_0\, \zeta$ für ein $\zeta]$

so folgt aus (2.1) — (2.2) sofort, daß diese Gleichheit ebenfalls eine Äquivalenzrelation ist.

Für eine Sprache, die mindestens die Relation β_0 enthält, gilt nämlich unter der Voraussetzung von $x \,\beta_0\, \xi$ und $y \,\beta_0\, \eta$

(2.5) $x \approx y \leftrightarrow \xi = \eta$

Beweis: (1) Wenn $x \approx y$, d. h. $x \,\beta_0\, \zeta$ und $y \,\beta_0\, \zeta$, dann folgt nach (2.3) $\xi = \zeta$ und $\eta = \zeta$, also $\xi = \eta$.

(2) Wenn $\xi = \eta$, dann folgt aus $x \,\beta_0\, \xi$ nach (1.1) auch $x \,\beta_0\, \eta$, also $x \approx y$.

Nach der operativen Auffassung der Mathematik hat man
es in ihr nicht mit gegebenen abstrakten Objekten zu tun,
die man durch Eigennamen zu bezeichnen hat, um zu mathematischen Aussagen zu kommen, sondern man hat mit der
Konstruktion von Figuren zu beginnen. Ich beschränke mich
hier auf Figuren, die aus Strichen | zusammengesetzt sind,
also mit den Ziffern |, ||, |||, . . .

Zur Mathematik gehören durchaus nicht alle Aussagen, die
über solche Ziffern gemacht werden können. Es muß vielmehr als erstes definiert werden, welche Figuren als »gleich«
betrachtet werden sollen. Dazu setzt man ein Verfahren fest,
um über die Gleichheit zweier Ziffern zu entscheiden. Dies
Verfahren besteht darin, daß man untersucht, ob zwei gegebene Ziffern in gleichen Schritten hätten konstruiert werden
können. Ausgangspunkt ist also die Gleichheit jeder Ziffer
| mit jeder anderen |. Ein Konstruktionsschritt besteht in
einer Hinzufügung eines Striches zu beiden Ziffern, d. h.
$x|$ und $y|$ sollen gleich heißen, wenn x und y gleich sind.
Die wahren Gleichheitsaussagen $x = y$ werden also definiert als diejenigen Formeln, die sich nach den folgenden
Regeln

$$(3.1) \quad \left\{ \begin{array}{l} \Rightarrow \ | = | \\ x = y \ \Rightarrow \ x| = y| \end{array} \right.$$

konstruieren lassen ›. . . $\Rightarrow$ . . .‹ ist hierin eine Abkürzung
für: »aus . . . konstruiere . . .«

Aufgrund dieser Konstruktionsvorschrift gilt:

$$(3.2) \quad \left\{ \begin{array}{l} | = | \\ \text{wenn } x = y, \text{ dann } x| = y| \end{array} \right.$$

Es läßt sich ferner (induktiv) beweisen, daß die Gleichheit
$=$ eine Äquivalenzrelation ist (vgl. z. B. meine *Einführung in
die operative Logik und Mathematik*, 1955, S. 90). An
die mathematischen Aussagen über Ziffern wird nun die Forderung gestellt, invariant bezüglich der Gleichheit $=$ zu sein,
d. h. es sollen nur solche Formeln $A(z)$ für mathematische
Aussagen verwendet werden, für die gilt:

(3. 3)   wenn $x = y$, dann $A(x) \leftrightarrow A(y)$

Die Formeln $A(z)$, die diese Invarianz besitzen, mögen kurz »Zahlenformeln« heißen.
Über (3. 3) hinaus gilt

(3. 4) $x = y \leftrightarrow [A(x) \leftrightarrow A(y)$ für alle Zahlformeln],

so daß also die Figurengleichheit mit der logischen Gleichheit in der Sprache der Zahlformeln übereinstimmt. Der Beweis von (3. 4) kann so geführt werden, daß man zunächst zeigt, daß die Formel $z_0 = z$ eine invariante Formel $A(z)$ ist:

$$\text{wenn } x = y \text{ und } z_0 = x, \text{ dann } z_0 = y.$$

Diese Transitivität gilt, weil $=$ eine Äquivalenzrelation ist. Ist also für alle Zahlformeln $A(x) \leftrightarrow A(y)$ erfüllt, so folgt

$$z_0 = x \leftrightarrow z_0 = y.$$

Ersetzen wir hierin z_0 durch x, so entsteht

$$x = x \leftrightarrow x = y,$$

also folgt $x = y$ wegen der Reflexivität von $=$.
Neben den Figuren $|,\ ||,\ |||,\ \ldots\ldots$ führen wir jetzt die Figuren $\tilde{|},\ \tilde{||},\ \tilde{|||},\ \ldots\ldots$ ein. Ist x eine Ziffer, so sei $\tilde{x}$ die durch Überstreichen mit $\sim$ entstehende Ziffer. Für die mit $\sim$ überstrichenen Ziffern benutzen wir auch $\xi, \eta, \ldots$ als Variable. Wir definieren:

(3. 5) $\tilde{x} = \tilde{y} \leftrightharpoons x = y$

und definieren ferner eine Relation β durch

(3. 6) $x \beta \xi \leftrightharpoons \xi = \tilde{x}$.

Aus den Definitionen folgt sofort, daß β den Bedingungen (2. 1) — (2. 2) für β_0 genügt. Wir lesen die Aussagen $x \beta \tilde{x}$ daher: »Ziffer ›x‹ bedeutet die Zahl x«, z. B. »die Ziffer ›|‹ bedeutet die Zahl $|$«.
Schreiben wir in § 1 jetzt überall β statt β_0, so wird das Bedeuten dadurch zu einem Oberbegriff des Bezeichnens.

(Diese Bemerkung könnte auch »nominalistisch« formuliert werden mit »Prädikat« statt »Begriff«.)

Gegen die Einführung der Zahlen, d. h. von $\tilde{|}$, $\tilde{||}$, ... kann hier natürlich geltend gemacht werden, daß sie zwar möglich, aber nicht notwendig sei: entia non sunt multiplicanda sine necessitate. Da eine logische Notwendigkeit für die Einführung neuer Objekte in unsere Rede niemals besteht, kann hier mit »necessitas« nur eine sog. praktische Notwendigkeit, eine Zweckmäßigkeit, gemeint sein.

Diese Zweckmäßigkeit ergibt sich erst, wenn man neben den bisherigen Ziffern $|$, $||$, ... noch andere Ziffern, z. B. 1, 2, 3, ... einführt, die aber dieselben Zahlen bedeuten sollen. Es ist dann $\tilde{1} = \tilde{|}$, $\tilde{2} = \tilde{||}$, ..., so daß die Zahlen keine Figuren mehr sind: Die Zahl 1 ist weder die Figur $\tilde{1}$ noch die Figur $\tilde{|}$, denn diese Figuren sind ungleich.

Die Situation, die sich ergibt, wenn ungleiche Figuren gleiches bedeuten sollen, ist ein Spezialfall der Abstraktion (von Verschiedenheiten). Diese ist noch zu betrachten.

4. Abstraktion

Es seien $x, y, \ldots$ irgendwelche Objekte (nicht notwendig Figuren). Für diese Objekte sei eine Sprache S gegeben, speziell eine zweistellige Relation $\sim$.

Eine Formel $A(z)$ von S heiße invariant bezüglich $\sim$, wenn gilt

(4. 1)   wenn $x \sim y$, dann $A(x) \leftrightarrow A(y)$

Wir definieren eine Relation $\approx$ durch

(4. 2) $x \approx y$ [$A(x) \leftrightarrow A(y)$ für alle invarianten Formeln]

Es gilt dann selbstverständlich

(4. 3)   wenn $x \sim y$, dann $x \approx y$

Ferner ergibt sich, wie in § 1 für die logische Gleichheit, daß ≈ eine Äquivalenzrelation ist.

Hiernach kann statt (4. 3) nur dann

$$(4.4) \qquad x \sim y \leftrightarrow x \approx y$$

gelten, wenn auch ∼ eine Äquivalenzrelation ist.

Wird aber ∼ als Äquivalenzrelation vorausgesetzt, dann kann in der Tat (4. 4) entsprechend zu (3. 4) bewiesen werden.

Genau dann, wenn ∼ eine Äquivalenzrelation ist, ist also ∼ die nach (4. 2) zu ∼ gehörige Gleichheit. Dies erklärt, warum in der Mathematik immer von Äquivalenzrelationen ausgegangen wird, wenn eine Abstraktion (die daher dann Äquivalenzklassenbildung genannt wird) vorgenommen werden soll.

Neben den Variablen $x, y, \ldots$ für die Objekte führen wir jetzt neue Figuren $\tilde{x}, \tilde{y},, \ldots$ ein. Nur für (bezüglich ∼) invariante Formeln $A(x)$ führen wir auch $A(\tilde{x})$ als Formeln ein.

Die Sprache dieser Formeln heiße $\tilde{S}$. Wir setzen

$$(4.5) \qquad A(\tilde{x}) \leftharpoondown A(x)$$

Wird $A(\tilde{x})$ behauptet, so wird damit also $A(x)$ behauptet, es wird aber gleichzeitig zum Ausdruck gebracht, daß diese Aussage invariant bezüglich ∼ ist, also zugleich für alle y mit $y \sim x$ gilt.

Dafür, daß diese Aussagemöglichkeit zweckmäßig ist, spricht die häufige Verwendung in der Mathematik und in allem abstrakten Denken, z. B. in der Rede von Begriffen statt von Prädikaten. Das Wesentliche der Abstraktion ist gerade die Beschränkung auf invariante Aussageformen.

Die Figuren $\tilde{x}, \tilde{y}, \ldots$ werden jetzt wie Variable für Objekte behandelt. Wir nennen sie »Variable für abstrakte Objekte«. Welche Aussagen mit ihnen gebildet werden können, ist durch die Beschränkung auf invariante Formeln festgelegt. Wir können wie in § 1 die logische Gleichheit definieren durch

$$(4.6) \qquad \tilde{x} = \tilde{y} \leftharpoondown [A(\tilde{x}) \leftrightarrow A(\tilde{y}) \text{ für alle Formeln von } \tilde{S}]$$

Nach den Definitionen (4. 2) und (4. 5) gilt

(4. 7) $\tilde{x} = \tilde{y} \leftrightarrow x \approx y$

Genau dann, wenn $\sim$ eine Äquivalenzrelation ist, gilt auch

(4. 8) $\tilde{x} = \tilde{y} \leftrightarrow x \sim y$

Benutzen wir $\xi, \eta, \ldots$ neben den Variablen $\tilde{x}, \tilde{y}, \ldots$ in S und definieren wir entsprechend zu (3. 6)

(4. 9) $x \,\beta\, \xi \leftrightharpoons \xi = \tilde{x}$,

so ergibt sich entsprechend zu (2. 3)

(4. 10) $x = y \leftrightarrow [\, x \,\beta\, \zeta$ und $y \,\beta\, \zeta$ für ein $\zeta]$

Wenn die Objekte $x, y, \ldots$ keine Figuren sind, ist es nicht üblich zu sagen, daß sie etwas »bedeuten«. Wir lesen die Formel $x \,\beta\, \tilde{x}$ statt dessen: »Das Objekt x stellt das abstrakte Objekt $\tilde{x}$ dar.«
Einfache Bespiele dieser Abstraktion sind:

1. Eine Äquivalenzrelation zwischen Zahlenpaaren (x, y):

$$(x_1, y_1) \sim (x_2, y_2) \leftrightharpoons x_1 \cdot y_2 = x_2 \cdot y_1$$

Das Zahlenpaar (x, y) stellt die rationale Zahl $\dfrac{x}{y}$ dar.

2. Eine Äquivalenzrelation zwischen Formeln (bezüglich der Variablen z):

$$A\,(z) \sim B\,(z) \leftrightharpoons [A\,(x) \leftrightarrow B\,(x) \text{ für alle } \varkappa]$$

Die Formel $A(z)$ stellt die Menge $\varepsilon_z A(z)$ dar.

3. Die Gleichmächtigkeit als Äquivalenzrelation zwischen endlichen Mengen.

Die Menge M stellt die Kardinalzahl $|M|$ dar.

In allen diesen Fällen wird durch die Abstraktion die Möglichkeit geschaffen, von neuen abstrakten Objekten zu reden. Es wird also eine neue Rede von Objekten geschaffen und insofern ein neues Objekt, nämlich die neue Rede, geschaffen. Zu sagen, daß die abstrakten Objekte neu geschaffen seien, verbietet sich dann, wenn die Eigenschaft der alten, darstellenden Objekte, »neu geschaffen zu sein«, nicht invariant ist bezüglich der Äquivalenzrelation, wie in den obigen Fällen.

Andererseits ergibt sich aus der Voraussetzung, daß die alten darstellenden Objekte »existieren«, daß die »Existenz« eine invariante Eigenschaft bezüglich jeder Relation $\sim$ ist. Also »existieren« die abstrakten Objekte.

Haben nicht, so betrachtet, die »Nominalisten« und die »Realisten« beide zugleich recht und unrecht?

Konstruktive Begründung der Mathematik

I. Begründung der elementaren Arithmetik und Logik

Die Grundlage der Arithmetik ist die vor-arithmetische Praxis: die Benutzung von Zählzeichen (wie I, II, III, IIII, ...) zum Zählen von Sammeldingen (Haufen, Herden, Gruppen, Komplexen, ...), der Größenvergleich der Zählzeichen anstelle des Größenvergleichs der Sammeldinge, das Addieren und Multiplizieren der Zählzeichen (anstelle gewisser Operationen mit den Sammeldingen). Diese Praxis *rechtfertigt* z. B. die folgenden Konstruktions*regeln* von Zeichen, Zeichenpaaren und -tripeln:

$$K_l \begin{cases} \Rightarrow 1 \\ n \Rightarrow n1 \end{cases} \qquad\qquad K_\langle \begin{cases} \Rightarrow 1, n1 \\ m, n \Rightarrow m1, n1 \end{cases}$$

$$K_x \left[\begin{array}{l} K_+ \left[\begin{array}{l} \Rightarrow \dfrac{m, 1}{m\,1} \\[2mm] \dfrac{m, n}{p} \Rightarrow \dfrac{m, n1}{p} \\[2mm] \Rightarrow \dfrac{1; n}{n} \end{array} \right. \\[8mm] \dfrac{m; n}{p} \,,\, \dfrac{p, n}{q} \Rightarrow \dfrac{m1, n}{q} \end{array} \right.$$

Die Arithmetik beginnt mit *Behauptungen* über die Konstruierbarkeit ($\vdash$) von Ausdrücken nach diesen Regeln. Man definiert z. B.

$$m < n \leftrightharpoons \vdash_< m, n$$

$$m + n = p \leftrightharpoons \vdash_+ \frac{m, n}{p}$$

$$m \cdot n = p \leftrightharpoons \vdash_\times \frac{m; n}{p}$$

Um zu weiteren Behauptungen als diesen Primaussagen zu kommen, werden logische Partikeln hinzugenommen: Hier haben wir als vorlogische Praxis die Verwendung solcher Partikeln in »Dialogen«, z. B. $\neg$, $\wedge_x$, $\rightarrow$ mit folgenden Angriffs-Verteidigungs*regeln*

Behauptung	Angriff	Verteidigung
$\neg A$	A ?	
$\wedge_x A(x)$	n ?	$A(n)$
$A \rightarrow B$	A ?	B

Diese Partikeln genügen schon, ein *vollständiges* System erster Sätze (Axiome) für die Ordnung $<$ aufzustellen:

$$1 < x1$$
$$x < y \rightarrow x1 < y1$$
$$x1 < y1 \rightarrow x < y$$
$$\neg x < 1$$
$$\wedge_x. A(x) \rightarrow A(x1). \rightarrow A(1) \rightarrow \wedge_x A(x)$$

Der weitere Ausbau der Arithmetik geschieht durch Hinzunahme induktiv definierbarer weiterer Aussagen. Die Logik kann erweitert werden durch Hinzunahme weiterer Partikeln: zunächst der Konjunktion

$A \wedge B$	L ?	A
	R ?	B

dann der Adjunktionen

$A \vee B$	?	A
	?	B
$\vee_x A(x)$	?	$A(n)$

Eine *allgemeine* Dialogregel normiert den Verlauf von Dialogen um mehrfach logisch zusammengesetzte Aussagen.

Es ist in diesem Aufbau jetzt zu beweisen, daß aus der Gewinnbarkeit von Dialogen um A und A → B stets die Gewinnbarkeit des Dialogs um B folgt. Das ist äquivalent mit dem Gentzenschen Hauptsatz (1936).

Ersetzt man die obigen Adjunktionen durch die »klassischen« Definitionen

$$A \lor B \leftrightharpoons \neg . \neg A \land \neg B.$$
$$\lor_x A(x) \leftrightharpoons \neg \land_x \neg A(x)$$

erhält man die klassische Logik (insbesondere die Stabilität $\neg \neg A \to A$) für *alle* arithmetischen Aussagen.

II. Konstruktive Begründung der Analysis

Schon die Arithmetik der rationalen Zahlen benutzt die Methode der *Abstraktion*. Paare von Grundzahlen werden als »äquivalent« definiert.

$$m_1, n_1 \sim m_2, n_2 \leftrightharpoons m_1 \cdot n_2 = m_2 \cdot n_1$$

Für Aussagen A(m, n) über Paare, die *invariant* bzgl. $\sim$ sind, d. h.

$$m_1, n_1 \sim m_2, n_2 \to A(m_1, n_1) \leftrightarrow A(m_2, n_2)$$

führen wir als neue Schreibweise ein:

$$\tilde{A}\left(\frac{m}{n}\right) \leftrightharpoons A(m, n)$$

z. B.

$$\frac{m}{n} > 1 \leftrightharpoons m > n$$

$$\frac{m_1}{n_1} = \frac{m_2}{n_2} \leftrightharpoons m_1, n_1 \sim m_2, n_2$$

Es gilt dann $\dfrac{m_1}{n_1} = \dfrac{m_2}{n_2} \leftrightarrow \bigwedge_{\text{inv.}} A \cdot A\left(\dfrac{m_1}{n_1}\right) \leftrightarrow A\left(\dfrac{m_2}{n_2}\right).$

Wir haben damit eine Theorie, die neben den bisherigen Grundzahlen als Objekt neue *abstrakte* Objekte, (r, s, ...), die (positiven) rationalen Zahlen hat.

Die Analysis benutzt weitere abstrakte Objekte, zunächst *Funktionen* und *Mengen* (rationaler Zahlen).
Rationale Funktionen werden z. B. abstrahiert aus rationalen *Termen*.

$$T(r) = \frac{a_0 + a_1r^2 + a_2r^2 + \ldots + a_mr^m}{b_0 + b_1r + b_2r^2 + \ldots + b_nr^n} \qquad (b_n \neq 0)$$

Terme heißen »äquivalent«

$$T_1(r) \sim T_2(r) \leftrightharpoons \wedge_r T_1(r) = T_2(r)$$

Für (bzgl. $\sim$) invariante Aussagen über Terme schreiben wir

$$\bar{A}(\imath r T(r)) \leftrightharpoons A(T(r))$$

Die abstrakten Objekte f, g, ... heißen *Funktionen.* Wir definieren für f = $\imath r\, T(r)$: $\qquad$ f $\imath r \leftrightharpoons T(r)$
Entsprechend für mehrstellige Funktionen.
Mengen werden abstrahiert aus Aussageformen (Formeln) F(r). Formeln heißen »äquivalent«:

$$F_1(r) \sim F_2(r) \leftrightharpoons \wedge_r F_1(r) \leftrightarrow F_2(r).$$

Für (bzgl. $\sim$) invariante Aussagen über Formeln schreiben wir

$$A(\varepsilon_r F(r) \leftrightharpoons A(F(r))$$

Wir definieren z. B. für M = $\varepsilon_r F(r)$

$$r\varepsilon\, M \leftrightharpoons F(r)$$

Entsprechend für mehrstellige Mengen (Relationen).
Aufgrund dieser Abstraktion gilt

$$\wedge_r \cdot r\varepsilon\, M_1 \leftrightarrow r\,\varepsilon\, M_2. \rightarrow M_1 = M_2 \text{ (Extensionalität)}$$

$$\vee_M \wedge_r.\, r\,\varepsilon\, M \leftrightarrow F(r). \text{ (Komprehensionsprinzip)}$$

Das Komprehensionsprinzip gilt hier nur »prädikativ«, d. h. nur für definite Formeln F(r) (die keine Mengenquantoren enthalten).

Auf der Grundlage der bisherigen Konstruktionen und Abstraktionen ist dann die Analysis aufzubauen.

Spezialfall der Funktionen (Grundzahlen als Argumente) sind *Folgen*

$$r_* = \ln T(n)$$
$$r_n = r_* \; \ln$$

In üblicher Weise werden rationale Folgen als »konzentriert« definiert und als »äquivalent«. Wir schreiben für invariante Aussagen über r_*

$$\bar{A}\,(\lim r_*) \leftrightharpoons A\,(r_*)$$

Die Ausdrücke »$\lim r_*$« heißen *reelle* Zahlen $\xi, \eta \ldots$
Reelle Folgen ξ_*, d. h. $\xi_m = \lim r_{m*}$ werden durch 2-stellige Terme dargestellt $r_{m,\,n} = T\,(m, n)$
Für *definite* Terme gilt der Cauchysche Vollständigkeitssatz. Ferner gilt

> Jede nicht-leere nach oben beschränkte *reelle*
> Menge mit definiter Unterklasse hat eine obere
> Grenze

(Die Unterklasse von M ist definiert durch

$$r \; \varepsilon \; U_M \leftrightharpoons \bigvee_M \xi \; r < \xi)$$

Auf diese Vollständigkeit kann die klassische Differential- und Integralrechnung mit für die Anwendungen nur unwesentlichen Präzisierungen begründet werden (vgl. *Differential und Integral*, 1965).

Der Rest der »modernen« Analysis ist — bisher — unbegründet.

Zur Rechtfertigung der deduktiven Methode

Werden die Primaussagen der Arithmetik zunächst als Konstruierbarkeitsaussagen (Ableitbarkeitsaussagen) in logikfreien Kalkülen (deren Regeln sich in einer vor-arithmetischen Praxis rechtfertigen) eingeführt, werden ferner die logischen Partikeln durch Angriffs- und Verteidigungsregeln für Dialoge um (mit diesen Partikeln) zusammengesetzte Aussagen eingeführt, dann sind — nach zusätzlicher Normierung des gesamten Dialogverlaufs (vgl. Kamlah-Lorenzen, *Logische Propädeutik*, 1967) — die Aussagen der Arithmetik dialogdefinit. Ob ein System Σ solcher Aussagen eine weitere Aussage A »arithmetisch impliziert« (symbolisch »$\Sigma < A$«), wird durch die Gewinnbarkeit des Dialogs $\Sigma \parallel A$ mit den Hypothesen Σ und der These A definiert.

Die »arithmetische Wahrheit« von A wird durch $Y < A$ für das leere System Y definiert.

Gegenüber diesem »konstruktiven« Wahrheitsbegriff wird vom Axiomatizismus ein gewisses System Σ_0 arithmetischer Sätze ausgezeichnet (diese werden »Axiome« genannt), und es wird außerdem ein System »logischer Implikationen« $\Sigma <_L A$ (Grundimplikationen) ausgezeichnet. Eine Aussage C heißt dann arithmetisch wahr, wenn C durch eine Kette logischer Schlüsse

$$\Sigma_0 <_L A_1$$
$$\Sigma_0 <_L A_m$$
$$\Sigma_0, A_1, \ldots, A_m <_L B_1$$
$$\Sigma_0, A_1, \ldots, A_m <_L B_n$$

usw. bis

$$\Sigma_0, \ldots <_L C$$

aus Σ_0 »deduziert« werden kann.

Diese Kettenbildung ist für das logische Schließen, d. h. die deduktive Methode, wesentlich.

Nimmt man jedoch in die Definition der »logischen Implikation« neben den Grundimplikationen die folgende »Schnittregel« mit hinein:

$$\Sigma_0 <_L A,, \Sigma_0, A <_L B \Rightarrow \Sigma_0 <_L B.$$

dann läßt sich – für den Axiomatizismus – die Wahrheit einer arithmetischen Aussage C einfach durch $\Sigma_0 <_L C$ definieren.

Für einen Konstruktivismus, der sich zusätzlich darum bemüht, die deduktive Methode zu rechtfertigen, entstehen daher die folgenden Aufgaben:

(1) Neben der arithmetischen Implikation eine logische Implikation zu definieren,

(2) Die Schnittregel als zulässig zu beweisen.

Die erste Aufgabe ist trivial: man definiere eine Dialogstellung $\Sigma \parallel A$ als »logisch« gewinnbar, wenn sie derart gewonnen werden kann, daß der Proponent nur solche Primaussagen zu verteidigen hat, die der Opponent vorher schon gesetzt hat. Für jede in diesem Sinne logische Implikation $\Sigma <_L A$ gilt a fortiori die arithmetische Implikation $\Sigma < A$. Die deduktive Methode erfordert zu ihrer Rechtfertigung nur einen Beweis des metalogischen »modus ponens«:

$$\text{Wenn } <A \text{ und } A <_L B, \text{ dann } <B$$

Dieser »modus ponens« ist ein Spezialfall der Zulässigkeit der Schnittregel für die arithmetische Implikation

$$\Sigma < A, , \Sigma, A < B \Rightarrow \Sigma < B$$

Die Zulässigkeit dieser Schnittregel für die konstruktive Arithmetik ist jedoch nichts anderes als eine Form des Gentzenschen Hauptsatzes.

Da der Beweis des Gentzenschen Hauptsatzes z. Zt. immer

noch umstritten ist (vgl. Kleene, Introduction to Meta-Mathematics, § 79: »To what extent the Gentzen proof can be accepted as securing classical number theory . . . is in the present state of affairs a matter for individual judgement«), sei hier ein Beweis durchgeführt, wie er sich — im Rahmen allgemeinerer spieltheoretischer Erörterungen — zuerst bei K. Lorenz (Archiv für Mathematische Logik und Grundlagenforschung 1968) findet.

Die Zulässigkeit der Schnittregel wird durch eine Teilformelinduktion über A bewiesen.

Gilt für eine Primaussage a aber $\Sigma < a$ und Σ, $a < B$, und ist a falsch, dann ist eine Gewinnstrategie von $\Sigma \parallel a$ auch eine Gewinnstrategie von $\Sigma \parallel B$. Ist dagegen a wahr, so liefert eine Gewinnstrategie von Σ, $a \parallel B$ sofort eine Gewinnstrategie von $\Sigma \parallel B$.

Für die Teilformelinduktion nehmen wir daher jetzt die Schnittregel als zulässig an für alle Teilformeln einer Formel A. (Ist A quantifiziert, $\wedge_x A_1(x)$ oder $\vee_x A_1(x)$, so heißt für jede Ziffer n die Formel $A_1(n)$ eine Teilformel).

Ist A eine Konjunktion $A_1 \wedge A_2$ (bzw. Allformel $\wedge_x A_1(x)$) oder Subjunktion $A_1 \rightarrow A_2$ (bzw. Negation $\neg A_1$), dann folgt aus $\Sigma < A$ sofort im Falle der

Konjunktion: $\Sigma < A_i$ (für i $= 1, 2$) bzw. $\Sigma < A_1(n)$ (für alle n)

Subjunktion: Σ, $A_1 < A_2$ bzw. Σ, $A_1 < \lambda$ (für die leere These λ)

Ist A eine Adjunktion $A_1 \vee A_2$ (bzw. Einsformel $\vee_x A_1 (x)$), benutze man als Gewinnstrategie für $\Sigma \parallel B$ eine Gewinnstrategie von $\Sigma \parallel A$ bis zu Stellungen $\Sigma_1 \parallel A$, in denen der Proponent A verteidigt, so daß Gewinnstellungen $\Sigma_1 \parallel A_i$ (für ein i) bzw. $\Sigma_1 \parallel A_1 (n)$ (für ein n) entstehen. Es genügt jetzt (da Σ in Σ_1 enthalten ist), mithilfe von Σ_1, $A < B$ auf $\Sigma_1 < B$ zu schließen. Wird A nicht verteidigt, folgt trivialerweise $\Sigma < B$.

Schreiben wir Σ statt Σ_1, so haben wir der Konjunktion und Subjunktion entsprechend für die

Adjunktion $\Sigma < A_1$ (für ein i) bzw. $\Sigma < A_1 (n)$ (für ein n).

Man benutze jetzt in allen Fällen als Gewinnstrategie für $\Sigma \| B$ eine Gewinnstrategie von Σ, $A\| B$ bis zu Stellungen Σ_2, $A\| B_2$, in denen der Proponent zum ersten Mal A angreift. Findet ein solcher Angriff nicht statt, so hat man schon eine Gewinnstrategie für $\Sigma \| B$. Sonst genügt es, mithilfe von $\Sigma_2 < A$ auf $\Sigma_2 < B_2$ zu schließen.

Wir nehmen für eine Induktion über die Anzahl der Angriffe auf A an, daß $\Sigma_2 < B_2$ für alle Strategien gilt, in denen A weniger oft als zum Gewinn von Σ_2, $A\| B_2$ angegriffen wird.

Aufgrund der Verteidigung des Opponenten gegen den Angriff auf A erhalten wir im Falle der

Konjunktion Σ_2, A, $A_i < B_2$ (für ein i) bzw. Σ_2, A, $A_1(n) < B_2$ (für ein n)

Subjunktion Σ_2, $A < A_1$ und Σ_2, A, $A_2 < B_2$ bzw. Σ_2, $A < A_1$

Adjunktion Σ_2, A, $A_i < B_2$ (für i = 1, 2) bzw. Σ_2, A, A_1 (n) $< B_2$ (für alle n)

Diese Implikationen haben Gewinnstrategien, in denen A weniger oft angegriffen wird. Wir können daher mit $\Sigma_2 < A$ zunächst erschließen:

Konjunktion Σ_2, $A_i < B_2$ (für ein i) bzw. Σ_2, $A_1(n) < B_2$ (für ein n)

Subjunktion $\Sigma_2 < A_1$ und Σ_2, $A_2 < B_2$ bzw. $\Sigma_2 < A_1$

Adjunktion Σ_2, $A_i < B_2$ (für i = 1, 2) bzw. Σ_2, $A_1(n) < B_2$ (für alle n)

Gemäß der Teilformelinduktion ergibt sich anschließend (da Σ in Σ_2 enthalten ist) in allen Fällen $\Sigma_2 < B_2$. Nur die Subjunktion erfordert einen Zwischenschritt über $\Sigma_2 < A_2$. Damit ist in allen Fällen $\Sigma < B$ bewiesen.

Mit diesem Beweis der Zulässigkeit der Schnittregel ist die (semantische) Konsistenz jeder axiomatischen Arithmetik gezeigt, deren Axiome konstruktiv wahr sind (wie z. B. die

Peano-Axiome). Jede formalisierte Arithmetik, die einen konstruktiven Logikkalkül (z. B. den Heyting-Kalkül) benutzt, ist damit ebenfalls als semantisch konsistent bewiesen. Der Übergang zur klassischen Logik ist bekanntlich dadurch möglich, daß man die Adjunktion $A_1 \vee A_2$ bzw. $\vee_x A(x)$ durch $\neg. \neg A_1 \wedge \neg A_2$. bzw. $\neg \wedge_x \neg A(x)$ ersetzt.

Auf alle adjunktionsfreien Formeln vererbt sich die Stabilität (d. h. $\neg \neg A < A$) konstruktiv von den Primaussagen.

Der Gödelsche Unableitbarkeitssatz sagt zwar, daß eine *Arithmetisierung* dieses hier geführten Konsistenzbeweises zu einer Formulierung der Konsistenzbehauptung führt, die im Peano-Formalismus nicht ableitbar ist, aber das ist kein Einwand gegen den Konsistenzbeweis, sondern nur eine Zusatzinformation über den Peano-Formalismus.

Zur Definition von »Wahrscheinlichkeit«

In der Statistik, in der die Wahrscheinlichkeitstheorie angewendet wird, verliert man normalerweise wenig Zeit darauf, den Terminus »Wahrscheinlichkeit« zu definieren. Nur in der Wissenschaftstheorie gibt es eine langwierige, immer noch andauernde Kontroverse um den, wie man sagt, Wahrscheinlichkeitsbegriff.

Sieht man von aller philosophischen Spezialterminologie (wie »subjektiv — objektiv«) ab, so stehen sich im wesentlichen gegenüber die »Empiristen«, die »Wahrscheinlichkeit« auf *beobachtete* (evtl. idealisierte) Häufigkeiten zurückführen wollen, und die »Aprioristen«, die *ohne* Beobachtungen (also ohne »Empirie«) auskommen wollen.

Im Folgenden wird eine Definition vorgeschlagen, die zwar von Häufigkeiten ausgeht, eine »Idealisierung« aber durch einen normativen Zufallsbegriff (auf dem Wege über Herstellungsnormen für Zufallsgeneratoren) hinzufügt. Das Gesetz der großen Zahlen ist dann ein *Beweis* dafür, daß Wahrscheinlichkeiten idealisierte Häufigkeiten sind.

Es sei eine Menge (Population) von N Elementen $C_1, \ldots, C_N$ gegeben und eine Beschreibung der Menge enthalte, daß n Elemente eine gewisse Aussageform A (x) erfüllen. Die Häufigkeit von A — meist »relative Häufigkeit« genannt — wird definiert durch

$$\varrho(A) = \frac{n}{N}.$$

Für die Häufigkeiten gelten aufgrund elementarer Arithmetik folgende Sätze

(I) $\varrho(A) = 1$, wenn alle Elemente A erfüllen

(II) $\varrho(AvB) = \varrho(A) + \varrho(B)$ für disjunkte Aussageformen A, B.

Definiert man die bedingte Häufigkeit ϱ_A (B) durch die Häufigkeit von B in der Untermenge der Elemente mit A, so gilt ferner

$$\varrho_A (B) = \frac{\varrho (A \wedge B)}{\varrho (A)}$$

Entnimmt man der Population ein Element c als »Stichprobe«, so sagt man, daß A (c) »mit der Wahrscheinlichkeit ϱ (A)« gelten wird. Es handelt sich jetzt um die Voraussage A (c). Ist ϱ (A) = 1, so ist A (c) *notwendig,* ist ϱ (A) = 0, so ist A (c) *unmöglich.* Für $0 < \varrho(A) < 1$ ist A (c) *kontingent,* d. h. möglich, aber nicht notwendig.

Für die Wahrscheinlichkeitstheorie ist zu begründen, unter welchen Bedingungen es sinnvoll ist, diese Kontingenzbehauptung dadurch zu verschärfen, daß man hinzufügt: je mehr sich ϱ (A) der 1 nähert, desto mehr wird aus der Kontingenz eine Notwendigkeit. Oder mit einem Komparativ formuliert: desto »notwendiger« wird A (c).

Als metrische Präzisierung kann man dann ϱ (A) als »Notwendigkeitsgrad« von A (c) einführen. Statt »Notwendigkeitsgrad« ist der Terminus »Wahrscheinlichkeit« üblich, der als Übersetzung von »verisimilitudo« eingeführt wurde. Je »wahrscheinlicher«, desto ähnlicher der (notwendigen) Wahrheit.

Die Kontingenz von A (c) bei einer »Stichprobe« zu verschärfen zu der Wahrscheinlichkeit ϱ (A) von A (c), ist aber nicht sinnvoll, wenn man *jede* Entnahme eines Elementes eine »Stichprobe« nennt. Entnimmt man *absichtlich* ein c mit A (c), so ist A (c) auch für ϱ (A) < 1 notwendig. Bei einer »Stichprobe« muß ein Element *zufällig* entnommen werden.

Zur Begründung von Wahrscheinlichkeitsaussagen muß daher zunächst die *Zufälligkeit* definiert werden. Dies gelingt durch die Benutzung von *Zufallsgeneratoren,* wie z. B. Würfeln oder Glücksrädern. Ein Gerät heiße ein »Zufallsgenerator«, wenn es den folgenden Forderungen genügt:

(1) *Eindeutigkeit:* Jede Benutzung des Gerätes (jeder »Versuch«) ergibt als Resultat genau eine von endlich vielen Aussageformen $E_1, \ldots, E_m$ (»Elementarereignisse«).

(2) *Ununterscheidbarkeit:* Mit keinem Kausalwissen läßt sich ein Grund angeben, der eines der Resultate $E_1, \ldots, E_m$ vor einem anderen auszeichnet.

(3) *Wiederholbarkeit:* Nach jedem Versuch ist das Gerät wieder im selben Zustand wie vor dem Versuch.

Zur Begründung der Wahrscheinlichkeitstheorie nehmen wir das (historische) Faktum hinzu, daß in unserer Kultur technisch »gute« Zufallsgeneratoren hergestellt werden. Es gibt keine »vollkommenen« Zufallsgeneratoren, aber hinreichend gute Realisierungen der idealen Normen der Eindeutigkeit, Ununterscheidbarkeit und Wiederholbarkeit. Wird aus einer Menge $\{ c_1, \ldots, c_N \}$ von N Elementen ein Element c »zufällig« (das soll jetzt heißen: mit Hilfe eines Zufallsgenerators) entnommen, und ist $\varrho(A)$ die Häufigkeit der Aussageform A, dann ist zu begründen, daß der Voraussage A (c) die Wahrscheinlichkeit $\varrho(A)$ gegeben wird. Eine bloße Definition genügt nicht, da auch schon bei nicht-zufälliger Entnahme $\varrho(A)$ als Wahrscheinlichkeit von A (c) definiert werden könnte, dies aber – wie wir gesehen haben – unvernünftig wäre.

Eine Begründung bei *zufälliger* Entnahme von c erhält man, wenn man zunächst für jedes c_ν der Aussage $c = c_\nu$ eine Wahrscheinlichkeit ω zuordnet.

Weil $c = c_1 \vee \ldots \vee c = c_N$ aufgrund der Eindeutigkeit des Zufallsgenerators notwendig ist, setze man gemäß I:

$$\omega(c = c_1 \vee \ldots \vee c = c_N) = 1$$

Da die Aussagen $c = c_1, \ldots, c = c_N$ ferner aufgrund der Eindeutigkeit des Zufallsgenerators paarweise inkompossibel sind, setze man gemäß II

$$\omega(c = c_1) + \omega(c = c_2) + \ldots + \omega(c = c_N) = 1$$

Schließlich setze man aufgrund der Ununterscheidbarkeit des Zufallsgenerators

$$\omega(c = c_1) = \omega(c = c_2) = \ldots = \omega(c = c_N)$$

Das ergibt für alle $\nu = 1, \ldots, N$

$$\omega(c = c_\nu) = \frac{1}{N}$$

Hat A die Häufigkeit ϱ (A) in $\{c_1, \ldots, c_N\}$, dann gibt es ϱ (A). N Elemente c_ν mit A (c_ν). Die Wahrscheinlichkeit für c eines dieser c_ν zu sein, ist nach II daher jetzt

$$\varrho \, (A) \cdot N \cdot \frac{1}{N}, \text{ d. h.}$$

$$\omega \, (A \, (c)) = \varrho \, (A)$$

Um diese Gleichung zu erreichen, haben wir für Aussagen A über die Resultate $<$ eines Zufallsgenerators zur Berechnung einer Wahrscheinlichkeit ω folgendes postuliert:

I ω (A) $=$ 1, wenn A (c) notwendig.

II ω (A v B) $= \omega$ (A) $+ \omega$ (B), wenn A (c) und B (c) inkompossibel.

III ω $(E_1) = \omega$ $(E_2) = \ldots = \omega$ (E_m)

Zur Vereinfachung haben wir dabei — wie allgemein üblich — ω (A) statt ω (A (c)) geschrieben.

I und II gründen sich auf die entsprechenden Sätze über Häufigkeiten, III gründet sich auf die Ununterscheidbarkeit der Zufallsgeneratoren.

Vor der Ausführung eines Versuchs mit einem Zufallsgenerator ist jede Elementaraussage über das Resultat E_μ (c) für $\mu = 1, \ldots, $ m kontingent. Wir haben es hier aber aufgrund der Ununterscheidbarkeit mit einer besonderen Kontingenz zu tun. Die Besonderheit liegt darin, daß hier — wie etwa beim Roulette — eine Fülle von Kausalwissen benutzt wird, um solche Mechanismen *herzustellen*, so daß (nach unserem besten Kausalwissen) keine Unterscheidung der möglichen Ergebnisse getroffen werden kann, ehe sie eingetreten sind. Daß »rot« im Roulette »notwendiger« sei als »schwarz« *darf* nach Konstruktion des Roulettes nicht behauptet werden. Die Forderung der Ununterscheidbarkeit ist eine Forderung an die Herstellung von Zufallsgeneratoren. Man weiß über E_μ (c) mehr, als daß es bloß kontingent ist. Es sei vorgeschlagen, die Aussagen E_μ (c) »*total-kontingent*« oder kürzer »*zufällig*« zu nennen. In dieser Terminologie sind die »Zufallsgeneratoren« Geräte (Versuchsanordnungen), deren Resultate *zufällig* sind.

Für die Zusammenfügung I — III der Berechnung von Häufigkeiten mit den Zufallsgeneratoren muß aber noch geklärt werden, wieso denn den Resultaten eines Zufallsgenerators eine *Häufigkeit* zugesprochen wird. Dies geschieht durch Heranziehung der Wiederholbarkeit.

Es werde mit einem Zufallsgenerator eine Versuchsreihe der Länge L durchgeführt. Für jede adjunktiv aus $E_1, \ldots, E_m$ zusammengesetzte Aussage A läßt sich dann einerseits nach I — III die Wahrscheinlichkeit ω (A) berechnen, andererseits die Häufigkeit ϱ_L (A) von A in der Versuchsreihe der Länge L berechnen. Für jedes positive ε läßt sich ferner eine Wahrscheinlichkeit ω_L von $| \varrho_L$ (A) $- \omega$ (A) $| < ε$ berechnen. Diese Aussage $| \varrho_L$ (A) $- \omega$ (A) $| < ε$ ist nämlich eine Aussage über *beliebige* Versuchsreihen der Länge L. Es gibt m^L solche Versuchsreihen. ω_L ($| \varrho_L$ (A) $- \omega(A)| < ε$) ist die Häufigkeit von Versuchsreihen der Länge L, die die Aussage $| \varrho_L$ (A) $- \omega$ (A)$| < ε$ erfüllen. (Daß diese Häufigkeit die gesuchte Wahrscheinlichkeit ist, ergibt sich daraus, daß alle m^L Versuchsreihen — genauer die m^L Resultate von Versuchsreihen der Länge L — gleiche Wahrscheinlichkeit haben. Aufgrund der Wiederholbarkeit sind nämlich auch diese m^L Resultate ununterscheidbar). Nach Bernoulli konvergiert nun die Wahrscheinlichkeit ω_L ($|\varrho_L$ (A) $- \omega$ (A)$| < ε$) für L $\to \infty$ gegen 1. Das ist das »schwache Gesetz der großen Zahlen«:

$$\lim_{L \to \infty} \omega_L \left(|\varrho_L \text{ (A)} - \omega \text{ (A)} | < ε \right) = 1$$

Es bedeutet: die Aussage, daß die Häufigkeit ϱ_L (A) bis auf ε genau ω (A) ist, wird mit wachsendem L beliebig genau zu einer Notwendigkeit. Ungenau gesprochen: Die Wahrscheinlichkeit *ist* die »Häufigkeit auf Dauer«. Erst dieser Bernoullische Satz rechtfertigt es, für die Aussagen über Versuche mit Zufallsgeneratoren als »Wahrscheinlichkeit« eine nach den Sätzen I, II für Häufigkeiten zu berechnende Zahl zu definieren.

Bei kontinuierlichen Zufallsgeneratoren, z. B. Glücksrädern,

gibt es keine Elementarereignisse. Das Glücksrad bleibt zwar an einer Stelle stehen, es wäre aber unsinnig, jedem »Punkt« eine (positive) Wahrscheinlichkeit zuzusprechen. Stattdessen wird die Kreislinie beliebig in endlich viele *gleichlange* Intervalle eingeteilt — und jedes dieser Intervalle erhält die *gleiche* Wahrscheinlichkeit. Hat die Kreislinie die Länge 1, so wird dadurch die Wahrscheinlichkeit eines beliebigen Intervalls einfach seine Länge. Für einen Zufallsgenerator, der auf »zufällige« Weise an einer Stelle eines Rechtecks (mit dem Flächeninhalt 1) stehen bleibt, wird man — unter entsprechenden Bedingungen — als die Wahrscheinlichkeit dafür, daß sich diese Stelle innerhalb einer Teilfläche befindet, den Flächeninhalt der Teilfläche definieren. Diese Definition ist genau so »willkürlich« bzw. »vernünftig« wie die Definition des Flächeninhaltes selbst als Grenzwert der Flächeninhalte von Teilrechteckssummen.
Als Verschärfung von II erhält man so die »Volladditivität«

IIσ $$\omega \left(\bigvee_v A_v \right) = \Sigma_v \, \omega \, (A_v)$$

für jede Folge A_* mit paarweise inkompossiblen A_{v1}, A_{v2}. Aufgrund der Ergebnisse der modernen Maßtheorie (Borel, Lebesgue, Fréchet) hat Kolmogorow (1933) zeigen können, daß die angegebene Definition der Wahrscheinlichkeit immer dazu führt, daß — in mengentheoretischer Terminologie — ein normiertes volladditives Maß auf einem σ-Mengenkörper definiert ist, also immer zu einem »Wahrscheinlichkeitsfeld« führt. Die diskreten Zufallsgeneratoren führen zu Laplaceschen Wahrscheinlichkeitsfeldern. Die kontinuierlichen Zufallsgeneratoren führen zu Lebesgueschen Wahrscheinlichkeitsfeldern im n-dimensionalen Zahlenraum. Im Anschluß an v. Mises läßt sich außerdem zeigen, daß die Kombinationen von Zufallsgeneratoren zu *Zufallsaggregaten* ebenfalls immer zu Wahrscheinlichkeitsfeldern führen — die dann allerdings i. allg. nicht mehr Laplacesch oder Lebesguesch sind.
Diesen Kombinationen entsprechen Operationen, die auf Wahrscheinlichkeitsfelder anzuwenden sind. Zunächst für *ein* Wahrscheinlichkeitsfeld sind es die *Relativierungen* (»Teilungen« bei v. Mises), bei denen man von ω (A) zu

$$\omega_B(A) = \frac{\omega(A \wedge B)}{\omega(B)}$$ für eine Menge B mit $\omega(B) > 0$ über-
geht, und die *Vergröberungen* (»Mischungen«), durch die der
Mengenkörper homomorph auf einen anderen abgebildet
wird. Jede Urne, deren Kugeln verschiedene Farben haben,
liefert eine solche Vergröberung, in dem sie die Kugeln
(also deren Indizes) gleicher Farbe zu Mengen zusammen-
faßt. Ein »falscher Würfel« liefert ein Wahrscheinlichkeitsfeld durch Vergröberung eines Lebesgue-Feldes. Wir redu-
zieren das Problem auf 2 Dimensionen, indem wir statt
eines Würfels eine quadratische Säule »werfen«:

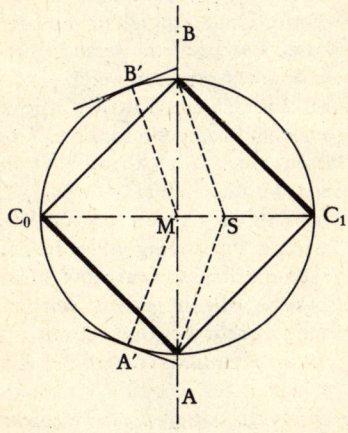

Der Schwerpunkt S sei vom Mittelpunkt M verschieden.
Wir denken uns die Säule C_0 A C_1 B in einem Zylinder
(mit dem Umfang 1) eingeschlossen. Sie werde durch einen
Zufallsgenerator so »geworfen«, daß sie — wäre sie zylin-
drisch — mit gleicher Wahrscheinlichkeit innerhalb gleich-
langer Stücke des (gedachten) Umfangs senkrecht ohne
Drehimpuls auf einen Tisch fällt. Ohne den Zylinder fällt
die quadratische Säule dadurch auf eine der 4 Seiten. Wir
fragen nach der Wahrscheinlichkeit, daß C_0 oben liegen
wird. Werden A' bzw. B' auf dem Kreisumfang dadurch
bestimmt, daß A'M bzw. B'M parallel zu AS bzw. BS sind,
dann ist die Länge des Kreisbogens A'C_1B' die gesuchte
Wahrscheinlichkeit. Ist die Lage von S bekannt, so läßt sich

diese Wahrscheinlichkeit $\omega > \frac{1}{2}$ berechnen. Ohne vorherige Bestimmung des Schwerpunktes findet man nur durch die Häufigkeit ϱ_L von C_0 in genügend langen Versuchsreihen der Länge L nach dem Bernoulli-Theorem die »gut gestützte« Hypothese $\omega = \varrho_L$ über die Wahrscheinlichkeit ω, d. h. die Häufigkeiten $\varrho_L \pm \varepsilon$ hätten auch für kleines ε mit dieser Hypothese eine Wahrscheinlichkeit ω_L nahe an 1.

Noch wichtiger als Relativierung und Vergröberung ist die *Produktbildung* (»Verbindung«) mehrerer unabhängiger Zufallsaggregate. Erst durch sie kommt man ja von Generatoren zu Aggregaten. Die Unabhängigkeit ist hier — wie für die Wiederholbarkeit bei Generatoren — als technisch zu realisierende kausale Unabhängigkeit zu definieren: nach keinem Kausalwissen bewirkt ein Versuch mit einem Aggregat eine Veränderung der anderen Aggregate. Mathematisch führt die Produktbildung von Wahrscheinlichkeitsfeldern zu einem neuen Wahrscheinlichkeitsfeld, dem Produktfeld. Nur mathematisch lassen sich auch (abzählbar) unendlich viele Felder multiplizieren: das liefert — wie z. B. im starken Gesetz der großen Zahlen — eine bequeme Möglichkeit, über die Produkte endlich, aber beliebig vieler Felder zu reden.

Kolmogorow zeigte darüber hinaus, daß auch die Verläufe stochastischer *Prozesse* (die in jedem Zeitpunkt nur durch ein Wahrscheinlichkeitsfeld bestimmt sind) wieder als »Ereignisse« eines Wahrscheinlichkeitsfeldes behandelt werden können.

Seit Kolmogorow wird daher die »mathematische Wahrscheinlichkeitstheorie« als die Theorie von σ-Mengenkörpern mit einer »Wahrscheinlichkeit«, von der axiomatisch nur I und IIσ gefordert wird, betrieben.

Ich möchte vorschlagen, etwas vorsichtiger zu sein und beliebige Modelle der Kolmogorow-Axiome »Kolmogorowfelder« zu nennen. Alle Modelle, die wir erhalten, wenn wir mit Laplace- und Lebesgue-Feldern beginnen und dann alle Operationen anwenden (Relativierung, Vergröberung, Produktbildung und Prozeßbildung), erfüllen zusätzliche »Axiome«. In allen Anwendungen haben wir es mit dem Borel-Feld topologischer Räume zu tun. Es hat sich zeigen lassen, daß die Klasse der sog. »polnischen« Räume (die separabel und vollständig metrisierbar sind) genügend groß ist, um abgeschlossen zu sein bzgl. aller erwähnten Operationen für Wahrscheinlichkeitsfelder.

Die Klasse der »polnischen« Kolmogorowfelder ist andererseits — im Unterschied zur Klasse aller Kolmogorowfelder — beweisbar nicht zu groß: alle diese Felder sind als Grenzwert diskreter Wahrscheinlichkeitsfelder darstellbar. Der Begriff des »Grenzwertes«, der hier zu benutzen ist, ist von H. Cartan präzisiert worden: er wurde von ihm »vage Konvergenz« genannt. Dieses Approximationstheorem rechtfertigt es, alle Modelle normierter σ-additiver Maße des Borel-Feldes polnischer Räume einfach »Wahrscheinlichkeitsfelder« zu nennen.

Die Relevanz des Approximationstheorems begründet sich natürlich aus den Anwendungen.

Für die Anwendungen ist man immer wieder auf eine *Definition* des Wahrscheinlichkeitsbegriffes angewiesen. Diese Situation ist dadurch verschleiert, daß in den statistischen Anwendungen (die viel wichtiger sind als die ursprünglichen Anwendungen auf Glücksspiele) die Zufallsaggregate nicht explizit auftreten, sondern nur hypothetisch unterstellt werden. Wie die trägen Massen von Sonne und Planeten keine »theoretische Größen« sind, so sind auch die Wahrscheinlichkeiten in der Statistik keine »theoretische Größen«. Sondern: in der Statistik wird mit der Fiktion gearbeitet, als ob die Beobachtungen Resultate von unbekannten (verborgenen) Zufallsaggregaten seien, »als ob Gott würfele«. Der Zerfall radioaktiver Materie z. B. — der sich nach den Beobachtungen als exponentieller Zerfall beschreiben läßt — wird dadurch »erklärt«, daß die Häufigkeit zerfallender Atome (wenn x die Anzahl der Atome ist und dx — infinitesimal formuliert — die Anzahl der zerfallenden Atome im Zeitintervall dt ist) proportional zu dt ist:

$$\frac{dx}{x} \sim dt$$

Hieraus folgt durch Integration $\triangle lg\, x = -\,K \triangle t$ für eine positive Konstante K, also das Exponentialgesetz:

$$x = x_0\, e^{-\,K\,(t-t_0)}$$

Die Zerfallshäufigkeit $K \triangle t$ in einem (hinreichend kleinen) Zeitintervall $\triangle t$ wird ihrerseits dadurch »erklärt«, daß für jedes Atom die *Wahrscheinlichkeit*, in $\triangle$ t zu zerfallen, eben $K \triangle t$ sei. Es wird damit behauptet, daß das Zerfallen der Atome geschieht, *als ob* ein Zufallsaggregat die zerfallenden Atome »entnimmt«.

Wie die Statistik (in der Physik oder in beliebigen anderen Wissenschaften) die Probleme solcher statistischer Hypothesen, speziell die Probleme ihrer Überprüfung, im einzelnen löst, gehört nicht mehr zu dem wissenschaftstheoretischen Problem, für den Grundbegriff »Wahrscheinlichkeit« allererst eine Definition zu finden *und* ihre Anwendbarkeit zu begründen.

Konstruktive und axiomatische Methode

Die Mathematik ist wie ein Gebäude, das viele Wohnungen hat. Wir haben zumindest die Arithmetik, die Analysis, die Algebra und die Topologie — und wir haben Geometrie und Wahrscheinlichkeitstheorie. Sehr häufig scheinen sich die Leute, die in diesen verschiedenen Wohnungen wohnen, gegenseitig nicht zu verstehen.

Die Bourbaki-Bewegung versprach eine neue Einheit der Mathematik, indem sie nur die axiomatische Methode von Hilbert zuließ als die einzige der Mathematik genuine Methode.

Diese Bewegung war sehr erfolgreich — mit einer Ausnahme: die »axiomatische Begründung« der Mengenlehre blieb dunkel.

Aber wenn man diese Schwierigkeit ignoriert, mit der die Mathematiker ungefähr seit 1900 gewohnt sind zu leben, dann läßt die axiomatische Methode den Mathematiker ohne Grundlagenprobleme. Es gibt keine in der Arithmetik, weil es dort keine Nicht-Peano-Arithmetik gibt. Es gibt keine in der Geometrie, weil die Mathematiker glauben, daß die *Physiker* die Mittel haben, um herauszufinden, ob der wirkliche Raum euklidisch oder nichteuklidisch ist. Schließlich gibt es keine Grundlagenprobleme in der Wahrscheinlichkeitstheorie, weil es keine Nicht-Kolmogorow-Wahrscheinlichkeitstheorien gibt. Im Gegensatz zu diesem glücklichen Zustand, in dem man keine Probleme hat, weil man sie ignoriert, versucht der Konstruktivismus die Grundlagenprobleme zu lösen. Er versucht zu rechtfertigen, warum die Mathematiker in der ganzen Welt die Peano-Axiome für die Arithmetik annehmen und die Kolmogorow-Axiome für die Wahrscheinlichkeitstheorie. In den anderen Fällen versucht der Konstruktivismus herauszufinden, welche Axiome, wenn überhaupt, für die Mengenlehre oder für die Geometrie angenommen werden sollten.

Die letzte Frage, die die Geometrie betrifft, würde uns weit von der Mathematik wegführen, daher will ich hier nicht auf dieses Problem eingehen. Ich möchte nur bemerken, daß das ganze Grundlagenproblem der Mathematik sich radikal ändert, wenn man daran zu zweifeln beginnt, daß die empirische Physik die Mittel hat, zwischen euklidischer und nichteuklidischer Geometrie zu entscheiden. Ich möchte Sie bitten, sich einen Zustand der Mathematik vorzustellen, in der es keine Geometrie gibt. Wir wären dann allein mit Zahlen, Mengen und Wahrscheinlichkeiten befaßt. Wir müßten dann Theorien entwickeln über diese Entitäten ohne jemals in der Lage zu sein, zu dem Paradigma der Geometrie unsere Zuflucht zu nehmen.

Wie würde das aussehen? Während die Axiomatiker, z. B. die Bourbakisten, alle Versuche ignorieren, eine Grundlage für die mathematischen Theorien zu konstruieren (oder diese Versuche sogar als vorwissenschaftlich verachten), versuchen die Konstruktivisten solche Axiomensysteme wie die von Peano oder Kolmogorow zu rechtfertigen. Die konstruktive Methode plädiert für eine Kooperation aus Konstruktionen und Axiomensystemen.

Diese Kooperation ist gut bekannt im Falle der naiven Arithmetik und Analysis. Axiomatik meint in der naiven Arithmetik und Analysis, daß man Strukturen definiert wie Gruppen, Verbände, kompakte Räume oder Maßfelder.

Die Strukturen sind definiert durch Systeme von Aussageformen, die Axiome genannt werden. Die Definition einer solchen Struktur wird dadurch gerechtfertigt, daß man zeigt, daß es wichtige Modelle gibt, die diesen Axiomen genügen. Die Modelle, die von der naiven Arithmetik oder Analysis genommen werden, haben hier die Priorität. Nur wenn diese Modelle wichtig sind, werden die Axiome akzeptiert.

Die Sprache dieser Axiome kann beschränkt sein auf die reine Logik, wie z. B. im Fall der Gruppentheorie oder Verbandstheorie. Aber schon eine Struktur wie die archimedisch geordneten Gruppen oder die Struktur der topologischen Räume benutzen arithmetisches oder mengentheoretisches Vokabular. Das verursacht keine Schwierigkeit, weil die axiomatische Methode hier nur innerhalb der Mathematik verwendet wird.

Die Schwierigkeiten beginnen erst, wenn wir uns jetzt den Grundlagen zuwenden, d. h. wenn wir es nicht mehr für selbstverständlich hinnehmen, daß solche Entitäten wie die natürlichen oder reellen Zahlen oder solche Entitäten wie Mengen oder Funktionen auf irgendeine Weise *gegeben* sind, daß sie auf irgendeine Weise uns schon zur Verfügung stehen: als ob sie wie Blumen in einem Garten wären, denen wir nur Namen zu geben haben, und dann anfangen könnten, Wahrheiten über sie herauszufinden.

In der Arithmetik ist das Grundlagenproblem kein ernsthaftes Problem. Kein Mathematiker leugnet ernsthaft, daß es sehr leicht ist, zu zählen, z. B. mit solchen primitiven Ziffern wie

$$|, \;||, \;||| \; \cdots$$

Jeder versteht sogar die Konstruktionsregeln für solche Ziffern:

$$\Rightarrow \;|$$
$$n \;\Rightarrow\; n \;|$$

Von solchen Regeln, zu denen man weitere Regeln für die Konstruktion von Ziffernpaaren, z. B.

$$\Rightarrow |, \; n|$$
$$m, n \;\Rightarrow\; m|, \; n|$$

(Die konstruierbaren Paare sind diejenigen, für die gilt $m < n$) und für die Konstruktion von Tripeln wie für die Addition und Multiplikation hinzufügen kann, gelangen wir direkt zu gewissen ersten wahren Behauptungen, z. B.

$$| < n |$$
$$m < n \rightarrow m \;| < n \;|$$

Dieser letzte Satz setzt die Logik der Subjunktion $\rightarrow$ voraus. Niemand leugnet sogar ernsthaft

$$\neg \; n < |,$$

wenn er die Negation $\neg$ überhaupt akzeptiert. Beachten Sie bitte, dies ist keine Angelegenheit des Wählens von Axiomen. Wenn jemand vorschlagen würde, z. B. $\neg$ n $<$ $\|$ zu wählen, dann würde er sofort widerlegt werden, denn $| < \|$ ist wahr. Ebenso würde z. B. m $<$ n $\rightarrow$ m $| < $ n lächerlich sein, denn $| < \|$ ist wahr, aber $\| < \|$ ist nicht wahr.

Für solche Behauptungen brauchen wir keine formale Logik, aber wir müssen wissen, wie man mit Sätzen (hier haben sie die Form m $<$ n) argumentieren kann, die mit logischen Partikeln wie $\rightarrow$ und $\neg$ zusammengesetzt sind. Zu wissen, wie man zu argumentieren hat, das bedeutet, daß man die dialogischen Regeln für die logischen Partikeln kennen muß. Ich hoffe, daß diese, z. B.

$$A \quad ? \quad \Big\| \begin{array}{c} A \rightarrow B \\ B \end{array}$$

wohl bekannt sind.

Die Kontroverse zwischen den klassischen und intuitionistischen Logikern z. B. ob

$$\neg A \rightarrow \neg B \stackrel{\cdot}{\rightarrow} B \rightarrow A$$

logisch wahr ist (oder ob nur die Umkehrung logisch wahr ist) erweist sich als ein Streit um Worte. In jedem Falle hat man die Wahl einer *allgemeinen* Regelung für den Dialog zu rechtfertigen. Für die intuitionistische und die klassische Logik kann dies dadurch getan werden, daß man einen entsprechenden Gentzenschen Schnittsatz beweist. Die klassische Logik erweist sich als eine bequeme Vereinfachung der intuitionistischen Logik. Im Falle der Junktoren allein braucht man nur alle Adjunktionen und Subjunktionen wegzulassen (und man kann dann per definitionem wieder einführen: A v B durch $\neg \neg A \wedge \neg B$ und A$\rightarrow$B durch A v B). Die Peano-Axiome erweisen sich auf diese Weise als wahre Sätze in der konstruktiven Arithmetik. Die ω-Unvollständigkeit, die zuerst von Gödel bewiesen wurde, zeigt, daß nicht alle konstruktiv wahren Sätze logisch ableitbar aus den Axiomen sind. Darüber sollte man sich nicht wundern. Ein Allsatz $\wedge_x$ A (x) ist konstruktiv wahr, wenn A (n) für alle n wahr ist. Aber um den Allsatz $\wedge$ x A (*x*) *logisch* abzuleiten, muß man zunächst A (x) mit einer freien Variable x deduzieren. So sollte man also die ω-Unvollständigkeit erwartet haben. Aber die Peano-Arithmetik ist ω-vollständig, wenn man sich auf die Addition beschränkt. Die Pointe des Gödelschen Beweises war es, zu zeigen, daß die Peano-Arithmetik mit Addition und Multiplikation allein — ohne die höheren Formen induktiver Definitionen — schon die ω-Unvollständigkeit zeigt, die im allgemeinen zu erwarten war. Bekanntlich war der Gödelsche Unvollständigkeitssatz 1931 aber eine große Überraschung. Und bis heute ist es weitgehend unbekannt, daß es zwar erforderlich ist, in axiomatischen Theorien (wie der Gruppentheorie usw.) für die Quantifizierung über die Elemente der Modelle nur formallogisch Schlüsse zu benutzen — weil man ja Sätze für alle Modelle beweisen will —, daß man in der Arithmetik aber von den Peano-Axiomen (die durch induktive Definitionen ergänzt seien) nur dann zu *allen* wahren arithmetischen Sätzen kommt, wenn man für Quantifizierungen über die »natürlichen« Zahlen benutzt, daß das Quantifizierungen über |, ||, ||| . . . . . sind.

Die Peano-Axiome ergeben mit der *formalen* Logik zusammen noch keine hinreichende Grundlage der Arithmetik. Wenn dies geklärt ist, dann ist der Streit zwischen der axiomatischen und der konstruktiven Methode in der Arithmetik nur noch ein Wortstreit. Weil die Peano-Axiome konstruktiv-wahre Sätze sind, ist es witzlos, darauf zu bestehen, daß die Mathematik erst dann beginnt, wenn man einige Sätze als Axiome niedergeschrieben hat.

Der Streit wird aber ernst, wenn wir zur Analysis kommen. Von Cauchy bis Weierstrass ist es den Mathematikern im letzten Jahrhundert gelungen, die reellen Zahlen zu definieren und gewisse Fundamentaltheoreme über sie zu beweisen, insbesondere das Vollständigkeitstheorem. Die Definition und die Beweise sind nicht mehr arithmetisch, weil sie Gebrauch machen von Mengen und gewissen Theoremen über diese Mengen. Die Mengen wurden im vorigen Jahrhundert nicht definiert und ihre Fundamentaltheoreme, z. B. das Komprehensionsprinzip,

$$\bigvee_S \bigwedge x \cdot x \, \varepsilon \, S \leftrightarrow C \, (x).$$

für alle Aussageformen C (x),
wurden nicht bewiesen. Aber es war schon für *Frege* klar,
daß Mengen auf die folgende Weise definiert werden sollten:
zwei Aussageformen A (x) und B (x), für die gilt

$$\wedge x . A (x) \leftrightarrow B (x).$$

stellen gleiche *Mengen* dar.
Wenn wir {z | A (z)} bzw. {z | B (z)} für die dargestellten
Mengen verwenden, dann haben wir als Definition der
Gleichheit

$$\{z \mid A (z)\} = \{z \mid B (z)\} \leftharpoondown \wedge_x . A (x) \leftrightarrow B (x).$$

Für jede Aussage α (A (x)), in der »A (x)« so vorkommt, daß
die Wahrheit invariant bleibt, wenn »A (x)« durch ein
»B (x)« ersetzt wird, das die gleiche Menge darstellt, schrei-
ben wir dann α ({ x | A (x) }) statt α (A (x)). Damit sind, wie
man sagt, Mengen *durch Abstraktion* »definiert«. Es handelt
sich dabei um eine façon de parler für den Umgang mit Aussageformen. Gilt $\wedge_x . A (x) \leftrightarrow B (x)$., und kann von den
Unterschieden zwischen A (x) und B (x) abstrahiert werden
(d. h. kommen A (x) und B (x) nur invariant vor), dann wer-
den die Aussageformen durch das »abstrakte« Objekt {x | A
(x)} = {x | B (x)} ersetzt. Die abstrakten Objekte werden
also durch diese façon de parler erst erzeugt. Das ist der
Sinn der Definitionen durch Abstraktion. Nach der Abstraktion können wir die Elementrelation ε definieren durch

$$x \varepsilon \{ z \mid C (z)\} \leftharpoondown C (x)$$

Hieraus folgt unmittelbar das Komprehensionsprinzip, aber
mit einer bemerkenswerten Einschränkung. Die Formeln A,
B, C dürfen hier keinen Quantor enthalten, der Mengen
quantifiziert. Denn sonst würden wir keine *Definition* von
Menge haben. Daher liefert der konstruktive Ansatz nicht
die Wahrheit des uneingeschränkten Komprehensionsprinzips, d. h. des Komprehensionsprinzips ohne die Einschränkung der Aussageform C (x) auf Formeln *ohne* Quantifizie-
rungen über Mengen. Man nennt uneingeschränkte Komprehensionen »imprädikativ«.
Alle modernen Axiomensysteme für die Mengenlehre sind

imprädikativ, d. h. sie enthalten Axiome, die zumindestens einige nichteingeschränkte Fälle des Komprehensionsprinzips implizieren. Daher haben wir keinen Beweis, daß die Axiome der Mengenlehre konstruktiv wahr sind. Das ist der entscheidende Unterschied zur Arithmetik.

Der Hilbertsche Versuch, zu den imprädikativen Axiomensystemen einen logischen Kalkül hinzuzufügen und dann zu beweisen, daß das entstehende *formale System* zumindestens formalkonsistent ist (d. h. daß für keine Formel A zugleich A und $\neg$ A im formalen System ableitbar sind) ist immer noch eine ungelöste Aufgabe für uns.

Unglücklicherweise scheint ein konstruktiver Beweis der formalen Konsistenz sehr schwierig zu sein. Diese Schwierigkeit bedeutet jedoch nicht, daß ein Mathematiker keine Analysis treiben dürfte, solange das Widerspruchsfreiheitsproblem noch ungelöst ist. Es besteht zwar solange immer die Möglichkeit, daß auch dann, wenn man eine Formel A abgeleitet hat, die Formel $\neg$ A ebenfalls ableitbar ist. Diese Möglichkeit läßt sich aber vermeiden, indem man Analysis konstruktiv betreibt anstatt zu versuchen, die Verwirrungen der Cantorschen naiven Mengenlehre zu formalisieren.

Hat man eine Aussage A konstruktiv bewiesen, dann weiß man, daß $\neg$ A nicht konstruktiv beweisbar ist.

Konstruktive Analysis bedeutet, daß man mit der konstruktiven Arithmetik beginnt, dann zu den rationalen Zahlen fortschreitet und daß man dann Aussageformen A (r), B (r) konstruiert mit einer freien Variablen r für rationale Zahlen. Die Aussageformen sind allein aus der Arithmetik zu entnehmen, d. h. aus induktiven Definitionen und durch Zusammensetzung mit logischen Partikeln, wobei die Quantoren nur über natürliche oder rationale Zahlen laufen dürfen. Benutzt man dann nur die eingeschränkte Komprehension, dann führt das zur Definition von Mengen von rationalen Zahlen und von reellen Zahlen. Die reellen Zahlen werden hierbei wieder durch Abstraktion definiert. Die Gleichheit

$$\text{fin}_r \, A \, (r) = \text{fin}_r \, B \, (r)$$

wird dadurch definiert, daß die Mengen { r | A (r)} und { r | B (r)} dieselbe *Unterklasse* von rationalen Zahlen haben.

Die Einschränkung, daß wir keine Mengenquantoren in den Aussageformen haben, impliziert, daß wir auch keine Quantoren über reelle Zahlen in dem Komprehensionsprinzip haben. Die Pointe der konstruktiven Analysis, wie ich in meinem Buch über Differential und Integral gezeigt habe, besteht dann darin, daß trotz dieser Einschränkung die Analysis im wesentlichen so getrieben werden kann wie bisher. Denn für alle Anwendungen der Analysis — außerhalb der reinen Mathematik — erweisen sich die konstruktiven Methoden der Analysis als zureichend.

Die weitere Ersetzung der klassischen Logik durch die intuitionistische Logik oder die Beschränkung der Funktionen auf rekursive Funktionen erfordern viel größere Änderungen in der Analysis. Daher wird der konstruktiven Analysis oft nachgesagt, sie sei kompliziert und unbequem. Aber das ist höchstens für diese weiteren Festlegungen auf intuitionistische oder rekursive Analysis zutreffend. Die konstruktive Analysis in meinem Sinne, die nur das Komprehensionsprinzip auf prädikative Komprehensionen einschränkt, hat dieselbe Eleganz wie die Analysis auf einer axiomatischen mengentheoretischen Basis. Sie vermeidet nur die Gefahr der Widersprüchlichkeit von Anfang an. Daher ist hier auch kein Widerspruchsfreiheitsbeweis erforderlich.

Der Vorteil der konstruktiven Analysis in allen ihren Formen liegt darin, daß man sich von dem Pluralismus der axiomatischen Systeme befreit. Selbst wenn wir einen Widerspruchsfreiheitsbeweis für ZF (Zermelo-Fraenkel-System) hätten, dann würden wir auf der Basis der Arbeiten von Gödel und Cohen zugleich einen Widerspruchsfreiheitsbeweis haben sowohl für ZF $\wedge$ CH und für ZF $\wedge$ $\neg$ CH (wobei CH für die Kontinuumhypothese steht). Und es würde keine vernünftige Entscheidung zwischen diesen beiden formalen Systemen geben. Wir würden immer noch die gegenwärtige Situation einer Pluralität von irrationalen Entscheidungen haben, wo nur die Gleichgültigkeit, die man dann Toleranz nennt, die Illusion erzeugt, daß man doch eine gemeinsame Aufgabe habe. Die Unterschiede zwischen den verschiedenen konstruktiven Untersuchungen sind kein Pluralismus, sondern zeigen nur verschiedene Schwerpunkte an. Der Konstruktivismus im nichtrekursiven Sinne meines Buches schließt den rekursiven Konstruktivismus ein, weil die Beschränkung auf rekursive Funktionen nur gewisse Funktionen als besonders wichtig auszeichnet. Auf der anderen Seite ist die intuitionistische Logik eine Logik, die die klassische Logik umfaßt, wie ich schon angedeutet habe. Daher ist die Beschränkung auf klassische Logik keine unvernünftige Wahl, sondern beschränkt sich nur um der Einfachheit willen auf die sogenannte klassische Existenz $\neg \wedge x \neg A(x)$ statt auf die konstruktive Existenz $\vee x A(x)$. Ein intuitionistischer nichtrekursiver Konstruktivismus wäre eine allumfassende Theorie, die anderen konstruktivistischen Theorien sind Untertheorien.

Im Gegensatz zu diesem Zustand eines friedlichen Nebeneinanders haben wir einen Pluralismus von axiomatischen Theorien, die einander widersprechen wie CH und $\neg$ CH.

Die Mathematiker sind an solch einen widersprüchlichen Pluralismus seit den Zeiten der nichteuklidischen Geometrie gewöhnt. Aber das ist ja ein Problem, auf das wir hier nicht eingehen wollen. Ich möchte daher lieber mit einem Versuche schließen, die bemerkenswerte Tatsache zu verstehen, daß in unserer pluralistischen Welt doch nur eine axiomatische Theorie der Wahrscheinlichkeit existiert, daß es keine Nicht-Kolmogorow-Wahrscheinlichkeitstheorie gibt.

Es scheint so einfach zu sein, Wahrscheinlichkeit zu definieren. Denn innerhalb der Analysis — und jetzt kommt es nicht darauf an, ob diese konstruktiv oder axiomatisch betrieben wird — können wir z. B. Kolmogorow-Felder definieren als σ-Felder von Mengen mit einem normierten σ-additiven Maß. Das ist unproblematisch. Das Problem ist, warum diese Kolmogorow-Felder »Wahrscheinlichkeitsfelder« genannt werden und wie der Terminus »Wahrscheinlichkeit« definiert werden kann, so daß wir die Anwendungen in all den Gebieten der modernen Statistik rechtfertigen können. Dieses Problem, die Anwendbarkeit zu rechtfertigen, das ist das Problem, das gemeint ist, wenn man von der Rechtfertigung der Kolmogorow-Axiome spricht.

Lassen Sie mich mit der deskriptiven Statistik beginnen, wo eine Menge, genannt Population, von N Elementen $c_1, \ldots,$ c_N gegeben ist. Es sei bekannt, daß n Elemente der Population eine gewisse Aussageform A (x) erfüllen. Die Häufigkeit von A — meistens die relative Häufigkeit genannt — wird definiert durch

$$\varrho\,(A) = \frac{n}{N}.$$

Die elementare Arithmetik ergibt sofort

I $\varrho\,(A) = 1$, wenn alle Elemente A erfüllen

II $\varrho\,(A \lor B) = \varrho\,(A) + \varrho\,(B)$, wenn A und B disjunkt sind.

Es soll jetzt ein Element der Population ausgewählt werden. Wir wissen nicht welches. Aber wir wollen dem Element schon den Namen »c« geben. Dann haben wir Voraussagen über A (c) zu machen. Voraussagen werden mit Modalitäten formuliert. Wenn $\varrho\,(A) = 1$, dann wird A (c) *notwendig* sein. Wenn $\varrho\,(A) = 0$, dann wird A (c) *unmöglich* sein. Für $0 < \varrho\,(A) < 1$ erhalten wir, daß A (c) *kontingent* ist, d. h. weder notwendig noch unmöglich.

Jetzt wird vorgeschlagen, eine komparativische Sprache zu gebrauchen und zu sagen, daß A (c) »notwendiger« ist je mehr $\varrho\,(A) = 1$ ist. Dann wird vorgeschlagen, diese komparativische Sprache zu einer quantitativen Sprache zu verschärfen und zu sagen, daß A (c) den »Notwendigkeitsgrad« $\varrho\,(A)$ hat, und anstelle von »Notwendigkeitsgrad« kann man dann auch »Wahrscheinlichkeit« sagen.

Aber dieser Vorschlag ist im allgemeinen nicht sinnvoll. Man nehme z. B. die Population einer Stadt und die Häufigkeit von Frauen und Männern sei einhalb. Nun wähle man die erste Person, die man morgens sieht. Die Wahrscheinlichkeit, daß das eine Frau ist, sollte einhalb sein. Nun, zumindestens im Falle eines treuen Ehemannes ist dieses absurd, denn er sieht an jedem Tage seine Frau zuerst.

Dieses Beispiel zeigt, daß das Element c *zufällig* gewählt werden muß. D. h. daß wir, um die Einführung von Wahrscheinlichkeiten zu rechtfertigen, zunächst den Zufall zu *definieren* haben. Und zwar haben wir den Zufall zu definieren, ohne Wahrscheinlichkeiten vorauszusetzen. Dies kann getan werden mit der Hilfe von Spielgeräten, wie z. B. Würfeln oder Roulette. Wir wollen solche Geräte *Zufallsgeneratoren* nennen. Im diskreten Falle fordern wir, daß ein Zufallsgenerator ein Gerät ist, welches die folgenden Bedingungen realisiert:

1. *Eindeutigkeit*: jeder Gebrauch des Gerätes liefert als Resultat genau eine von endlich vielen Aussageformen $E_1, \ldots,$ E_m (den Elementarereignissen).

2. *Wiederholbarkeit*: nach jedem Gebrauch des Gerätes ist es im selben Zustand wie vor dem Gebrauch.

3. *Ununterscheidbarkeit:* nach keinem Kausalwissen gibt es einen Grund, zwischen den Resultaten *vor* dem Gebrauch zu unterscheiden.

Diese Definition von Zufallsgeneratoren gehört nicht zur Mathematik. Es ist eine Vorschrift für die Hersteller von solchen Geräten. Für das Folgende nehme ich an, daß die Ingenieure diese Sprache verstehen und daß unsere Industrie in der Lage ist, solche Zufallsgeneratoren zu realisieren. Kein wirklicher Zufallsgenerator wird *vollkommen* sein, aber sie sind gut genug, um den Begriff des Zufallsgenerators zu rechtfertigen, wie er hier durch Eindeutigkeit, Wiederholbarkeit und Ununterscheidbarkeit definiert ist.
Zur Begründung der Wahrscheinlichkeitstheorie gehen wir also von einem (historischen) Faktum aus, von dem Faktum, daß in unserer Kultur hinreichend gute Zufallsgeneratoren hergestellt werden. Die »Empiristen« unter den Philosophen oder Wissenschaftstheoretikern werden dieses Faktum eine Erfahrung nennen. Aber es ist dann zu beachten, daß es sich hier (wie entsprechend in der Geometrie bei der Herstellbarkeit hinreichend guter Ebenen) um vorwissenschaftliche Erfahrungen, um sog. Lebenserfahrungen, handelt, die allen wissenschaftlich zu prüfenden Erfahrungen vorausgehen. Schon die Formulierung des Faktums mit dem Ausdruck »hinreichend gut« verhindert eine wissenschaftliche Überprüfung. Trotzdem sind die Herstellungstechniken so gut entwickelt, daß es vernünftig ist, die idealen Normen als Basis wissenschaftlicher Theorien zu nehmen.
Die Resultate eines Zufallsgenerators sind kontingent. Wir schlagen nun vor, eine Wahrscheinlichkeit w für die Aussageformen $E_{\mu_1} \vee \ldots \vee E_{\mu_r}$ (d. h. den Adjunktionen der Ele-

mentarereignisse) so zu definieren, daß die drei folgenden Bedingungen erfüllt sind:

I. $w(A) = 1$, wenn A notwendig

II. $w(A \vee B) = w(A) + w(B)$, wenn A und B inkompossibel sind

III. $w(E_1) = \ldots = w(E_m)$

Wir verlangen, daß w die Sätze I, II für Häufigkeiten erfüllt und wir fügen III wegen der Ununterscheidbarkeitsforderung an die Zufallsgeneratoren hinzu. Selbstverständlich liefern I — III sofort

$$w(E_{\mu_1} \vee \ldots \vee E_{\mu_r}) = \frac{r}{m} \text{ für } \mu_i \neq \mu_j.$$

D. h. wir haben ein Laplace-Feld von Wahrscheinlichkeiten. Die Definition der Zufallsgeneratoren rechtfertigt sicherlich III. Aber warum ist es gerechtfertigt, daß wir von dem »Notwendigkeitsgrad« fordern, daß er die Sätze I und II, die doch für Häufigkeiten gelten, erfüllt? Der Grund liegt im Bernoullischen Gesetz der großen Zahlen. Wenn wir den Zufallsgenerator in einer Versuchsserie der Länge L benutzen, dann haben wir auf der einen Seite $w(A)$ gemäß I — III zu berechnen, auf der anderen Seite können wir dann die Häufigkeit $\varrho_L(A)$ beobachten. Es gibt m^L Resultate einer solchen Versuchsreihe. Wegen der Wiederholbarkeit sind alle diese Resultate ununterscheidbar. Daher können wir eine Wahrscheinlichkeit w_L für alle Adjunktionen von ihnen berechnen, insbesondere für die Aussageformen $|\varrho_L(A) - w(A)| < \varepsilon$ für jedes positive ε.
Bernoullis Gesetz sagt

$$\lim_{L \to \infty} w_L \left(|\varrho_L(A) - w(A)| < \varepsilon\right) = 1$$

und das läßt sich ganz grob dadurch wiedergeben, daß die Wahrscheinlichkeit $w(A)$ gerade die Häufigkeit $\varrho_L(A)$ »auf lange Sicht« ist. Der rein mathematische Beweis des Bernoullischen Gesetzes rechtfertigt, die Wahrscheinlichkeiten mit

der Hilfe von I und II zu definieren, die für Häufigkeiten
wahr sind.

Im kontinuierlichen Falle von Zufallsgeneratoren gibt es
keine Elementarereignisse. Ein Glücksrad wird willkürlich
in eine endliche Anzahl von Intervallen *gleicher* Länge ge-
teilt. Wenn der Gesamtumfang die Länge 1 hat, ist die Wahrscheinlichkeit jedes Intervalls gerade seine Länge. Für ein
zweidimensionales Gerät erhalten wir entsprechend die
Fläche von Rechtecken als ihre Wahrscheinlichkeit. Weil es
willkürlich wäre, sich auf Rechtecke zu beschränken, wird
die Wahrscheinlichkeit auf die Lebesgue-meßbaren Mengen
ausgedehnt. Das bedeutet, daß II verstärkt wird zur σ-Addi-
tivität für Folgen, A_1, A_2, A_3, ...

IIσ $$w (V_r A_r) = \Sigma_r \, w (A_r)$$

wenn alle A_{r1}, A_{r2} inkompossibel sind.

Kontinuierliche Zufallsgeneratoren führen auf diese Weise
zu Lebesgue-Feldern von Wahrscheinlichkeiten im n-dimensionalen Zahlenraum.

Wenn wir technische Realisierungen von Zufallsgeneratoren
mit ihren Laplaceschen oder Lebesgueschen Wahrscheinlichkeitsfeldern einmal haben, dann ist es leicht, weitere Wahrscheinlichkeitsfelder zu bekommen, indem man Zufallsgeneratoren zu *Zufallsaggregaten* kombiniert.

Wenn die Generatoren kausal unabhängig sind, (das ist wieder eine Angelegenheit der Ingenieure) dann können wir das
Produktfeld definieren, indem wir die Generatoren gleichzeitig gebrauchen. Dieses Produkt ist wieder ein Modell der
Kolmogorow-Axiome I und IIσ. Die Zufallsaggregate führen dann durch andere Operationen zu weiteren Wahrscheinlichkeitsfeldern, nämlich

1. durch die *Relativierung* (die bedeutet, daß wir definieren

$$w_B (A) = \frac{w (A \wedge B)}{w (B)}$$

für jedes B mit w (B) > 0)
und

2. die *Vergröberung*, durch welche ein σ-Feld homomorph auf ein neues σ-Feld abgebildet wird.

Ein Beispiel der Vergröberung im kontinuierlichen Falle ergibt sich durch die verschiedensten Arten von falschen Würfeln. Ich nehme hier ein quadratisches Prisma

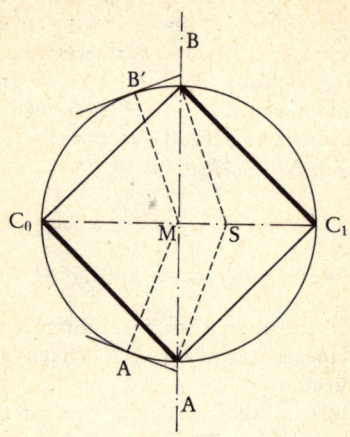

mit einem Schwerpunkt S außerhalb des geometrischen Mittelpunktes M. Wenn das Wahrscheinlichkeitsfeld für das Auftreffen in einem Intervall des Umfanges (den wir uns umschrieben denken) ein Lebesgue-Feld ist, dann ist das Wahrscheinlichkeitsfeld für die vier Seiten eine diskrete Vergröberung, aber kein Laplace-Feld. Es ist ersichtlich, daß man auf ähnliche Weise alle diskreten Felder durch Vergröberung von Lebesgue-Feldern erhalten kann. Schließlich hat Kolmogorow gezeigt, daß die Verläufe von stochastischen Prozessen (die in jedem Zeitpunkt nur durch ein Wahrscheinlichkeitsfeld bestimmt sind) selber wieder die Ereignisse eines Wahrscheinlichkeitsfeldes bilden.

Daher ist seit Kolmogorow 1933 die mathematische Wahrscheinlichkeitstheorie nichts anderes als die Theorie von σ-Feldern mit einem normierten σ-additiven Maß.

Mit der trivialen Behauptung, man habe dadurch definiert, was »mathematische Wahrscheinlichkeitstheorie« sei, entziehen sich die Mathematiker der weiteren Überlegung, ob sie wirklich an *allen* Modellen des Axiomensystems I—IIσ interessiert sind.

Schon der Kolmogorowsche Satz über die Verläufe stochastischer Prozesse ist nur beweisbar unter der zusätzlichen Bedingung, daß man es mit dem Borelschen Mengenkörper gewisser topologischer Räume, insbesondere der sog. polnischen Räume, zu tun hat. Und in der Tat erfüllen alle Wahrscheinlichkeitsfelder, die durch Zufallsaggregate definiert werden können, diese zusätzlichen topologischen »Axiome«.

Jedes »polnische« Kolmogorowfeld ist darüber hinaus als Grenzwert (im Sinne der sog. vagen Konvergenz) von diskreten Wahrscheinlichkeitsfeldern darstellbar. Erst dieser Approximationssatz rechtfertigt es, alle polnischen Kolmogorowfelder »Wahrscheinlichkeitsfelder« zu nennen. Die übrigen Modelle der Kolmogorow-Axiome sind wahrscheinlichkeitstheoretisch irrelevant. Dieser Irrelevanz kann man sich nicht dadurch entziehen, daß man trotzdem alle Modelle der Kolmogorow-Axiome »Wahrscheinlichkeitsfelder« *nennt*.

In den Anwendungen auf natürliche Vorgänge (wo die kausale Erklärung nicht gelingt) versuchen wir es mit der Fiktion, daß der Vorgang abläuft, *als ob* er durch ein (verborgenes und unbekanntes) Zufallsaggregat bestimmt sei. Wir versuchen nicht, die Elemente dieses fiktiven Aggregates zu bestimmen, wir versuchen nur, nützliche Annäherungen an das Wahrscheinlichkeitsfeld zu finden. Das ist die Aufgabe der statistischen Testtheorie.

Mit diesem letzten Beispiel einer konstruktiven Begründung der axiomatischen Wahrscheinlichkeitstheorie (indem ich nämlich die Zufallsaggregate als Modelle konstruiert habe) möchte ich hier schließen. Die konstruktive Methode öffnet den Weg, den irrationalen Pluralismus der bloß axiomatischen Mathematik zu überwinden. Die axiomatische Methode, die zur »denkökonomischen« Behandlung von schon konstruierten Modellen dient, ist eine der großen Leistungen des 19. und 20. Jahrhunderts. Der Versuch aber, Axiome anstelle einer konstruktiven Begründung zu verwenden, führt nur dazu, daß man meint, eine axiomatische »Begründung« sei gegeben, wo man nur Sätze ohne Begründung hingeschrieben hat. Dadurch, daß man diese Sätze »Axiome« nennt, ändert sich nichts. Trotz der überragenden Bedeutung der axiomatischen Methode innerhalb der (naiven oder konstruktiven) Mathematik, bleibt der Ausdruck »axiomatische Begründung« sinnlos.

»Logik und Hermeneutik«, Manuskript aus dem Philosophischen Seminar Erlangen (1968).

»Grundlagen der praktischen Philosophie«, Manuskript aus dem Philosophischen Seminar Erlangen (1970).

»Regeln vernünftigen Argumentierens«, *Aspekte*, 3. Jg. 1970, Heft 1-6.

»Aufklärung und Vernunft«, Manuskript aus dem Philosophischen Seminar Erlangen (1970).

»Konstruktivismus und Hermeneutik«, Loccumer Kolloquien, 2, hrsg. v. U. Gerber, Loccum 1972.

»Das Problem einer theoretischen Philosophie unter dem Primat der praktischen Vernunft«, Vortrag an der Universität Zürich (1973).

»Interdisziplinäre Forschung und infradisziplinäres Wissen«, Vortrag an der Universität Bielefeld (1973).

»Wie ist Philosophie der Mathematik möglich?«, *Philosophia naturalis*, 4 (1957).

»Pascals Kritik an der axiomatischen Methode«, *Actes du Colloque des Mathématiques réuni à Clermont à l'Occasion du Tricentennaire de la Mort de Blaise Pascal*, Band I (1962).

»Gleichheit und Abstraktion«, *Ratio*, 4 (1962).

»Konstruktive Begründung der Mathematik«, Manuskript aus dem Philosophischen Seminar Erlangen (1970).

»Zur Rechtfertigung der deduktiven Methode«, Manuskript aus dem Philosophischen Seminar Erlangen (1972).

»Zur Definition von ›Wahrscheinlichkeit‹«, Manuskript aus dem Philosophischen Seminar Erlangen (1974).

»Konstruktive und axiomatische Methode«, Vortrag an der Universität Niteroi/Rio de Janeiro (1974).

Alphabetisches Verzeichnis der
suhrkamp taschenbücher wissenschaft